KIRGISISCH

WORTSCHATZ

FÜR DAS SELBSTSTUDIUM

DEUTSCH
KIRGISISCH

Die nützlichsten Wörter
Zur Erweiterung Ihres Wortschatzes und
Verbesserung der Sprachfertigkeit

9000 Wörter

Wortschatz Deutsch-Kirgisisch für das Selbststudium - 9000 Wörter

Von Andrey Taranov

T&P Books Vokabelbücher sind dafür vorgesehen, beim Lernen einer Fremdsprache zu helfen, Wörter zu memorieren und zu wiederholen. Das Wörterbuch ist nach Themen aufgeteilt und deckt alle wichtigen Bereiche des täglichen Lebens, Berufs, Wissenschaft, Kultur etc. ab.

Durch das Benutzen der themenbezogenen T&P Books ergeben sich folgende Vorteile für den Lernprozess:

*   Sachgemäß geordnete Informationen bestimmen den späteren Erfolg auf den darauffolgenden Stufen der Memorisierung
*   Die Verfügbarkeit von Wörtern, die sich aus der gleichen Wurzel ableiten lassen, erlaubt die Memorisierung von Worteinheiten (mehr als bei einzeln stehenden Wörtern)
*   Kleine Worteinheiten unterstützen den Aufbauprozess von assoziativen Verbindungen für die Festigung des Wortschatzes
*   Die Kenntnis der Sprache kann aufgrund der Anzahl der gelernten Wörter eingeschätzt werden

T&P Books Publishing
www.tpbooks.com

ISBN: 978-1-78767-038-9

Dieses Buch ist auch im E-Book Format erhältlich.
Besuchen Sie uns auch auf www.tpbooks.com oder auf einer der bedeutenden Buchhandlungen online.

WORTSCHATZ DEUTSCH-KIRGISISCH
für das Selbststudium

Die Vokabelbücher von T&P Books sind dafür vorgesehen, Ihnen beim Lernen einer Fremdsprache zu helfen, Wörter zu memorieren und zu wiederholen. Der Wortschatz enthält über 9000 häufig gebrauchte, thematisch geordnete Wörter.

- Der Wortschatz enthält die am häufigsten benutzten Wörter
- Eignet sich als Ergänzung zu jedem Sprachkurs
- Erfüllt die Bedürfnisse von Anfängern und fortgeschrittenen Lernenden von Fremdsprachen
- Praktisch für den täglichen Gebrauch, zur Wiederholung und um sich selbst zu testen
- Ermöglicht es, Ihren Wortschatz einzuschätzen

Besondere Merkmale des Wortschatzes:

- Wörter sind entsprechend ihrer Bedeutung und nicht alphabetisch organisiert
- Wörter werden in drei Spalten präsentiert, um das Wiederholen und den Selbstüberprüfungsprozess zu erleichtern
- Wortgruppen werden in kleinere Einheiten aufgespalten, um den Lernprozess zu fördern
- Der Wortschatz bietet eine praktische und einfache Lautschrift jedes Wortes der Fremdsprache

Der Wortschatz hat 256 Themen, einschließlich:

Grundbegriffe, Zahlen, Farben, Monate, Jahreszeiten, Maßeinheiten, Kleidung und Accessoires, Essen und Ernährung, Restaurant, Familienangehörige, Verwandte, Charaktereigenschaften, Empfindungen, Gefühle, Krankheiten, Großstadt, Kleinstadt, Sehenswürdigkeiten, Einkaufen, Geld, Haus, Zuhause, Büro, Import & Export, Marketing, Arbeitssuche, Sport, Ausbildung, Computer, Internet, Werkzeug, Natur, Länder, Nationalitäten und vieles mehr...

INHALT

LEITFADEN FÜR DIE AUSSPRACHE

T&P phonetisches Alphabet	Kirgisisch Beispiel	Deutsch Beispiel
[a]	манжа [manʤa]	schwarz
[e]	келечек [keletʃek]	Pferde
[i]	жигит [ʤigit]	ihr, finden
[ɪ]	кубаныч [kubanɪtʃ]	Mitte
[o]	мактоо [maktoo]	orange
[u]	узундук [uzunduk]	kurz
[ʉ]	алюминий [alʉminij]	Verzeihung
[y]	түнкү [tynky]	über, dünn
[b]	ашкабак [aʃkabak]	Brille
[d]	адам [adam]	Detektiv
[ʤ]	жыгач [ʤɪgatʃ]	Kambodscha
[f]	флейта [flejta]	fünf
[g]	тегерек [tegerek]	gelb
[j]	бөйрөк [bøjrøk]	Jacke
[k]	карапа [karapa]	Kalender
[l]	алтын [altɪn]	Juli
[m]	бешмант [beʃmant]	Mitte
[n]	найза [najza]	nicht
[ŋ]	булуң [buluŋ]	lang
[p]	пайдубал [pajdubal]	Polizei
[r]	рахмат [raxmat]	richtig
[s]	сагызган [sagɪzgan]	sein
[ʃ]	бурулуш [buruluʃ]	Chance
[t]	түтүн [tytyn]	still
[x]	пахтадан [paxtadan]	Buch
[ts]	шприц [ʃprits]	Gesetz
[tʃ]	биринчи [birintʃi]	Matsch
[v]	квартал [kvartal]	November
[z]	казуу [kazuu]	sein
[ʲ]	руль, актёр [rulʲ, aktʲor]	Zeichen für die Palatalisierung
[ʰ]	объектив [obʰjektiv]	hartes Zeichen

ABKÜRZUNGEN
die im Vokabular verwendet werden

Deutsch. Abkürzungen

Adj	-	Adjektiv
Adv	-	Adverb
Amtsspr.	-	Amtssprache
f	-	Femininum
f, n	-	Femininum, Neutrum
Fem.	-	Femininum
m	-	Maskulinum
m, f	-	Maskulinum, Femininum
m, n	-	Maskulinum, Neutrum
Mask.	-	Maskulinum
n	-	Neutrum
pl	-	Plural
Sg.	-	Singular
ugs.	-	umgangssprachlich
unzähl.	-	unzählbar
usw.	-	und so weiter
v mod	-	Modalverb
vi	-	intransitives Verb
vi, vt	-	intransitives, transitives Verb
vt	-	transitives Verb
zähl.	-	zählbar
z.B.	-	zum Beispiel

GRUNDBEGRIFFE

Grundbegriffe. Teil 1

1. Pronomen

ich	мен, мага	men, maga
du	сен	sen
er, sie, es	ал	al
sie	алар	alar

2. Grüße. Begrüßungen. Verabschiedungen

Hallo! (ugs.)	Салам!	salam!
Hallo! (Amtsspr.)	Саламатсызбы!	salamatsızbı!
Guten Morgen!	Кутман таңыңыз менен!	kutman taŋıŋız menen!
Guten Tag!	Кутман күнүңүз менен!	kutman kynyŋyz menen!
Guten Abend!	Кутман кечиңиз менен!	kutman ketʃiŋiz menen!
grüßen (vi, vt)	учурашуу	utʃuraʃuu
Hallo! (ugs.)	Кандай!	kandaj!
Gruß (m)	салам	salam
begrüßen (vt)	саламдашуу	salamdaʃuu
Wie geht's?	Иштериң кандай?	iʃteriŋ kandaj?
Wie geht es Ihnen?	Иштериңиз кандай?	iʃteriŋiz kandaj?
Wie geht's dir?	Иштер кандай?	iʃter kandaj?
Was gibt es Neues?	Эмне жаңылык?	emne dʒaŋılık?
Auf Wiedersehen!	Көрүшкөнчө!	køryʃkøntʃø!
Bis bald!	Эмки жолукканга чейин!	emki dʒolukkanga tʃejin!
Lebe wohl!	Кош бол!	koʃ bol!
Leben Sie wohl!	Кош болуңуз!	koʃ boluŋuz!
sich verabschieden	коштошуу	koʃtoʃuu
Tschüs!	Жакшы кал!	dʒakʃı kal!
Danke!	Рахмат!	raχmat!
Dankeschön!	Чоң рахмат!	tʃoŋ raχmat!
Bitte (Antwort)	Эч нерсе эмес	etʃ nerse emes
Keine Ursache.	Алкышка арзыбайт	alkıʃka arzıbajt
Nichts zu danken.	Эчтеке эмес.	etʃteke emes
Entschuldige!	Кечир!	ketʃir!
Entschuldigung!	Кечирип коюңузчу!	ketʃirip kojuŋuztʃu!
entschuldigen (vt)	кечирүү	ketʃiryy
sich entschuldigen	кечирим суроо	ketʃirim suroo
Verzeihung!	Кечирим сурайм.	ketʃirim surajm

Es tut mir leid!	Кечиресиз!	ketʃiresiz!
verzeihen (vt)	кечирүү	ketʃiryy
Das macht nichts!	Эч капачылык жок.	etʃ kapatʃılık dʒok
bitte (Die Rechnung, ~!)	суранам	suranam

Nicht vergessen!	Унутуп калбаңыз!	unutup kalbaŋız!
Natürlich!	Албетте!	albette!
Natürlich nicht!	Албетте жок!	albette dʒok!
Gut! Okay!	Макул!	makul!
Es ist genug!	Жетишет!	dʒetiʃet!

3. Jemanden ansprechen

Entschuldigen Sie!	Кечиресиз!	ketʃiresiz!
Herr	мырза	mırza
Frau	айым	ajım
Frau (Fräulein)	чоң кыз	tʃoŋ kız
Junger Mann	чоң жигит	tʃoŋ dʒigit
Junge	жаш бала	dʒaʃ bala
Mädchen	кызым	kızım

4. Grundzahlen. Teil 1

null	нөл	nøl
eins	бир	bir
zwei	эки	eki
drei	үч	ytʃ
vier	төрт	tørt

fünf	беш	beʃ
sechs	алты	altı
sieben	жети	dʒeti
acht	сегиз	segiz
neun	тогуз	toguz

zehn	он	on
elf	он бир	on bir
zwölf	он эки	on eki
dreizehn	он үч	on ytʃ
vierzehn	он төрт	on tørt

fünfzehn	он беш	on beʃ
sechzehn	он алты	on altı
siebzehn	он жети	on dʒeti
achtzehn	он сегиз	on segiz
neunzehn	он тогуз	on toguz

zwanzig	жыйырма	dʒıjırma
einundzwanzig	жыйырма бир	dʒıjırma bir
zweiundzwanzig	жыйырма эки	dʒıjırma eki
dreiundzwanzig	жыйырма үч	dʒıjırma ytʃ
dreißig	отуз	otuz

einunddreißig	отуз бир	otuz bir
zweiunddreißig	отуз эки	otuz eki
dreiunddreißig	отуз үч	otuz ytʃ

vierzig	кырк	kırk
zweiundvierzig	кырк эки	kırk eki
dreiundvierzig	кырк үч	kırk ytʃ

fünfzig	элүү	elyy
einundfünfzig	элүү бир	elyy bir
zweiundfünfzig	элүү эки	elyy eki
dreiundfünfzig	элүү үч	elyy ytʃ

sechzig	алтымыш	altımıʃ
einundsechzig	алтымыш бир	altımıʃ bir
zweiundsechzig	алтымыш эки	altımıʃ eki
dreiundsechzig	алтымыш үч	altımıʃ ytʃ

siebzig	жетимиш	dʒetimiʃ
einundsiebzig	жетимиш бир	dʒetimiʃ bir
zweiundsiebzig	жетимиш эки	dʒetimiʃ eki
dreiundsiebzig	жетимиш үч	dʒetimiʃ ytʃ

achtzig	сексен	seksen
einundachtzig	сексен бир	seksen bir
zweiundachtzig	сексен эки	seksen eki
dreiundachtzig	сексен үч	seksen ytʃ

neunzig	токсон	tokson
einundneunzig	токсон бир	tokson bir
zweiundneunzig	токсон эки	tokson eki
dreiundneunzig	токсон үч	tokson ytʃ

5. Grundzahlen. Teil 2

einhundert	бир жүз	bir dʒyz
zweihundert	эки жүз	eki dʒyz
dreihundert	үч жүз	ytʃ dʒyz
vierhundert	төрт жүз	tørt dʒyz
fünfhundert	беш жүз	beʃ dʒyz

| sechshundert | алты жүз | altı dʒyz |
| siebenhundert | жети жүз | dʒeti dʒyz |

| achthundert | сегиз жүз | segiz dʒyz |
| neunhundert | тогуз жүз | toguz dʒyz |

eintausend	бир миң	bir miŋ
zweitausend	эки миң	eki miŋ
dreitausend	үч миң	ytʃ miŋ
zehntausend	он миң	on miŋ
hunderttausend	жүз миң	dʒyz miŋ
Million (f)	миллион	million
Milliarde (f)	миллиард	milliard

6. Ordnungszahlen

der erste	биринчи	birintʃi
der zweite	экинчи	ekintʃi
der dritte	үчүнчү	ytʃyntʃy
der vierte	төртүнчү	tørtyntʃy
der fünfte	бешинчи	beʃintʃi

der sechste	алтынчы	altıntʃı
der siebte	жетинчи	dʒetintʃi
der achte	сегизинчи	segizintʃi
der neunte	тогузунчу	toguzuntʃu
der zehnte	онунчу	onuntʃu

7. Zahlen. Brüche

Bruch (m)	бөлчөк	bøltʃøk
Hälfte (f)	экиден бир	ekiden bir
Drittel (n)	үчтөн бир	ytʃtøn bir
Viertel (n)	төрттөн бир	tørttøn bir

Achtel (m, n)	сегизден бир	segizden bir
Zehntel (n)	тогуздан бир	toguzdan bir
zwei Drittel	үчтөн эки	ytʃtøn eki
drei Viertel	төрттөн үч	tørttøn ytʃ

8. Zahlen. Grundrechenarten

Subtraktion (f)	кемитүү	kemityy
subtrahieren (vt)	кемитүү	kemityy
Division (f)	бөлүү	bølyy
dividieren (vt)	бөлүү	bølyy

Addition (f)	кошуу	koʃuu
addieren (vt)	кошуу	koʃuu
hinzufügen (vt)	кошуу	koʃuu
Multiplikation (f)	көбөйтүү	købøjtyy
multiplizieren (vt)	көбөйтүү	købøjtyy

9. Zahlen. Verschiedenes

Ziffer (f)	санарип	sanarip
Zahl (f)	сан	san
Zahlwort (n)	сан атооч	san atootʃ
Minus (n)	кемитүү	kemityy
Plus (n)	плюс	plus
Formel (f)	формула	formula
Berechnung (f)	эсептөө	eseptøø
zählen (vt)	саноо	sanoo

| berechnen (vt) | эсептөө | eseptøø |
| vergleichen (vt) | салыштыруу | salıʃtıruu |

Wie viel, -e?	Канча?	kantʃa?
Summe (f)	жыйынтык	ʤıjıntık
Ergebnis (n)	натыйжа	natıjʤa
Rest (m)	калдык	kaldık

einige (~ Tage)	бир нече	bir netʃe
wenig (Adv)	биртике	bir az
einige, ein paar	бир аз	bir az
wenig (es kostet ~)	кичине	kitʃine
Übrige (n)	калганы	kalganı
anderthalb	бир жарым	bir ʤarım
Dutzend (n)	он эки даана	on eki daana

entzwei (Adv)	тең экиге	teŋ ekige
zu gleichen Teilen	тең	teŋ
Hälfte (f)	жарым	ʤarım
Mal (n)	бир жолу	bir ʤolu

10. Die wichtigsten Verben. Teil 1

abbiegen (nach links ~)	бурулуу	buruluu
abschicken (vt)	жөнөтүү	ʤønøtyy
ändern (vt)	өзгөртүү	øzgørtyy
andeuten (vt)	четин чыгаруу	tʃetin tʃıgaruu
Angst haben	жазкануу	ʤazkanuu

ankommen (vi)	келүү	kelyy
antworten (vi)	жооп берүү	ʤoop beryy
arbeiten (vi)	иштөө	iʃtøø
auf ... zählen	... ишенүү	... iʃenyy
aufbewahren (vt)	сактоо	saktoo

aufschreiben (vt)	кагазга түшүрүү	kagazga tyʃyryy
ausgehen (vi)	чыгуу	tʃıguu
aussprechen (vt)	айтуу	ajtuu
bedauern (vt)	өкүнүү	økynyy
bedeuten (vt)	билдирүү	bildiryy
beenden (vt)	бүтүрүү	bytyryy

befehlen (Milit.)	буйрук кылуу	bujruk kıluu
befreien (Stadt usw.)	бошотуу	boʃotuu
beginnen (vt)	баштоо	baʃtoo
bemerken (vt)	байкоо	bajkoo
beobachten (vt)	байкоо салуу	bajkoo

berühren (vt)	тийүү	tijyy
besitzen (vt)	ээ болуу	ee boluu
besprechen (vt)	талкуулоо	talkuuloo
bestehen auf	көшөрүү	køʃøryy
bestellen (im Restaurant)	буйрутма кылуу	bujrutma kıluu
bestrafen (vt)	жазалоо	ʤazaloo

beten (vi)	дуба кылуу	duba kıluu
bitten (vt)	суроо	suroo
brechen (vt)	сындыруу	sındıruu
denken (vi, vt)	ойлоо	ojloo

drohen (vi)	коркутуу	korkutuu
Durst haben	суусап калуу	suusap kaluu
einladen (vt)	чакыруу	tʃakıruu
einstellen (vt)	токтотуу	toktotuu
einwenden (vt)	каршы болуу	karʃı boluu
empfehlen (vt)	сунуштоо	sunuʃtoo

erklären (vt)	түшүндүрүү	tyʃyndyryy
erlauben (vt)	уруксат берүү	uruksat beryy
ermorden (vt)	өлтүрүү	øltyryy
erwähnen (vt)	айтып өтүү	ajtıp øtyy
existieren (vi)	чыгуу	tʃıguu

11. Die wichtigsten Verben. Teil 2

fallen (vi)	жыгылуу	dʒıgıluu
fallen lassen	түшүрүп алуу	tyʃyryp aluu
fangen (vt)	кармоо	karmoo
finden (vt)	таап алуу	taap aluu
fliegen (vi)	учуу	utʃuu

folgen (Folge mir!)	... ээрчүү	... eertʃyy
fortsetzen (vt)	улантуу	ulantuu
fragen (vt)	суроо	suroo
frühstücken (vi)	эртең менен тамактануу	erteŋ menen tamaktanuu
geben (vt)	берүү	beryy

gefallen (vi)	жактыруу	dʒaktıruu
gehen (zu Fuß gehen)	жөө басуу	dʒøø basuu
gehören (vi)	таандык болуу	taandık boluu
graben (vt)	казуу	kazuu

haben (vt)	бар болуу	bar boluu
helfen (vi)	жардам берүү	dʒardam beryy
herabsteigen (vi)	ылдый түшүү	ıldıj tyʃyy
hereinkommen (vi)	кирүү	kiryy

hoffen (vi)	үмүттөнүү	ymyttønyy
hören (vt)	угуу	uguu
hungrig sein	ачка болуу	atʃka boluu
informieren (vt)	маалымат берүү	maalımat beryy
jagen (vi)	аңчылык кылуу	aŋtʃılık kıluu

kennen (vt)	таануу	taanuu
klagen (vi)	арыздануу	arızdanuu
können (v mod)	жасай алуу	dʒasaj aluu
kontrollieren (vt)	башкаруу	baʃkaruu
kosten (vt)	туруу	turuu
kränken (vt)	кемсинтүү	kemsintyy

lächeln (vi)	жылмаюу	dʒılmadʒuu
lachen (vi)	күлүү	kylyy
laufen (vi)	чуркоо	tʃurkoo
leiten (Betrieb usw.)	башкаруу	baʃkaruu

lernen (vt)	окуу	okuu
lesen (vi, vt)	окуу	okuu
lieben (vt)	сүйүү	syjyy
machen (vt)	кылуу	kıluu

mieten (Haus usw.)	батирге алуу	batirge aluu
nehmen (vt)	алуу	aluu
noch einmal sagen	кайталоо	kajtaloo
nötig sein	керек болуу	kerek boluu
öffnen (vt)	ачуу	atʃuu

12. Die wichtigsten Verben. Teil 3

planen (vt)	пландаштыруу	plandaʃtıruu
prahlen (vi)	мактануу	maktanuu
raten (vt)	кеңеш берүү	keŋeʃ beryy
rechnen (vt)	саноо	sanoo
reservieren (vt)	камдык буйрутмалоо	kamdık bujrutmaloo

retten (vt)	куткаруу	kutkaruu
richtig raten (vt)	жандырмагын табуу	dʒandırmagın tabuu
rufen (um Hilfe ~)	чакыруу	tʃakıruu
sagen (vt)	айтуу	ajtuu
schaffen (Etwas Neues zu ~)	жаратуу	dʒaratuu

schelten (vt)	урушуу	uruʃuu
schießen (vi)	атуу	atuu
schmücken (vt)	кооздоо	koozdoo
schreiben (vi, vt)	жазуу	dʒazuu
schreien (vi)	кыйкыруу	kıjkıruu

schweigen (vi)	үнчүкпөө	untʃukpoo
schwimmen (vi)	сүзүү	syzyy
schwimmen gehen	сууга түшүү	suuga tyʃyy
sehen (vi, vt)	көрүү	køryy

sein (vi)	болуу	boluu
sich beeilen	шашуу	ʃaʃuu
sich entschuldigen	кечирим суроо	ketʃirim suroo

sich interessieren	... кызыгуу	... kızıguu
sich irren	ката кетирүү	kata ketiryy
sich setzen	отуруу	oturuu
sich weigern	баш тартуу	baʃ tartuu
spielen (vi, vt)	ойноо	ojnoo

sprechen (vi)	сүйлөө	syjløø
staunen (vi)	таң калуу	taŋ kaluu
stehlen (vt)	уурдоо	uurdoo

stoppen (vt)	токтоо	toktoo
suchen (vt)	... издөө	... izdøø

13. Die wichtigsten Verben. Teil 4

täuschen (vt)	алдоо	aldoo
teilnehmen (vi)	катышуу	katıʃuu
übersetzen (Buch usw.)	которуу	kotoruu
unterschätzen (vt)	баалабоо	baalaboo
unterschreiben (vt)	кол коюу	kol kojʉu

vereinigen (vt)	бириктирүү	biriktiryy
vergessen (vt)	унутуу	unutuu
vergleichen (vt)	салыштыруу	salıʃtıruu
verkaufen (vt)	сатуу	satuu
verlangen (vt)	талап кылуу	talap kıluu

versäumen (vt)	калтыруу	kaltıruu
versprechen (vt)	убада берүү	ubada beryy
verstecken (vt)	жашыруу	dʒaʃıruu
verstehen (vt)	түшүнүү	tyʃynyy
versuchen (vt)	аракет кылуу	araket kıluu

verteidigen (vt)	коргоо	korgoo
vertrauen (vi)	ишенүү	iʃenyy
verwechseln (vt)	адаштыруу	adaʃtıruu
verzeihen (vi, vt)	кечирүү	ketʃiryy
verzeihen (vt)	кечирүү	ketʃiryy
voraussehen (vt)	күтүү	kytyy
vorschlagen (vt)	сунуштоо	sunuʃtoo
vorziehen (vt)	артык көрүү	artık køryy
wählen (vt)	тандоо	tandoo
warnen (vt)	эскертүү	eskertyy
warten (vi)	күтүү	kytyy
weinen (vi)	ыйлоо	ıjloo

wissen (vt)	билүү	bilyy
Witz machen	тамашалоо	tamaʃaloo
wollen (vt)	каалоо	kaaloo
zahlen (vt)	төлөө	tøløø
zeigen (jemandem etwas)	көрсөтүү	kørsøtyy

zu Abend essen	кечки тамакты ичүү	ketʃki tamaktı itʃyy
zu Mittag essen	түштөнүү	tyʃtønyy
zubereiten (vt)	тамак бышыруу	tamak bıʃıruu
zustimmen (vi)	макул болуу	makul boluu
zweifeln (vi)	күмөн саноо	kymøn sanoo

14. Farben

Farbe (f)	түс	tys
Schattierung (f)	кошумча түс	koʃumtʃa tys

| Farbton (m) | кубулуу | kubuluu |
| Regenbogen (m) | күндүн кулагы | kyndyn kulagı |

weiß	ак	ak
schwarz	кара	kara
grau	боз	boz

grün	жашыл	dʒaʃıl
gelb	сары	sarı
rot	кызыл	kızıl

blau	көк	køk
hellblau	көгүлтүр	køgyltyr
rosa	мала	mala
orange	кызгылт сары	kızgılt sarı
violett	сыя көк	sıja køk
braun	күрөң	kyrøŋ

| golden | алтын түстүү | altın tystyy |
| silbrig | күмүш өңдүү | kymyʃ øŋdyy |

beige	сары боз	sarı boz
cremefarben	саргылт	sargılt
türkis	бирюза	birʉza
kirschrot	кочкул кызыл	kotʃkul kızıl
lila	кызгылт көгүш	kızgılt køgyʃ
himbeerrot	ачык кызыл	atʃık kızıl

hell	ачык	atʃık
dunkel	күңүрт	kyŋyrt
grell	ачык	atʃık

Farb- (z.B. -stifte)	түстүү	tystyy
Farb- (z.B. -film)	түстүү	tystyy
schwarz-weiß	ак-кара	ak-kara
einfarbig	бир өңчөй түстө	bir øŋtʃøj tystø
bunt	ар түрдүү түстө	ar tyrdyy tystø

15. Fragen

Wer?	Ким?	kim?
Was?	Эмне?	emne?
Wo?	Каерде?	kaerde?
Wohin?	Каяка?	kajaka?
Woher?	Каяктан?	kajaktan?
Wann?	Качан?	katʃan?
Wozu?	Эмне үчүн?	emne ytʃyn?
Warum?	Эмнеге?	emnege?

Wofür?	Кайсы керекке?	kajsı kerekke?
Wie?	Кандай?	kandaj?
Welcher?	Кайсы?	kajsı?
Wem?	Кимге?	kimge?
Über wen?	Ким жөнүндө?	kim dʒønyndø?

| Wovon? (~ sprichst du?) | Эмне жөнүндө? | emne dʒønyndø? |
| Mit wem? | Ким менен? | kim menen? |

Wie viel? Wie viele?	Канча?	kantʃa?
Wessen?	Кимдики?	kimdiki?
Wessen? (Fem.)	Кимдики?	kimdiki?
Wessen? (pl)	Кимдердики?	kimderdiki?

16. Präpositionen

mit (Frau ~ Katzen)	менен	menen
ohne (~ Dich)	-сыз, -сиз	-sız, -siz
nach (~ London)	... көздөй	... køzdøj
über (~ Geschäfte sprechen)	... жөнүндө	... dʒønyndø
vor (z.B. ~ acht Uhr)	... астында	... astında
vor (z.B. ~ dem Haus)	... алдында	... aldında

unter (~ dem Schirm)	... астында	... astında
über (~ dem Meeresspiegel)	... өйдө	... øjdø
auf (~ dem Tisch)	... үстүндө	... ystyndø
aus (z.B. ~ München)	-дан	-dan
aus (z.B. ~ Porzellan)	-дан	-dan

| in (~ zwei Tagen) | ... ичинде | ... itʃinde |
| über (~ zaun) | ... үстүнөн | ... ystynøn |

17. Funktionswörter. Adverbien. Teil 1

Wo?	Каерде?	kaerde?
hier	бул жерде	bul dʒerde
dort	тээтигил жакта	teetigil dʒakta

| irgendwo | бир жерде | bir dʒerde |
| nirgends | эч жакта | etʃ dʒakta |

| an (bei) | ... жанында | ... dʒanında |
| am Fenster | терезенин жанында | terezenin dʒanında |

Wohin?	Каяка?	kajaka?
hierher	бери	beri
dahin	нары	narı
von hier	бул жерден	bul dʒerden
von da	тигил жерден	tigil dʒerden

| nah (Adv) | жакын | dʒakın |
| weit, fern (Adv) | алыс | alıs |

in der Nähe von ...	... тегерегинде	... tegereginde
in der Nähe	жакын арада	dʒakın arada
unweit (~ unseres Hotels)	алыс эмес	alıs emes
link (Adj)	сол	sol
links (Adv)	сол жакта	sol dʒakta

nach links	солго	solgo
recht (Adj)	оң	oŋ
rechts (Adv)	оң жакта	oŋ dʒakta
nach rechts	оңго	oŋgo
vorne (Adv)	астыда	astıda
Vorder-	алдыңкы	aldıŋkı
vorwärts	алдыга	aldıga
hinten (Adv)	артында	artında
von hinten	артынан	artınan
rückwärts (Adv)	артка	artka
Mitte (f)	ортосу	ortosu
in der Mitte	ортосунда	ortosunda
seitlich (Adv)	капталында	kaptalında
überall (Adv)	бүт жерде	byt dʒerde
ringsherum (Adv)	айланасында	ajlanasında
von innen (Adv)	ичинде	itʃinde
irgendwohin (Adv)	бир жерде	bir dʒerde
geradeaus (Adv)	түз	tyz
zurück (Adv)	кайра	kajra
irgendwoher (Adv)	бир жерден	bir dʒerden
von irgendwo (Adv)	бир жактан	bir dʒaktan
erstens	биринчиден	birintʃiden
zweitens	экинчиден	ekintʃiden
drittens	үчүнчүдөн	ytʃyntʃydøn
plötzlich (Adv)	күтпөгөн жерден	kytpøgøn dʒerden
zuerst (Adv)	башында	baʃında
zum ersten Mal	биринчи жолу	birintʃi dʒolu
lange vor...	... алдында	... aldında
von Anfang an	башынан	baʃınan
für immer	түбөлүккө	tybølykkø
nie (Adv)	эч качан	etʃ katʃan
wieder (Adv)	кайра	kajra
jetzt (Adv)	эми	emi
oft (Adv)	көпчүлүк учурда	køptʃylyk utʃurda
damals (Adv)	анда	anda
dringend (Adv)	тезинен	tezinen
gewöhnlich (Adv)	көбүнчө	købyntʃø
übrigens, ...	баса, ...	basa, ...
möglicherweise (Adv)	мүмкүн	mymkyn
wahrscheinlich (Adv)	балким	balkim
vielleicht (Adv)	ыктымал	ıktımal
außerdem ...	андан тышкары, ...	andan tıʃkarı, ...
deshalb ...	ошондуктан ...	oʃonduktan ...
trotz ...	... карабастан	... karabastan
dank ...	... күчү менен	... kytʃy menen
was (~ ist denn?)	эмне	emne

das (~ ist alles)	эмне	emne
etwas	бир нерсе	bir nerse
irgendwas	бир нерсе	bir nerse
nichts	эч нерсе	etʃ nerse

wer (~ ist ~?)	ким	kim
jemand	кимдир бирөө	kimdir birøø
irgendwer	бирөө жарым	birøø dʒarım

niemand	эч ким	etʃ kim
nirgends	эч жака	etʃ dʒaka
niemandes (~ Eigentum)	эч кимдики	etʃ kimdiki
jemandes	бирөөнүкү	birøønyky

so (derart)	эми	emi
auch	ошондой эле	oʃondoj ele
ebenfalls	дагы	dagı

18. Funktionswörter. Adverbien. Teil 2

Warum?	Эмнеге?	emnege?
aus irgendeinem Grund	эмнегедир	emnegedir
weil ...	... себептен	... sebepten
zu irgendeinem Zweck	эмне үчүндүр	emne ytʃyndyr

und	жана	dʒana
oder	же	dʒe
aber	бирок	birok
für (präp)	үчүн	ytʃyn

zu (~ viele)	өтө эле	øtø ele
nur (~ einmal)	азыр эле	azır ele
genau (Adv)	так	tak
etwa	болжол менен	boldʒol menen

ungefähr (Adv)	болжол менен	boldʒol menen
ungefähr (Adj)	болжолдуу	boldʒolduu
fast	дээрлик	deerlik
Übrige (n)	калганы	kalganı

der andere	башка	baʃka
andere	башка бөлөк	baʃka bøløk
jeder (~ Mann)	ар бири	ar biri
beliebig (Adj)	баардык	baardık
viel	көп	køp
viele Menschen	көбү	køby
alle (wir ~)	баары	baarı

im Austausch gegen ...	... алмашуу	... almaʃuu
dafür (Adv)	ордуна	orduna
mit der Hand (Hand-)	колго	kolgo
schwerlich (Adv)	ишенүүгө болбойт	iʃenyygø bolbojt
wahrscheinlich (Adv)	балким	balkim
absichtlich (Adv)	атайын	atajın

zufällig (Adv)	кокустан	kokustan
sehr (Adv)	аябай	ajabaj
zum Beispiel	мисалы	misalı
zwischen	ортосунда	ortosunda
unter (Wir sind ~ Mördern)	арасында	arasında
so viele (~ Ideen)	ошончо	oʃontʃo
besonders (Adv)	өзгөчө	øzgøtʃø

Grundbegriffe. Teil 2

19. Wochentage

Montag (m)	дүйшөмбү	dyjʃømby
Dienstag (m)	шейшемби	ʃejʃembi
Mittwoch (m)	шаршемби	ʃarʃembi
Donnerstag (m)	бейшемби	bejʃembi
Freitag (m)	жума	dʒuma
Samstag (m)	ишенби	iʃenbi
Sonntag (m)	жекшемби	dʒekʃembi
heute	бүгүн	bygyn
morgen	эртең	erteŋ
übermorgen	бирсүгүнү	birsygyny
gestern	кечээ	ketʃee
vorgestern	мурда күнү	murda kyny
Tag (m)	күн	kyn
Arbeitstag (m)	иш күнү	iʃ kyny
Feiertag (m)	майрам күнү	majram kyny
freier Tag (m)	дем алыш күн	dem alıʃ kyn
Wochenende (n)	дем алыш күндөр	dem alıʃ kyndør
den ganzen Tag	күнү бою	kyny bojʉ
am nächsten Tag	кийинки күнү	kijinki kyny
zwei Tage vorher	эки күн мурун	eki kyn murun
am Vortag	жакында	dʒakında
täglich (Adj)	күндө	kyndø
täglich (Adv)	күн сайын	kyn sajın
Woche (f)	жума	dʒuma
letzte Woche	өткөн жумада	øtkøn dʒumada
nächste Woche	келаткан жумада	kelatkan dʒumada
wöchentlich (Adj)	жума сайын	dʒuma sajın
wöchentlich (Adv)	жума сайын	dʒuma sajın
zweimal pro Woche	жумасына эки жолу	dʒumasına eki dʒolu
jeden Dienstag	ар шейшемби	ar ʃejʃembi

20. Stunden. Tag und Nacht

Morgen (m)	таң	taŋ
morgens	эртең менен	erteŋ menen
Mittag (m)	жарым күн	dʒarım kyn
nachmittags	түштөн кийин	tyʃtøn kijin
Abend (m)	кеч	ketʃ
abends	кечинде	ketʃinde

Nacht (f)	түн	tyn
nachts	түндө	tyndø
Mitternacht (f)	жарым түн	dʒarım tyn

Sekunde (f)	секунда	sekunda
Minute (f)	мүнөт	mynøt
Stunde (f)	саат	saat
eine halbe Stunde	жарым саат	dʒarım saat
Viertelstunde (f)	чейрек саат	tʃejrek saat
fünfzehn Minuten	он беш мүнөт	on beʃ mynøt
Tag und Nacht	сутка	sutka

Sonnenaufgang (m)	күндүн чыгышы	kyndyn tʃıgıʃı
Morgendämmerung (f)	таң агаруу	taŋ agaruu
früher Morgen (m)	таң эрте	taŋ erte
Sonnenuntergang (m)	күн батуу	kyn batuu

früh am Morgen	таң эрте	taŋ erte
heute Morgen	бүгүн эртең менен	bygyn erteŋ menen
morgen früh	эртең эртең менен	erteŋ erteŋ menen

heute Mittag	күндүзү	kyndyzy
nachmittags	түштөн кийин	tyʃtøn kijin
morgen Nachmittag	эртең түштөн кийин	erteŋ tyʃtøn kijin

| heute Abend | бүгүн кечинде | bygyn ketʃinde |
| morgen Abend | эртең кечинде | erteŋ ketʃinde |

Punkt drei Uhr	туура саат үчтө	tuura saat ytʃtø
gegen vier Uhr	болжол менен төрт саат	boldʒol menen tørt saat
um zwölf Uhr	саат он экиде	saat on ekide

in zwanzig Minuten	жыйырма мүнөттөн кийин	dʒıjırma mynøttøn kijin
in einer Stunde	бир сааттан кийин	bir saattan kijin
rechtzeitig (Adv)	өз убагында	øz ubagında

Viertel vor ...	... он беш мүнөт калды	... on beʃ mynøt kaldı
innerhalb einer Stunde	бир сааттын ичинде	bir saattın itʃinde
alle fünfzehn Minuten	он беш мүнөт сайын	on beʃ mynøt sajın
Tag und Nacht	бир сутка бою	bir sutka bojʉ

21. Monate. Jahreszeiten

Januar (m)	январь	janvarʲ
Februar (m)	февраль	fevralʲ
März (m)	март	mart
April (m)	апрель	aprelʲ
Mai (m)	май	maj
Juni (m)	июнь	ijʉnʲ

Juli (m)	июль	ijʉlʲ
August (m)	август	avgust
September (m)	сентябрь	sentʲabrʲ
Oktober (m)	октябрь	oktʲabrʲ

| November (m) | ноябрь | nojabrʲ |
| Dezember (m) | декабрь | dekabrʲ |

Frühling (m)	жаз	dʒaz
im Frühling	жазында	dʒazında
Frühlings-	жазгы	dʒazgı

Sommer (m)	жай	dʒaj
im Sommer	жайында	dʒajında
Sommer-	жайкы	dʒajkı

Herbst (m)	күз	kyz
im Herbst	күзүндө	kyzyndø
Herbst-	күздүк	kyzdyk

Winter (m)	кыш	kıʃ
im Winter	кышында	kıʃinda
Winter-	кышкы	kıʃkı

Monat (m)	ай	aj
in diesem Monat	ушул айда	uʃul ajda
nächsten Monat	кийинки айда	kijinki ajda
letzten Monat	өткөн айда	øtkøn ajda
vor einem Monat	бир ай мурун	bir aj murun
über eine Monat	бир айдан кийин	bir ajdan kijin
in zwei Monaten	эки айдан кийин	eki ajdan kijin
den ganzen Monat	толук бир ай	toluk bir aj

monatlich (Adj)	ай сайын	aj sajın
monatlich (Adv)	ай сайын	aj sajın
jeden Monat	ар бир айда	ar bir ajda
zweimal pro Monat	айына эки жолу	ajına eki dʒolu

Jahr (n)	жыл	dʒıl
dieses Jahr	бул жылы	bul dʒılı
nächstes Jahr	келаткан жылы	kelatkan dʒılı
voriges Jahr	өткөн жылы	øtkøn dʒılı

vor einem Jahr	бир жыл мурун	bir dʒıl murun
in einem Jahr	бир жылдан кийин	bir dʒıldan kijin
in zwei Jahren	эки жылдан кийин	eki dʒıldan kijin
das ganze Jahr	толук бир жыл	toluk bir dʒıl

jedes Jahr	ар жыл сайын	ar dʒıl sajın
jährlich (Adj)	жыл сайын	dʒıl sajın
jährlich (Adv)	жыл сайын	dʒıl sajın
viermal pro Jahr	жылына төрт жолу	dʒılına tørt dʒolu

Datum (heutige ~)	число	tʃislo
Datum (Geburts-)	күн	kyn
Kalender (m)	календарь	kalendarʲ

ein halbes Jahr	жарым жыл	dʒarım dʒıl
Halbjahr (n)	жарым чейрек	dʒarım tʃejrek
Saison (f)	мезгил	mezgil
Jahrhundert (n)	кылым	kılım

22. Zeit. Verschiedenes

Zeit (f)	убакыт	ubakıt
Augenblick (m)	учур	utʃur
Moment (m)	кез ирмемде	køz irmemde
augenblicklich (Adj)	кез ирмемде	køz irmemde
Zeitspanne (f)	убакыттын бир бөлүгү	ubakıttın bir bølygy
Leben (n)	жашоо	dʒaʃoo
Ewigkeit (f)	түбөлүк	tybølyk

Epoche (f)	доор	door
Ära (f)	заман	zaman
Zyklus (m)	мерчим	mertʃim
Periode (f)	мезгил	mezgil
Frist (äußerste ~)	мөөнөт	møønøt

Zukunft (f)	келечек	keletʃek
zukünftig (Adj)	келечек	keletʃek
nächstes Mal	кийинки жолу	kijinki dʒolu
Vergangenheit (f)	өткөн	øtkøn
vorig (Adj)	өткөн	øtkøn
letztes Mal	өткөндө	øtkøndø

später (Adv)	кийнчерээк	kijntʃereek
danach	кийин	kijin
zur Zeit	азыр, учурда	azır, utʃurda
jetzt	азыр	azır
sofort	тез арада	tez arada
bald	жакында	dʒakında
im Voraus	алдын ала	aldın ala

lange her	көп убакыт мурун	køp ubakıt murun
vor kurzem	жакындан бери	dʒakından beri
Schicksal (n)	тагдыр	tagdır
Erinnerungen (pl)	эсте калганы	este kalganı
Archiv (n)	архив	arχiv

während …	… убагында	… ubagında
lange (Adv)	узак	uzak
nicht lange (Adv)	узак эмес	uzak emes
früh (~ am Morgen)	эрте	erte
spät (Adv)	кеч	ketʃ

für immer	түбөлүк	tybølyk
beginnen (vt)	баштоо	baʃtoo
verschieben (vt)	жылдыруу	dʒıldıruu

gleichzeitig	бир учурда	bir utʃurda
ständig (Adv)	үзгүлтүксүз	yzgyltyksyz
konstant (Adj)	үзгүлтүксүз	yzgyltyksyz
zeitweilig (Adj)	убактылуу	ubaktıluu

manchmal	кедээ	kedee
selten (Adv)	чанда	tʃanda
oft	көпчүлүк учурда	køptʃylyk utʃurda

23. Gegenteile

reich (Adj)	бай	baj
arm (Adj)	кедей	kedej
krank (Adj)	оорулуу	ooruluu
gesund (Adj)	дени сак	deni sak
groß (Adj)	чоң	ʧoŋ
klein (Adj)	кичине	kiʧine
schnell (Adv)	тез	tez
langsam (Adv)	жай	ʤaj
schnell (Adj)	тез	tez
langsam (Adj)	жай	ʤaj
froh (Adj)	шайыр	ʃajır
traurig (Adj)	муңдуу	muŋduu
zusammen	бирге	birge
getrennt (Adv)	өзүнчө	øzynʧø
laut (~ lesen)	үн чыгарып	yn ʧıgarıp
still (~ lesen)	үн чыгарбай	yn ʧıgarbaj
hoch (Adj)	бийик	bijik
niedrig (Adj)	жапыз	ʤapız
tief (Adj)	терең	tereŋ
flach (Adj)	тайыз	tajız
ja	ооба	ooba
nein	жок	ʤok
fern (Adj)	алыс	alıs
nah (Adj)	жакын	ʤakın
weit (Adv)	алыс	alıs
nebenan (Adv)	жакын арада	ʤakın arada
lang (Adj)	узун	uzun
kurz (Adj)	кыска	kıska
gut (gütig)	кайрымдуу	kajrımduu
böse (der ~ Geist)	каардуу	kaarduu
verheiratet (Ehemann)	аялы бар	ajalı bar
ledig (Adj)	бойдок	bojdok
verbieten (vt)	тыюу салуу	tıjuu saluu
erlauben (vt)	уруксат берүү	uruksat beryy
Ende (n)	аягы	ajagı
Anfang (m)	башталыш	baʃtalıʃ

| link (Adj) | сол | sol |
| recht (Adj) | оң | oŋ |

| der erste | биринчи | birintʃi |
| der letzte | акыркы | akırkı |

| Verbrechen (n) | кылмыш | kılmıʃ |
| Bestrafung (f) | жаза | dʒaza |

| befehlen (vt) | буйрук кылуу | bujruk kıluu |
| gehorchen (vi) | баш ийүү | baʃ ijyy |

| gerade (Adj) | түз | tyz |
| krumm (Adj) | кыйшак | kıjʃak |

| Paradies (n) | бейиш | bejiʃ |
| Hölle (f) | тозок | tozok |

| geboren sein | төрөлүү | tørølyy |
| sterben (vi) | өлүү | ølyy |

| stark (Adj) | күчтүү | kytʃtyy |
| schwach (Adj) | алсыз | alsız |

| alt | эски | eski |
| jung (Adj) | жаш | dʒaʃ |

| alt (Adj) | эски | eski |
| neu (Adj) | жаңы | dʒaŋı |

| hart (Adj) | катуу | katuu |
| weich (Adj) | жумшак | dʒumʃak |

| warm (Adj) | жылуу | dʒıluu |
| kalt (Adj) | муздак | muzdak |

| dick (Adj) | семиз | semiz |
| mager (Adj) | арык | arık |

| eng (Adj) | тар | tar |
| breit (Adj) | кең | keŋ |

| gut (Adj) | жакшы | dʒakʃı |
| schlecht (Adj) | жаман | dʒaman |

| tapfer (Adj) | кайраттуу | kajrattuu |
| feige (Adj) | суу жүрөк | suu dʒyrøk |

24. Linien und Formen

Quadrat (n)	чарчы	tʃartʃı
quadratisch	чарчы	tʃartʃı
Kreis (m)	тегерек	tegerek
rund	тегерек	tegerek

| Dreieck (n) | үч бурчтук | ytʃ burtʃtuk |
| dreieckig | үч бурчтуу | ytʃ burtʃtuu |

Oval (n)	жумуру	dʒumuru
oval	жумуру	dʒumuru
Rechteck (n)	тик бурчтук	tik burtʃtuk
rechteckig	тик бурчтуу	tik burtʃtuu

Pyramide (f)	пирамида	piramida
Rhombus (m)	ромб	romb
Trapez (n)	трапеция	trapeʦija
Würfel (m)	куб	kub
Prisma (n)	призма	prizma

Kreis (m)	айлана	ajlana
Sphäre (f)	сфера	sfera
Kugel (f)	шар	ʃar
Durchmesser (m)	диаметр	diametr
Radius (m)	радиус	radius
Umfang (m)	периметр	perimetr
Zentrum (n)	борбор	borbor

waagerecht (Adj)	туурасынан	tuurasınan
senkrecht (Adj)	тикесинен	tikesinen
Parallele (f)	параллель	parallelʲ
parallel (Adj)	параллель	parallelʲ

Linie (f)	сызык	sızık
Strich (m)	сызык	sızık
Gerade (f)	түз сызык	tyz sızık
Kurve (f)	кыйшык сызык	kıjʃık sızık
dünn (schmal)	ичке	itʃke
Kontur (f)	караан	karaan

Schnittpunkt (m)	кесилиш	kesiliʃ
rechter Winkel (m)	тик бурч	tik burtʃ
Segment (n)	сегмент	segment
Sektor (m)	сектор	sektor
Seite (f)	каптал	kaptal
Winkel (m)	бурч	burtʃ

25. Maßeinheiten

Gewicht (n)	салмак	salmak
Länge (f)	узундук	uzunduk
Breite (f)	жазылык	dʒazılık
Höhe (f)	бийиктик	bijiktik
Tiefe (f)	терендик	terendik
Volumen (n)	көлөм	køløm
Fläche (f)	аянт	ajant

Gramm (n)	грамм	gramm
Milligramm (n)	миллиграмм	milligramm
Kilo (n)	килограмм	kilogramm

Tonne (f)	тонна	tonna
Pfund (n)	фунт	funt
Unze (f)	унция	untsija
Meter (m)	метр	metr
Millimeter (m)	миллиметр	millimetr
Zentimeter (m)	сантиметр	santimetr
Kilometer (m)	километр	kilometr
Meile (f)	миля	milʲa
Zoll (m)	дюйм	dujm
Fuß (m)	фут	fut
Yard (n)	ярд	jard
Quadratmeter (m)	квадраттык метр	kvadrattık metr
Hektar (n)	гектар	gektar
Liter (m)	литр	litr
Grad (m)	градус	gradus
Volt (n)	вольт	volʲt
Ampere (n)	ампер	amper
Pferdestärke (f)	ат күчү	at kytʃy
Anzahl (f)	саны	sanı
etwas ...	... бир аз	... bir az
Hälfte (f)	жарым	dʒarım
Dutzend (n)	он эки даана	on eki daana
Stück (n)	даана	daana
Größe (f)	чоңдук	tʃoŋduk
Maßstab (m)	өлчөмчен	øltʃømtʃen
minimal (Adj)	минималдуу	minimalduu
der kleinste	эң кичинекей	eŋ kitʃinekej
mittler, mittel-	орточо	ortotʃo
maximal (Adj)	максималдуу	maksimalduu
der größte	эң чоң	eŋ tʃoŋ

26. Behälter

Glas (Einmachglas)	банка	banka
Dose (z.B. Bierdose)	банка	banka
Eimer (m)	чака	tʃaka
Fass (n), Tonne (f)	бочка	botʃka
Waschschüssel (n)	дагара	dagara
Tank (m)	бак	bak
Flachmann (m)	фляжка	flʲadʒka
Kanister (m)	канистра	kanistra
Zisterne (f)	цистерна	tsısterna
Kaffeebecher (m)	кружка	krudʒka
Tasse (f)	чейчөк	tʃøjtʃøk
Untertasse (f)	табак	tabak

Wasserglas (n)	ыстакан	ıstakan
Weinglas (n)	бокал	bokal
Kochtopf (m)	мискей	miskej

| Flasche (f) | бөтөлкө | bøtølkø |
| Flaschenhals (m) | оозу | oozu |

Karaffe (f)	графин	grafin
Tonkrug (m)	кумура	kumura
Gefäß (n)	идиш	idiʃ
Tontopf (m)	карапа	karapa
Vase (f)	ваза	vaza

Flakon (n)	флакон	flakon
Fläschchen (n)	кичине бөтөлкө	kitʃine bøtølkø
Tube (z.B. Zahnpasta)	тюбик	tɯbik

Sack (~ Kartoffeln)	кап	kap
Tüte (z.B. Plastiktüte)	пакет	paket
Schachtel (f) (z.B. Zigaretten~)	пачке	patʃke

Karton (z.B. Schuhkarton)	куту	kutu
Kiste (z.B. Bananenkiste)	үкөк	ykøk
Korb (m)	себет	sebet

27. Werkstoffe

Stoff (z.B. Baustoffe)	материал	material
Holz (n)	жыгач	dʒɯgatʃ
hölzern	жыгач	dʒɯgatʃ

| Glas (n) | айнек | ajnek |
| gläsern, Glas- | айнек | ajnek |

| Stein (m) | таш | taʃ |
| steinern | таш | taʃ |

| Kunststoff (m) | пластик | plastik |
| Kunststoff- | пластик | plastik |

| Gummi (n) | резина | rezina |
| Gummi- | резина | rezina |

| Stoff (m) | кездеме | kezdeme |
| aus Stoff | кездеме | kezdeme |

| Papier (n) | кагаз | kagaz |
| Papier- | кагаз | kagaz |

Pappe (f)	картон	karton
Pappen-	картон	karton
Polyäthylen (n)	полиэтилен	polietilen
Zellophan (n)	целлофан	tsellofan

Linoleum (n)	линолеум	linoleum
Furnier (n)	фанера	fanera

Porzellan (n)	фарфор	farfor
aus Porzellan	фарфор	farfor
Ton (m)	чопо	tʃopo
Ton-	чопо	tʃopo
Keramik (f)	карапа	karapa
keramisch	карапа	karapa

28. Metalle

Metall (n)	металл	metall
metallisch, Metall-	металл	metall
Legierung (f)	эритме	eritme

Gold (n)	алтын	altın
golden	алтын	altın
Silber (n)	күмүш	kymyʃ
silbern, Silber-	күмүш	kymyʃ

Eisen (n)	темир	temir
eisern, Eisen-	темир	temir
Stahl (m)	болот	bolot
stählern	болот	bolot
Kupfer (n)	жез	dʒez
kupfern, Kupfer-	жез	dʒez

Aluminium (n)	алюминий	alʉminij
Aluminium-	алюминий	alʉminij
Bronze (f)	коло	kolo
bronzen	коло	kolo

Messing (n)	латунь	latunʲ
Nickel (n)	никель	nikelʲ
Platin (n)	платина	platina
Quecksilber (n)	сымап	sımap
Zinn (n)	калай	kalaj
Blei (n)	коргошун	korgoʃun
Zink (n)	цинк	tsınk

DER MENSCH

Der Mensch. Körper

29. Menschen. Grundbegriffe

Mensch (m)	адам	adam
Mann (m)	эркек	erkek
Frau (f)	аял	ajal
Kind (n)	бала	bala
Mädchen (n)	кыз бала	kız bala
Junge (m)	бала	bala
Teenager (m)	өспүрүм	øspyrym
Greis (m)	абышка	abıʃka
alte Frau (f)	кемпир	kempir

30. Anatomie des Menschen

Organismus (m)	организм	organizm
Herz (n)	жүрөк	dʒyrøk
Blut (n)	кан	kan
Arterie (f)	артерия	arterija
Vene (f)	вена	vena
Gehirn (n)	мээ	mee
Nerv (m)	нерв	nerv
Nerven (pl)	нервдер	nervder
Wirbel (m)	омуртка	omurtka
Wirbelsäule (f)	кыр арка	kır arka
Magen (m)	ашказан	aʃkazan
Gedärm (n)	ичеги-карын	itʃegi-karın
Darm (z.B. Dickdarm)	ичеги	itʃegi
Leber (f)	боор	boor
Niere (f)	бөйрөк	bøjrøk
Knochen (m)	сөөк	søøk
Skelett (n)	скелет	skelet
Rippe (f)	кабырга	kabırga
Schädel (m)	баш сөөгү	baʃ søøgy
Muskel (m)	булчуң	bultʃuŋ
Bizeps (m)	бицепс	bitseps
Trizeps (m)	трицепс	tritseps
Sehne (f)	тарамыш	taramıʃ
Gelenk (n)	муундар	muundar

Lungen (pl)	епке	øpkø
Geschlechtsorgane (pl)	жан жер	dʒan dʒer
Haut (f)	тери	teri

31. Kopf

Kopf (m)	баш	baʃ
Gesicht (n)	бет	bet
Nase (f)	мурун	murun
Mund (m)	ооз	ooz

Auge (n)	кɵз	køz
Augen (pl)	кɵздɵр	køzdør
Pupille (f)	карек	karek
Augenbraue (f)	каш	kaʃ
Wimper (f)	кирпик	kirpik
Augenlid (n)	кабак	kabak

Zunge (f)	тил	til
Zahn (m)	тиш	tiʃ
Lippen (pl)	эриндер	erinder
Backenknochen (pl)	бет сɵɵгγ	bet søøgy
Zahnfleisch (n)	тиш эти	tiʃ eti
Gaumen (m)	таңдай	taŋdaj

Nasenlöcher (pl)	мурун тешиги	murun teʃigi
Kinn (n)	ээк	eek
Kiefer (m)	жаак	dʒaak
Wange (f)	бет	bet

Stirn (f)	чеке	tʃeke
Schläfe (f)	чыкый	tʃikıj
Ohr (n)	кулак	kulak
Nacken (m)	желке	dʒelke
Hals (m)	моюн	mojʉn
Kehle (f)	тамак	tamak

Haare (pl)	чач	tʃatʃ
Frisur (f)	чач жасоо	tʃatʃ dʒasoo
Haarschnitt (m)	чач кыркуу	tʃatʃ kırkuu
Perücke (f)	парик	parik

Schnurrbart (m)	мурут	murut
Bart (m)	сакал	sakal
haben (einen Bart ~)	мурут коюу	murut kojʉu
Zopf (m)	ɵрγм чач	ørym tʃatʃ
Backenbart (m)	бакенбарда	bakenbarda

rothaarig	сары	sarı
grau	ак чачтуу	ak tʃatʃtuu
kahl	таз	taz
Glatze (f)	кашка	kaʃka
Pferdeschwanz (m)	куйрук	kujruk
Pony (Ponyfrisur)	кɵкγл	køkyl

37

32. Menschlicher Körper

| Hand (f) | беш манжа | beʃ mandʒa |
| Arm (m) | кол | kol |

Finger (m)	манжа	mandʒa
Zehe (f)	манжа	mandʒa
Daumen (m)	бармак	barmak
kleiner Finger (m)	чыпалак	tʃɪpalak
Nagel (m)	тырмак	tɪrmak

Faust (f)	муштум	muʃtum
Handfläche (f)	алакан	alakan
Handgelenk (n)	билек	bilek
Unterarm (m)	каруу	karuu
Ellbogen (m)	чыканак	tʃɪkanak
Schulter (f)	ийин	ijin

Bein (n)	бут	but
Fuß (m)	таман	taman
Knie (n)	тизе	tize
Wade (f)	балтыр	baltɪr
Hüfte (f)	сан	san
Ferse (f)	согончок	sogontʃok

Körper (m)	дене	dene
Bauch (m)	курсак	kursak
Brust (f)	төш	tøʃ
Busen (m)	эмчек	emtʃek
Seite (f), Flanke (f)	каптал	kaptal
Rücken (m)	арка жон	arka dʒon
Kreuz (n)	бел	bel
Taille (f)	бел	bel

Nabel (m)	киндик	kindik
Gesäßbacken (pl)	жамбаш	dʒambaʃ
Hinterteil (n)	көчүк	køtʃyk

Leberfleck (m)	мең	meŋ
Muttermal (n)	кал	kal
Tätowierung (f)	татуировка	tatuirovka
Narbe (f)	тырык	tɪrɪk

Kleidung & Accessoires

33. Oberbekleidung. Mäntel

Kleidung (f)	кийим	kijim
Oberkleidung (f)	үстүнкү кийим	ystyŋky kijim
Winterkleidung (f)	кышкы кийим	kıʃkı kijim
Mantel (m)	пальто	palʲto
Pelzmantel (m)	тон	ton
Pelzjacke (f)	чолок тон	tʃolok ton
Daunenjacke (f)	мамык олпок	mamık olpok
Jacke (z.B. Lederjacke)	күрмө	kyrmø
Regenmantel (m)	плащ	plaʃtʃ
wasserdicht	суу өткүс	suu øtkys

34. Herren- & Damenbekleidung

Hemd (n)	көйнөк	køjnøk
Hose (f)	шым	ʃım
Jeans (pl)	джинсы	dʒinsı
Jackett (n)	бешмант	beʃmant
Anzug (m)	костюм	kostʉm
Damenkleid (n)	көйнөк	køjnøk
Rock (m)	юбка	jʉbka
Bluse (f)	блузка	bluzka
Strickjacke (f)	кофта	kofta
Jacke (Damen Kostüm)	кыска бешмант	kıska beʃmant
T-Shirt (n)	футболка	futbolka
Shorts (pl)	чолок шым	tʃolok ʃım
Sportanzug (m)	спорт кийими	sport kijimi
Bademantel (m)	халат	χalat
Schlafanzug (m)	пижама	pidʒama
Sweater (m)	свитер	sviter
Pullover (m)	пуловер	pulover
Weste (f)	жилет	dʒilet
Frack (m)	фрак	frak
Smoking (m)	смокинг	smoking
Uniform (f)	форма	forma
Arbeitskleidung (f)	жумуш кийим	dʒumuʃ kijim
Overall (m)	комбинезон	kombinezon
Kittel (z.B. Arztkittel)	халат	χalat

35. Kleidung. Unterwäsche

Unterwäsche (f)	ич кийим	itʃ kijim
Herrenslip (m)	эркектер чолок дамбалы	erkekter tʃolok dambalı
Damenslip (m)	аялдар трусиги	ajaldar trusigi
Unterhemd (n)	майка	majka
Socken (pl)	байпак	bajpak

Nachthemd (n)	жатаарда кийүүчү көйнөк	dʒataarda kijyytʃy køjnøk
Büstenhalter (m)	бюстгальтер	bustgalⁱter
Kniestrümpfe (pl)	гольфы	golⁱfı
Strumpfhose (f)	колготки	kolgotki
Strümpfe (pl)	байпак	bajpak
Badeanzug (m)	купальник	kupalⁱnik

36. Kopfbekleidung

Mütze (f)	топу	topu
Filzhut (m)	шляпа	ʃⁱapa
Baseballkappe (f)	бейсболка	bejsbolka
Schiebermütze (f)	кепка	kepka

Baskenmütze (f)	берет	beret
Kapuze (f)	капюшон	kapuʃon
Panamahut (m)	панамка	panamka
Strickmütze (f)	токулган шапка	tokulgan ʃapka

Kopftuch (n)	жоолук	dʒooluk
Damenhut (m)	шляпа	ʃⁱapa

Schutzhelm (m)	каска	kaska
Feldmütze (f)	пилотка	pilotka
Helm (z.B. Motorradhelm)	шлем	ʃlem

Melone (f)	котелок	kotelok
Zylinder (m)	цилиндр	tsılindr

37. Schuhwerk

Schuhe (pl)	бут кийим	but kijim
Stiefeletten (pl)	ботинка	botinka
Halbschuhe (pl)	туфли	tufli
Stiefel (pl)	өтүк	øtyk
Hausschuhe (pl)	тапочка	tapotʃka

Tennisschuhe (pl)	кроссовка	krossovka
Leinenschuhe (pl)	кеды	kedı
Sandalen (pl)	сандалии	sandalii

Schuster (m)	өтүкчү	øtyktʃy
Absatz (m)	така	taka

Paar (n)	түгөй	tygøj
Schnürsenkel (m)	боо	boo
schnüren (vt)	боолоо	booloo
Schuhlöffel (m)	кашык	kaʃık
Schuhcreme (f)	өтүк май	øtyk maj

38. Textilien. Stoffe

Baumwolle (f)	пахта	paχta
Baumwolle-	пахтадан	paχtadan
Leinen (m)	зыгыр	zıgır
Leinen-	зыгырдан	zıgırdan

Seide (f)	жибек	dʒibek
Seiden-	жибек	dʒibek
Wolle (f)	жүн	dʒyn
Woll-	жүндөн	dʒyndøn

Samt (m)	баркыт	barkıt
Wildleder (n)	күдөрү	kydøry
Cord (m)	чий баркыт	tʃij barkıt

Nylon (n)	нейлон	nejlon
Nylon-	нейлон	nejlon
Polyester (m)	полиэстер	poliester
Polyester-	полиэстер	poliester

Leder (n)	булгаары	bulgaarı
Leder-	булгаары	bulgaarı
Pelz (m)	тери	teri
Pelz-	тери	teri

39. Persönliche Accessoires

Handschuhe (pl)	колкап	kolkap
Fausthandschuhe (pl)	мээлей	meelej
Schal (Kaschmir-)	моюн орогуч	mojʉn orogutʃ

Brille (f)	көз айнек	køz ajnek
Brillengestell (n)	алкак	alkak
Regenschirm (m)	чатырча	tʃatırtʃa
Spazierstock (m)	аса таяк	asa tajak
Haarbürste (f)	тарак	tarak
Fächer (m)	желпингич	dʒelpingitʃ

Krawatte (f)	галстук	galstuk
Fliege (f)	галстук-бабочка	galstuk-babotʃka
Hosenträger (pl)	шым тарткыч	ʃım tartkıtʃ
Taschentuch (n)	бетаарчы	betaartʃı

Kamm (m)	тарак	tarak
Haarspange (f)	чачсайгы	tʃatʃsajgı

| Haarnadel (f) | шпилька | ʃpilʲka |
| Schnalle (f) | таралга | taralga |

| Gürtel (m) | кайыш кур | kajıʃ kur |
| Umhängegurt (m) | илгич | ilgitʃ |

Tasche (f)	колбаштык	kolbaʃtık
Handtasche (f)	кичине колбаштык	kitʃine kolbaʃtık
Rucksack (m)	жонбаштык	dʒonbaʃtık

40. Kleidung. Verschiedenes

Mode (f)	мода	moda
modisch	саркеч	sarketʃ
Modedesigner (m)	модельер	modeljer

Kragen (m)	жака	dʒaka
Tasche (f)	чөнтөк	tʃøntøk
Taschen-	чөнтөк	tʃøntøk
Ärmel (m)	жеҥ	dʒeŋ
Aufhänger (m)	илгич	ilgitʃ
Hosenschlitz (m)	ширинка	ʃirinka

Reißverschluss (m)	молния	molnija
Verschluss (m)	топчулук	toptʃuluk
Knopf (m)	топчу	toptʃu
Knopfloch (n)	илмек	ilmek
abgehen (Knopf usw.)	үзүлүү	yzylyy

nähen (vi, vt)	тигүү	tigyy
sticken (vt)	сайма саюу	sajma sajuu
Stickerei (f)	сайма	sajma
Nadel (f)	ийне	ijne
Faden (m)	жип	dʒip
Naht (f)	тигиш	tigiʃ

sich beschmutzen	булгап алуу	bulgap aluu
Fleck (m)	так	tak
sich knittern	бырышып калуу	bırıʃıp kaluu
zerreißen (vt)	айрылуу	ajrıluu
Motte (f)	күбө	kybø

41. Kosmetikartikel. Kosmetik

Zahnpasta (f)	тиш пастасы	tiʃ pastası
Zahnbürste (f)	тиш щёткасы	tiʃ ʃtʃʲotkası
Zähne putzen	тиш жуу	tiʃ dʒuu

Rasierer (m)	устара	ustara
Rasiercreme (f)	кырынуу үчүн көбүк	kırınuu ytʃyn købyk
sich rasieren	кырынуу	kırınuu
Seife (f)	самын	samın

Shampoo (n)	шампунь	ʃampunʲ
Schere (f)	кайчы	kajʧı
Nagelfeile (f)	тырмак өгөө	tırmak øgøø
Nagelzange (f)	тырмак кычкачы	tırmak kıʧkaʧı
Pinzette (f)	искек	iskek
Kosmetik (f)	упа-эндик	upa-endik
Gesichtsmaske (f)	маска	maska
Maniküre (f)	маникюр	manikʉr
Maniküre machen	маникюр жасоо	manikdʒʉr dʒasoo
Pediküre (f)	педикюр	pedikʉr
Kosmetiktasche (f)	косметичка	kosmetiʧka
Puder (m)	упа	upa
Puderdose (f)	упа кутусу	upa kutusu
Rouge (n)	эндик	endik
Parfüm (n)	атыр	atır
Duftwasser (n)	туалет атыр суусу	tualet atır suusu
Lotion (f)	лосьон	losʲon
Kölnischwasser (n)	одеколон	odekolon
Lidschatten (m)	көз боёгу	køz bojogu
Kajalstift (m)	көз карандашы	køz karandaʃı
Wimperntusche (f)	кирпик үчүн боек	kirpik yʧyn boek
Lippenstift (m)	эрин помадасы	erin pomadası
Nagellack (m)	тырмак үчүн лак	tırmak yʧyn lak
Haarlack (m)	чач үчүн лак	ʧaʧ yʧyn lak
Deodorant (n)	дезодорант	dezodorant
Creme (f)	крем	krem
Gesichtscreme (f)	бетмай	betmaj
Handcreme (f)	кол үчүн май	kol yʧyn maj
Anti-Falten-Creme (f)	бырыштарга каршы бет май	bırıʃtarga karʃı bet maj
Tagescreme (f)	күндүзгү бет май	kyndyzgy bet maj
Nachtcreme (f)	түнкү бет май	tynky bet maj
Tages-	күндүзгү	kyndyzgy
Nacht-	түнкү	tynky
Tampon (m)	тампон	tampon
Toilettenpapier (n)	даарат кагазы	daarat kagazı
Föhn (m)	фен	fen

42. Schmuck

Schmuck (m)	зер буюмдар	zer bujʉmdar
Edel- (stein)	баалуу	baaluu
Repunze (f)	проба	proba
Ring (m)	шакек	ʃakek
Ehering (m)	нике шакеги	nike ʃakegi
Armband (n)	билерик	bilerik

Ohrringe (pl)	сөйкө	søjkø
Kette (f)	шуру	ʃuru
Krone (f)	таажы	taadʒɪ
Halskette (f)	мончок	montʃok

Brillant (m)	бриллиант	brilliant
Smaragd (m)	зымырыт	zɪmɪrɪt
Rubin (m)	лаал	laal
Saphir (m)	сапфир	sapfir
Perle (f)	бермет	bermet
Bernstein (m)	янтарь	jantarʲ

43. Armbanduhren Uhren

Armbanduhr (f)	кол саат	kol saat
Zifferblatt (n)	циферблат	tsɪferblat
Zeiger (m)	жебе	dʒebe
Metallarmband (n)	браслет	braslet
Uhrenarmband (n)	кайыш кур	kajɪʃ kur

Batterie (f)	батарейка	batarejka
verbraucht sein	зарядканын түгөнүүсү	zarʲadkanɪn tygønyysy
die Batterie wechseln	батарейка алмаштыруу	batarejka almaʃtıruu
vorgehen (vi)	алдыга кетүү	aldıga ketyy
nachgehen (vi)	калуу	kaluu

Wanduhr (f)	дубалга тагуучу саат	dubalga taguutʃu saat
Sanduhr (f)	кум саат	kum saat
Sonnenuhr (f)	күн саат	kyn saat
Wecker (m)	ойготкуч саат	ojgotkutʃ saat
Uhrmacher (m)	саат устасы	saat ustası
reparieren (vt)	оңдоо	oŋdoo

Essen. Ernährung

44. Essen

Fleisch (n)	**эт**	et
Hühnerfleisch (n)	**тоок**	took
Küken (n)	**балапан**	balapan
Ente (f)	**өрдөк**	ørdøk
Gans (f)	**каз**	kaz
Wild (n)	**илбээсин**	ilbeesin
Pute (f)	**күрп**	kyrp
Schweinefleisch (n)	**чочко эти**	ʧoʧko eti
Kalbfleisch (n)	**торпок эти**	torpok eti
Hammelfleisch (n)	**кой эти**	koj eti
Rindfleisch (n)	**уй эти**	uj eti
Kaninchenfleisch (n)	**коен**	koen
Wurst (f)	**колбаса**	kolbasa
Würstchen (n)	**сосиска**	sosiska
Schinkenspeck (m)	**бекон**	bekon
Schinken (m)	**ветчина**	vetʧina
Räucherschinken (m)	**сан эт**	san et
Pastete (f)	**паштет**	paʃtet
Leber (f)	**боор**	boor
Hackfleisch (n)	**фарш**	farʃ
Zunge (f)	**тил**	til
Ei (n)	**жумуртка**	ʤumurtka
Eier (pl)	**жумурткалар**	ʤumurtkalar
Eiweiß (n)	**жумуртканын агы**	ʤumurtkanın agı
Eigelb (n)	**жумуртканын сарысы**	ʤumurtkanın sarısı
Fisch (m)	**балык**	balık
Meeresfrüchte (pl)	**деңиз азыктары**	deŋiz azıktarı
Krebstiere (pl)	**рак сыяктуулар**	rak sıjaktuular
Kaviar (m)	**урук**	uruk
Krabbe (f)	**краб**	krab
Garnele (f)	**креветка**	krevetka
Auster (f)	**устрица**	ustritsa
Languste (f)	**лангуст**	langust
Krake (m)	**сегиз бут**	segiz but
Kalmar (m)	**кальмар**	kalʲmar
Störfleisch (n)	**осетрина**	osetrina
Lachs (m)	**лосось**	lososʲ
Heilbutt (m)	**палтус**	paltus
Dorsch (m)	**треска**	treska

Makrele (f)	скумбрия	skumbrija
Tunfisch (m)	тунец	tunets
Aal (m)	угорь	ugorʲ

Forelle (f)	форель	forelʲ
Sardine (f)	сардина	sardina
Hecht (m)	чортон	tʃorton
Hering (m)	сельдь	selʲdʲ

Brot (n)	нан	nan
Käse (m)	сыр	sır
Zucker (m)	кум шекер	kum-ʃeker
Salz (n)	туз	tuz

Reis (m)	күрүч	kyrytʃ
Teigwaren (pl)	макарон	makaron
Nudeln (pl)	кесме	kesme

Butter (f)	ак май	ak maj
Pflanzenöl (n)	өсүмдүк майы	øsymdyk majı
Sonnenblumenöl (n)	күн карама майы	kyn karama majı
Margarine (f)	маргарин	margarin

| Oliven (pl) | зайтун | zajtun |
| Olivenöl (n) | зайтун майы | zajtun majı |

Milch (f)	сүт	syt
Kondensmilch (f)	коютулган сүт	kojutulgan syt
Joghurt (m)	йогурт	jogurt
saure Sahne (f)	сметана	smetana
Sahne (f)	каймак	kajmak

| Mayonnaise (f) | майонез | majonez |
| Buttercreme (f) | крем | krem |

Grütze (f)	акшак	akʃak
Mehl (n)	ун	un
Konserven (pl)	консерва	konserva

Maisflocken (pl)	жарылган жүгөрү	dʒarılgan dʒygøry
Honig (m)	бал	bal
Marmelade (f)	джем, конфитюр	dʒem, konfitur
Kaugummi (m, n)	сагыз	sagız

45. Getränke

Wasser (n)	суу	suu
Trinkwasser (n)	ичүүчү суу	itʃyytʃy suu
Mineralwasser (n)	минерал суусу	mineral suusu

still	газсыз	gazsız
mit Kohlensäure	газдалган	gazdalgan
mit Gas	газы менен	gazı menen
Eis (n)	муз	muz

mit Eis	музу менен	muzu menen
alkoholfrei (Adj)	алкоголсуз	alkogolsuz
alkoholfreies Getränk (n)	алкоголсуз ичимдик	alkogolsuz itʃimdik
Erfrischungsgetränk (n)	суусундук	suusunduk
Limonade (f)	лимонад	limonad

Spirituosen (pl)	спирт ичимдиктери	spirt itʃimdikteri
Wein (m)	шарап	ʃarap
Weißwein (m)	ак шарап	ak ʃarap
Rotwein (m)	кызыл шарап	kızıl ʃarap

Likör (m)	ликёр	likʲor
Champagner (m)	шампан	ʃampan
Wermut (m)	вермут	vermut

Whisky (m)	виски	viski
Wodka (m)	арак	arak
Gin (m)	джин	dʒin
Kognak (m)	коньяк	konjak
Rum (m)	ром	rom

Kaffee (m)	кофе	kofe
schwarzer Kaffee (m)	кара кофе	kara kofe
Milchkaffee (m)	сүттөлгөн кофе	syttølgøn kofe
Cappuccino (m)	капучино	kaputʃino
Pulverkaffee (m)	эрүгчү кофе	eryytʃy kofe

Milch (f)	сүт	syt
Cocktail (m)	коктейль	koktejlʲ
Milchcocktail (m)	сүт коктейли	syt koktejli

Saft (m)	шире	ʃire
Tomatensaft (m)	томат ширеси	tomat ʃiresi
Orangensaft (m)	апельсин ширеси	apelʲsin ʃiresi
frisch gepresster Saft (m)	түз сыгылып алынган шире	tyz sıgılıp alıngan ʃire

Bier (n)	сыра	sıra
Helles (n)	ачык сыра	atʃık sıra
Dunkelbier (n)	коңур сыра	koŋur sıra

Tee (m)	чай	tʃaj
schwarzer Tee (m)	кара чай	kara tʃaj
grüner Tee (m)	жашыл чай	dʒaʃıl tʃaj

46. Gemüse

Gemüse (n)	жашылча	dʒaʃıltʃa
grünes Gemüse (pl)	көк чөп	køk tʃøp

Tomate (f)	помидор	pomidor
Gurke (f)	бадыраң	badıraŋ
Karotte (f)	сабиз	sabiz
Kartoffel (f)	картошка	kartoʃka

| Zwiebel (f) | пияз | pijaz |
| Knoblauch (m) | сарымсак | sarımsak |

Kohl (m)	капуста	kapusta
Blumenkohl (m)	гүлдүү капуста	gyldyy kapusta
Rosenkohl (m)	брюссель капустасы	brussel' kapustası
Brokkoli (m)	брокколи капустасы	brokkoli kapustası

Rote Bete (f)	кызылча	kızıltʃa
Aubergine (f)	баклажан	bakladʒan
Zucchini (f)	кабачок	kabatʃok
Kürbis (m)	ашкабак	aʃkabak
Rübe (f)	шалгам	ʃalgam

Petersilie (f)	петрушка	petruʃka
Dill (m)	укроп	ukrop
Kopf Salat (m)	салат	salat
Sellerie (m)	сельдерей	sel'derej
Spargel (m)	спаржа	spardʒa
Spinat (m)	шпинат	ʃpinat

Erbse (f)	нокот	nokot
Bohnen (pl)	буурчак	buurtʃak
Mais (m)	жүгөрү	dʒygøry
weiße Bohne (f)	төө буурчак	tøø buurtʃak

Paprika (m)	таттуу перец	tattuu perets
Radieschen (n)	шалгам	ʃalgam
Artischocke (f)	артишок	artiʃok

47. Obst. Nüsse

Frucht (f)	мөмө	mømø
Apfel (m)	алма	alma
Birne (f)	алмурут	almurut
Zitrone (f)	лимон	limon
Apfelsine (f)	апельсин	apel'sin
Erdbeere (f)	кулпунай	kulpunaj

Mandarine (f)	мандарин	mandarin
Pflaume (f)	кара өрүк	kara øryk
Pfirsich (m)	шабдаалы	ʃabdaalı
Aprikose (f)	өрүк	øryk
Himbeere (f)	дан куурай	dan kuuraj
Ananas (f)	ананас	ananas

Banane (f)	банан	banan
Wassermelone (f)	арбуз	arbuz
Weintrauben (pl)	жүзүм	dʒyzym
Sauerkirsche (f)	алча	altʃa
Süßkirsche (f)	гилас	gilas
Melone (f)	коон	koon
Grapefruit (f)	грейпфрут	grejpfrut
Avocado (f)	авокадо	avokado

Papaya (f)	папайя	papaja
Mango (f)	манго	mango
Granatapfel (m)	анар	anar

rote Johannisbeere (f)	кызыл карагат	kızıl karagat
schwarze Johannisbeere (f)	кара карагат	kara karagat
Stachelbeere (f)	крыжовник	krıʤovnik
Heidelbeere (f)	кара моюл	kara mojul
Brombeere (f)	кара бүлдүркөн	kara byldyrkøn

Rosinen (pl)	мейиз	mejiz
Feige (f)	анжир	anʤir
Dattel (f)	курма	kurma

Erdnuss (f)	арахис	araχis
Mandel (f)	бадам	badam
Walnuss (f)	жаңгак	ʤaŋgak
Haselnuss (f)	токой жаңгагы	tokoj ʤaŋgagı
Kokosnuss (f)	кокос жаңгагы	kokos ʤaŋgagı
Pistazien (pl)	мисте	miste

48. Brot. Süßigkeiten

Konditorwaren (pl)	кондитер азыктары	konditer azıktarı
Brot (n)	нан	nan
Keks (m, n)	печенье	peʧenje

Schokolade (f)	шоколад	ʃokolad
Schokoladen-	шоколаддан	ʃokoladdan
Bonbon (m, n)	конфета	konfeta
Kuchen (m)	пирожное	piroʤnoe
Torte (f)	торт	tort

| Kuchen (Apfel-) | пирог | pirog |
| Füllung (f) | начинка | naʧinka |

Konfitüre (f)	кыям	kıjam
Marmelade (f)	мармелад	marmelad
Waffeln (pl)	вафли	vafli
Eis (n)	бал муздак	bal muzdak
Pudding (m)	пудинг	puding

49. Gerichte

Gericht (n)	тамак	tamak
Küche (f)	даам	daam
Rezept (n)	тамак жасоо ыкмасы	tamak ʤasoo ıkması
Portion (f)	порция	portsija

Salat (m)	салат	salat
Suppe (f)	сорпо	sorpo
Brühe (f), Bouillon (f)	ынак сорпо	ınak sorpo

| belegtes Brot (n) | бутерброд | buterbrod |
| Spiegelei (n) | куурулган жумуртка | kuurulgan dʒumurtka |

| Hamburger (m) | гамбургер | gamburger |
| Beefsteak (n) | бифштекс | bifʃteks |

Beilage (f)	гарнир	garnir
Spaghetti (pl)	спагетти	spagetti
Kartoffelpüree (n)	эзилген картошка	ezilgen kartoʃka
Pizza (f)	пицца	pitsa
Brei (m)	ботко	botko
Omelett (n)	омлет	omlet

gekocht	сууга бышырылган	suuga bɪʃɪrɪlgan
geräuchert	ышталган	ɪʃtalgan
gebraten	куурулган	kuurulgan
getrocknet	кургатылган	kurgatɪlgan
tiefgekühlt	тоңдурулган	toŋdurulgan
mariniert	маринаддагы	marinaddagɪ

süß	таттуу	tattuu
salzig	туздуу	tuzduu
kalt	муздак	muzdak
heiß	ысык	ɪsɪk
bitter	ачуу	atʃuu
lecker	даамдуу	daamduu

kochen (vt)	кайнатуу	kajnatuu
zubereiten (vt)	тамак бышыруу	tamak bɪʃɪruu
braten (vt)	кууруу	kuuruu
aufwärmen (vt)	жылытуу	dʒɪlɪtuu

salzen (vt)	туздоо	tuzdoo
pfeffern (vt)	калемпир кошуу	kalempir koʃuu
reiben (vt)	сүргүлөө	syrgyløø
Schale (f)	сырты	sɪrtɪ
schälen (vt)	тазалоо	tazaloo

50. Gewürze

Salz (n)	туз	tuz
salzig (Adj)	туздуу	tuzduu
salzen (vt)	туздоо	tuzdoo

schwarzer Pfeffer (m)	кара мурч	kara murtʃ
roter Pfeffer (m)	кызыл калемпир	kɪzɪl kalempir
Senf (m)	горчица	gortʃitsa
Meerrettich (m)	хрен	χren

Gewürz (n)	татымал	tatɪmal
Gewürz (n)	татымал	tatɪmal
Soße (f)	соус	sous
Essig (m)	уксус	uksus
Anis (m)	анис	anis

Basilikum (n)	райхон	rajχon
Nelke (f)	гвоздика	gvozdika
Ingwer (m)	имбирь	imbirʲ
Koriander (m)	кориандр	koriandr
Zimt (m)	корица	koritsa

Sesam (m)	кунжут	kundʒut
Lorbeerblatt (n)	лавр жалбырагы	lavr dʒalbıragı
Paprika (m)	паприка	paprika
Kümmel (m)	зира	zira
Safran (m)	заапаран	zaaparan

51. Mahlzeiten

Essen (n)	тамак	tamak
essen (vi, vt)	тамактануу	tamaktanuu

Frühstück (n)	таңкы тамак	taŋkı tamak
frühstücken (vi)	эртең менен тамактануу	erteŋ menen tamaktanuu
Mittagessen (n)	түшкү тамак	tyʃky tamak
zu Mittag essen	түштөнүү	tyʃtønyy
Abendessen (n)	кечки тамак	ketʃki tamak
zu Abend essen	кечки тамакты ичүү	ketʃki tamaktı itʃyy

Appetit (m)	табит	tabit
Guten Appetit!	Тамагыңыз таттуу болсун!	tamagıŋız tattuu bolsun!

öffnen (vt)	ачуу	atʃuu
verschütten (vt)	төгүп алуу	tøgyp aluu
verschüttet werden	төгүлүү	tøgylyy
kochen (vi)	кайноо	kajnoo
kochen (Wasser ~)	кайнатуу	kajnatuu
gekocht (Adj)	кайнатылган	kajnatılgan
kühlen (vt)	суутуу	suutuu
abkühlen (vi)	сууп туруу	suup turuu

Geschmack (m)	даам	daam
Beigeschmack (m)	даамдануу	daamdanuu

auf Diät sein	арыктоо	arıktoo
Diät (f)	мүнөз тамак	mynøz tamak
Vitamin (n)	витамин	vitamin
Kalorie (f)	калория	kalorija
Vegetarier (m)	эттен чанган	etten tʃangan
vegetarisch (Adj)	этсиз даярдалган	etsiz dajardalgan

Fett (n)	майлар	majlar
Protein (n)	белоктор	beloktor
Kohlenhydrat (n)	көмүрсуулар	kømyrsuular

Scheibchen (n)	кесим	kesim
Stück (ein ~ Kuchen)	бөлүк	bølyk
Krümel (m)	күкүм	kykym

52. Gedeck

Löffel (m)	кашык	kaʃık
Messer (n)	бычак	bıʧak
Gabel (f)	вилка	vilka

Tasse (eine ~ Tee)	чейчек	ʧøjʧøk
Teller (m)	табак	tabak
Untertasse (f)	табак	tabak
Serviette (f)	майлык	majlık
Zahnstocher (m)	тиш чукугуч	tiʃ ʧukuguʧ

53. Restaurant

Restaurant (n)	ресторан	restoran
Kaffeehaus (n)	кофекана	kofekana
Bar (f)	бар	bar
Teesalon (m)	чай салону	ʧaj salonu

Kellner (m)	официант	ofitsiant
Kellnerin (f)	официант кыз	ofitsiant kız
Barmixer (m)	бармен	barmen

Speisekarte (f)	меню	menü
Weinkarte (f)	шарап картасы	ʃarap kartası
einen Tisch reservieren	столду камдык буйрутмалоо	stoldu kamdık bujrutmaloo

Gericht (n)	тамак	tamak
bestellen (vt)	буйрутма кылуу	bujrutma kıluu
eine Bestellung aufgeben	буйрутма берүү	bujrutma beryy

Aperitif (m)	аперитив	aperitiv
Vorspeise (f)	ысылык	ısılık
Nachtisch (m)	десерт	desert

Rechnung (f)	эсеп	esep
Rechnung bezahlen	эсеп телее	esep tøløø
das Wechselgeld geben	майда акчаны кайтаруу	majda akʧanı kajtaruu
Trinkgeld (n)	чайпул	ʧajpul

Familie, Verwandte und Freunde

54. Persönliche Informationen. Formulare

Vorname (m)	аты	atı
Name (m)	фамилиясы	familijası
Geburtsdatum (n)	төрөлгөн күнү	tørølgøn kyny
Geburtsort (m)	туулган жери	tuulgan dʒeri
Nationalität (f)	улуту	ulutu
Wohnort (m)	жашаган жери	dʒaʃagan dʒeri
Land (n)	өлкө	ølkø
Beruf (m)	кесиби	kesibi
Geschlecht (n)	жынысы	dʒınısı
Größe (f)	бою	bojʉ
Gewicht (n)	салмак	salmak

55. Familienmitglieder. Verwandte

Mutter (f)	эне	ene
Vater (m)	ата	ata
Sohn (m)	уул	uul
Tochter (f)	кыз	kız
jüngste Tochter (f)	кичүү кыз	kitʃyy kız
jüngste Sohn (m)	кичүү уул	kitʃyy uul
ältere Tochter (f)	улуу кыз	uluu kız
älterer Sohn (m)	улуу уул	uluu uul
Bruder (m)	бир тууган	bir tuugan
älterer Bruder (m)	байке	bajke
jüngerer Bruder (m)	ини	ini
Schwester (f)	бир тууган	bir tuugan
ältere Schwester (f)	эже	edʒe
jüngere Schwester (f)	сиңди	siŋdi
Cousin (m)	атасы же энеси	atası dʒe enesi
	бир тууган	bir tuugan
Cousine (f)	атасы же энеси	atası dʒe enesi
	бир тууган	bir tuugan
Mama (f)	апа	apa
Papa (m)	ата	ata
Eltern (pl)	ата-эне	ata-ene
Kind (n)	бала	bala
Kinder (pl)	балдар	baldar
Großmutter (f)	чоң апа	tʃoŋ apa

Großvater (m)	чоӊ ата	ʧoŋ ata
Enkel (m)	небере бала	nebere bala
Enkelin (f)	небере кыз	nebere kɪz
Enkelkinder (pl)	неберелер	nebereler

Onkel (m)	таяке	tajake
Tante (f)	таяже	tajadʒe
Neffe (m)	ини	ini
Nichte (f)	жээн	dʒeen

Schwiegermutter (f)	кайын эне	kajɪn ene
Schwiegervater (m)	кайын ата	kajɪn ata
Schwiegersohn (m)	күйөө бала	kyjøø bala
Stiefmutter (f)	өгөй эне	øgøj ene
Stiefvater (m)	өгөй ата	øgøj ata

Säugling (m)	эмчектеги бала	emʧektegi bala
Kleinkind (n)	ымыркай	ɪmɪrkaj
Kleine (m)	бөбөк	bøbøk

Frau (f)	аял	ajal
Mann (m)	эр	er
Ehemann (m)	күйөө	kyjøø
Gemahlin (f)	зайып	zajɪp

verheiratet (Ehemann)	аялы бар	ajalɪ bar
verheiratet (Ehefrau)	күйөөдө	kyjøødø
ledig	бойдок	bojdok
Junggeselle (m)	бойдок	bojdok
geschieden (Adj)	ажырашкан	adʒɪraʃkan
Witwe (f)	жесир	dʒesir
Witwer (m)	жесир	dʒesir

Verwandte (m)	тууган	tuugan
naher Verwandter (m)	жакын тууган	dʒakɪn tuugan
entfernter Verwandter (m)	алыс тууган	alɪs tuugan
Verwandte (pl)	бир тууган	bir tuugan

Waise (m, f)	жетим	dʒetim
Vormund (m)	камкорчу	kamkorʧu
adoptieren (einen Jungen)	уул кылып асырап алуу	uul kɪlɪp asɪrap aluu
adoptieren (ein Mädchen)	кыз кылып асырап алуу	kɪz kɪlɪp asɪrap aluu

56. Freunde. Arbeitskollegen

Freund (m)	дос	dos
Freundin (f)	курбу	kurbu
Freundschaft (f)	достук	dostuk
befreundet sein	достошуу	dostoʃuu

Freund (m)	шерик	ʃerik
Freundin (f)	шерик кыз	ʃerik kɪz
Partner (m)	өнөктөш	ønøktøʃ
Chef (m)	башчы	baʃʧɪ

Vorgesetzte (m)	башчы	baʃʧɪ
Besitzer (m)	кожоюн	kodʒodʒʉn
Untergeordnete (m)	кол астындагы	kol astındagı
Kollege (m), Kollegin (f)	кесиптеш	kesipteʃ
Bekannte (m)	тааныш	taanıʃ
Reisegefährte (m)	жолдош	dʒoldoʃ
Mitschüler (m)	классташ	klasstaʃ
Nachbar (m)	кошуна	koʃuna
Nachbarin (f)	кошуна	koʃuna
Nachbarn (pl)	кошуналар	koʃunalar

57. Mann. Frau

Frau (f)	аял	ajal
Mädchen (n)	кыз	kız
Braut (f)	колукту	koluktu
schöne	сулуу	suluu
große	бою узун	bojʉ uzun
schlanke	сымбаттуу	sımbattuu
kleine (~ Frau)	орто бойлуу	orto bojluu
Blondine (f)	ак саргыл чачтуу	ak sargıl ʧaʧtuu
Brünette (f)	кара чачтуу	kara ʧaʧtuu
Damen-	аялдардын	ajaldardın
Jungfrau (f)	эркек көрө элек кыз	erkek kørø elek kız
schwangere	кош бойлуу	koʃ bojluu
Mann (m)	эркек	erkek
Blonde (m)	ак саргыл чачтуу	ak sargıl ʧaʧtuu
Brünette (m)	кара чачтуу	kara ʧaʧtuu
hoch	бийик бойлуу	bijik bojluu
klein	орто бойлуу	orto bojluu
grob	орой	oroj
untersetzt	жапалдаш бой	dʒapaldaʃ boj
robust	чымыр	ʧımır
stark	күчтүү	kyʧtyy
Kraft (f)	күч	kyʧ
dick	толук	toluk
dunkelhäutig	кара тору	kara toru
schlank	сымбаттуу	sımbattuu
elegant	жарашып кийинген	dʒaraʃıp kijingen

58. Alter

Alter (n)	жаш	dʒaʃ
Jugend (f)	жаштык	dʒaʃtık

jung	жаш	ʤaʃ
jünger (~ als Sie)	кичүү	kiʧyy
älter (~ als ich)	улуу	uluu

Junge (m)	улан	ulan
Teenager (m)	өспүрүм	øspyrym
Bursche (m)	жигит	ʤigit

| Greis (m) | абышка | abıʃka |
| alte Frau (f) | кемпир | kempir |

Erwachsene (m)	чоң киши	ʧoŋ kiʃi
in mittleren Jahren	орто жаш	orto ʤaʃ
älterer (Adj)	жашап калган	ʤaʃap kalgan
alt (Adj)	картаң	kartaŋ

Ruhestand (m)	бааракы	baarakı
in Rente gehen	ардактуу эс алууга чыгуу	ardaktuu es aluuga ʧıguu
Rentner (m)	баargер	baarger

59. Kinder

Kind (n)	бала	bala
Kinder (pl)	балдар	baldar
Zwillinge (pl)	эгиздер	egizder

Wiege (f)	бешик	beʃik
Rassel (f)	шырылдак	ʃırıldak
Windel (f)	жалаяк	ʤalajak

Schnuller (m)	упчу	upʧu
Kinderwagen (m)	бешик араба	beʃik araba
Kindergarten (m)	бала бакча	bala bakʧa
Kinderfrau (f)	бала баккыч	bala bakkıʧ

Kindheit (f)	балалык	balalık
Puppe (f)	куурчак	kuurʧak
Spielzeug (n)	оюнчук	ojʉnʧuk
Baukasten (m)	конструктор	konstruktor
wohlerzogen	тарбия көргөн	tarbija kørgøn
ungezogen	жетесиз	ʤetesiz
verwöhnt	эрке	erke

unartig sein	тентектик кылуу	tentektik kıluu
unartig	тентек	tentek
Unart (f)	шоктук, тентектик	ʃoktuk, tentektik
Schelm (m)	тентек	tentek

| gehorsam | элпек | elpek |
| ungehorsam | тил албас | til albas |

fügsam	зээндүү	zeendyy
klug	акылдуу	akılduu
Wunderkind (n)	вундеркинд	vunderkind

60. Ehepaare. Familienleben

küssen (vt)	өбүү	øbyy
sich küssen	өбүшүү	øbyʃyy
Familie (f)	үй-бүлө	yj-bylø
Familien-	үй-бүлөлүү	yj-bylølyy
Paar (n)	эрди-катын	erdi-katın
Ehe (f)	нике	nike
Heim (n)	үй очогу	yj otʃogu
Dynastie (f)	династия	dinastija
Rendezvous (n)	жолугушуу	dʒoluguʃuu
Kuss (m)	өбүү	øbyy
Liebe (f)	сүйүү	syjyy
lieben (vt)	сүйүү	syjyy
geliebt	жакшы көргөн	dʒakʃı kørgøn
Zärtlichkeit (f)	назиктик	naziktik
zärtlich	назик	nazik
Treue (f)	берилгендик	berilgendik
treu (Adj)	ишенимдүү	iʃenimdyy
Fürsorge (f)	кам көрүү	kam køryy
sorgsam	камкор	kamkor
Frischvermählte (pl)	жаңы үйлөнүшкөндөр	dʒaŋı yjlønyʃkøndør
Flitterwochen (pl)	таттуулашуу	tattuulaʃuu
heiraten (einen Mann ~)	күйөөгө чыгуу	kyjøøgø tʃıguu
heiraten (ein Frau ~)	аял алуу	ajal aluu
Hochzeit (f)	үйлөнүү той	yjlønyy toy
goldene Hochzeit (f)	алтын үлпөт той	altın ylpøt toj
Jahrestag (m)	жылдык	dʒıldık
Geliebte (m)	ойнош	ojnoʃ
Geliebte (f)	ойнош	ojnoʃ
Ehebruch (m)	көзгө чөп салуу	køzgø tʃøp saluu
Ehebruch begehen	көзгө чөп салуу	køzgø tʃøp saluu
eifersüchtig	кызгануу	kızganuu
eifersüchtig sein	кызгануу	kızganuu
Scheidung (f)	ажырашуу	adʒıraʃuu
sich scheiden lassen	ажырашуу	adʒıraʃuu
streiten (vi)	урушуу	uruʃuu
sich versöhnen	жарашуу	dʒaraʃuu
zusammen (Adv)	бирге	birge
Sex (m)	жыныстык катнаш	dʒınıstık katnaʃ
Glück (n)	бакыт	bakıt
glücklich	бактылуу	baktıluu
Unglück (n)	кырсык	kırsık
unglücklich	бактысыз	baktısız

Charakter. Empfindungen. Gefühle

61. Empfindungen. Gefühle

Gefühl (n)	сезим	sezim
Gefühle (pl)	сезим	sezim
fühlen (vt)	сезүү	sezyy
Hunger (m)	ачка болуу	atʃka boluu
hungrig sein	ачка болуу	atʃka boluu
Durst (m)	чаңкоо	tʃaŋkoo
Durst haben	суусап калуу	suusap kaluu
Schläfrigkeit (f)	уйкусу келүү	ujkusu kelyy
schlafen wollen	уйкусу келүү	ujkusu kelyy
Müdigkeit (f)	чарчоо	tʃartʃoo
müde	чарчаңкы	tʃartʃaŋkı
müde werden	чарчоо	tʃartʃoo
Laune (f)	көңүл	køŋyl
Langeweile (f)	зеригүү	zerigyy
sich langweilen	зеригүү	zerigyy
Zurückgezogenheit (n)	элден качуу	elden katʃuu
sich zurückziehen	элден качуу	elden katʃuu
beunruhigen (vt)	көңүлүн бөлүү	køŋylyn bølyy
sorgen (vi)	сарсанаа болуу	sarsanaa boluu
Besorgnis (f)	кабатырлануу	kabatırlanuu
Angst (~ um …)	чочулоо	tʃotʃuloo
besorgt (Adj)	бушайман	buʃajman
nervös sein	тынчы кетүү	tıntʃı ketyy
in Panik verfallen (vi)	дүрбөлөңгө түшүү	dyrbøløŋgø tyʃyy
Hoffnung (f)	үмүт	ymyt
hoffen (vi)	үмүттөнүү	ymyttønyy
Sicherheit (f)	ишенимдүүлүк	iʃenimdyylyk
sicher	ишеничтүү	iʃenitʃtyy
Unsicherheit (f)	ишенбегендик	iʃenbegendik
unsicher	ишенбеген	iʃenbegen
betrunken	мас	mas
nüchtern	соо	soo
schwach	бошоң	boʃoŋ
glücklich	бактылуу	baktıluu
erschrecken (vt)	жүрөгүн түшүрүү	dʒyrøgyn tyʃyryy
Wut (f)	жинденүү	dʒindenyy
Rage (f)	жаалдануу	dʒaaldanuu
Depression (f)	көңүлү чөгүү	køŋyly tʃøgyy
Unbehagen (n)	ыңгайсыз	ıngajsız

Komfort (m)	ыңгайлуу	ıŋgajluu
bedauern (vt)	өкүнүү	økynyy
Bedauern (n)	өкүнүп калуу	økynyp kaluu
Missgeschick (n)	жолу болбоо	dʒolu bolboo
Kummer (m)	капалануу	kapalanuu

Scham (f)	уят	ujat
Freude (f)	кубаныч	kubanıtʃ
Begeisterung (f)	ынта менен	ınta menen
Enthusiast (m)	ынтызар	ıntızar
Begeisterung zeigen	ынтасын көрсөтүү	ıntasın kørsøtyy

62. Charakter. Persönlichkeit

Charakter (m)	мүнөз	mynøz
Charakterfehler (m)	кемчилик	kemtʃilik
Verstand (m)	эс-акыл	es-akıl
Vernunft (f)	акыл	akıl

Gewissen (n)	абийир	abijir
Gewohnheit (f)	адат	adat
Fähigkeit (f)	жөндөм	dʒøndøm
können (v mod)	билүү	bilyy

geduldig	көтөрүмдүү	køtørymdyy
ungeduldig	чыдамы жок	tʃıdamı dʒok
neugierig	ынтызар	ıntızar
Neugier (f)	кызыгуучулук	kızıguutʃuluk

Bescheidenheit (f)	жөнөкөйлүк	dʒønøkøjlyk
bescheiden	жөнөкөй	dʒønøkøj
unbescheiden	чекилик	tʃekilik

Faulheit (f)	жалкоолук	dʒalkooluk
faul	жалкоо	dʒalkoo
Faulenzer (m)	эринчээк	erintʃeek

Listigkeit (f)	куулук	kuuluk
listig	куу	kuu
Misstrauen (n)	ишенбөөчүлүк	iʃenbøøtʃylyk
misstrauisch	ишенбеген	iʃenbegen

Freigebigkeit (f)	берешендик	bereʃendik
freigebig	берешен	bereʃen
talentiert	зээндүү	zeendyy
Talent (n)	талант	talant

tapfer	кайраттуу	kajrattuu
Tapferkeit (f)	кайрат	kajrat
ehrlich	чынчыл	tʃıntʃıl
Ehrlichkeit (f)	чынчылдык	tʃıntʃıldık

vorsichtig	сак	sak
tapfer	тайманбас	tajmanbas

| ernst | оор басырыктуу | oor basırıktuu |
| streng | сүрдүү | syrdyy |

entschlossen	чечкиндүү	ʧeʧkindyy
unentschlossen	чечкинсиз	ʧeʧkinsiz
schüchtern	тартынчаак	tartınʧaak
Schüchternheit (f)	жүрөкзаада	dʒyrøkzaada

Vertrauen (n)	ишеним артуу	iʃenim artuu
vertrauen (vi)	ишенүү	iʃenyy
vertrauensvoll	ишенчээк	iʃenʧeek

aufrichtig (Adv)	чын жүрөктөн	ʧın dʒyrøktøn
aufrichtig (Adj)	ак ниеттен	ak nietten
Aufrichtigkeit (f)	ак ниеттүүлүк	ak niettyylyk
offen	ачык	atʃık

still (Adj)	жоош	dʒooʃ
freimütig	ачык	atʃık
naiv	ишенчээк	iʃenʧeek
zerstreut	унутчаак	unutʧaak
drollig, komisch	кызык	kızık

Gier (f)	ач көздүк	aʧ køzdyk
habgierig	сараң	saraŋ
geizig	сараң	saraŋ
böse	каардуу	kaarduu
hartnäckig	көк	køk
unangenehm	жагымсыз	dʒagımsız

Egoist (m)	өзүмчүл	øzymʧyl
egoistisch	өзүмчүл	øzymʧyl
Feigling (m)	суу жүрөк	suu dʒyrøk
feige	суу жүрөк	suu dʒyrøk

63. Schlaf. Träume

schlafen (vi)	уктоо	uktoo
Schlaf (m)	уйку	ujku
Traum (m)	түш	tyʃ
träumen (im Schlaf)	түш көрүү	tyʃ køryy
verschlafen	уйкусураган	ujkusuragan

Bett (n)	керебет	kerebet
Matratze (f)	матрас	matras
Decke (f)	жууркан	dʒuurkan
Kissen (n)	жаздык	dʒazdık
Laken (n)	шейшеп	ʃejʃep

Schlaflosigkeit (f)	уйкусуздук	ujkusuzduk
schlaflos	уйкусуз	ujkusuz
Schlafmittel (n)	уйку дарысы	ujku darısı
Schlafmittel nehmen	уйку дарысын ичүү	ujku darısın iʧyy
schlafen wollen	уйкусу келүү	ujkusu kelyy

gähnen (vi)	эстөө	estøø
schlafen gehen	уктоого кетүү	uktoogo ketyy
das Bett machen	төшөк салуу	tøʃøk saluu
einschlafen (vi)	уктап калуу	uktap kaluu

Alptraum (m)	коркунучтуу түш	korkunuʧtuu tyʃ
Schnarchen (n)	коңурук	koŋuruk
schnarchen (vi)	коңурук тартуу	koŋuruk tartuu

Wecker (m)	ойготкуч саат	ojgotkuʧ saat
aufwecken (vt)	ойготуу	ojgotuu
erwachen (vi)	ойгонуу	ojgonuu
aufstehen (vi)	төшөктөн туруу	tøʃøktøn turuu
sich waschen	бети-колду жуу	beti-koldu ʤuu

64. Humor. Lachen. Freude

Humor (m)	күлкү салуу	kylky saluu
Sinn (m) für Humor	тамашага чалуу	tamaʃaga ʧaluu
sich amüsieren	көңүл ачуу	køŋyl aʧuu
froh (Adj)	көңүлдүү	køŋyldyy
Fröhlichkeit (f)	көңүлдүүлүк	køŋyldyylyk

Lächeln (n)	жылмайыш	ʤılmajıʃ
lächeln (vi)	жылмаюу	ʤılmaʤuu
auflachen (vi)	күлүп жиберүү	kylyp ʤiberyy
lachen (vi)	күлүү	kylyy
Lachen (n)	күлкү	kylky

Anekdote, Witz (m)	күлкүлүү окуя	kylkylyy okuja
lächerlich	күлкүлүү	kylkylyy
komisch	кызык	kızık

Witz machen	тамашалоо	tamaʃaloo
Spaß (m)	тамаша	tamaʃa
Freude (f)	кубаныч	kubanıʧ
sich freuen	кубануу	kubanuu
froh (Adj)	кубанычтуу	kubanıʧtuu

65. Diskussion, Unterhaltung. Teil 1

| Kommunikation (f) | баарлашуу | baarlaʃuu |
| kommunizieren (vi) | баарлашуу | baarlaʃuu |

Konversation (f)	сүйлөшүү	syjløʃyy
Dialog (m)	маек	maek
Diskussion (f)	талкуу	talkuu
Streitgespräch (n)	талаш	talaʃ
streiten (vi)	талашуу	talaʃuu

| Gesprächspartner (m) | аңгемелешкен | aŋgemeleʃken |
| Thema (n) | тема | tema |

Gesichtspunkt (m)	көз караш	køz karaʃ
Meinung (f)	ой-пикир	oj-pikir
Rede (f)	сөз	søz

Besprechung (f)	талкуу	talkuu
besprechen (vt)	талкуулоо	talkuuloo
Gespräch (n)	маек	maek
Gespräche führen	маектешүү	maekteʃyy
Treffen (n)	жолугушуу	dʒoluguʃuu
sich treffen	жолугушуу	dʒoluguʃuu

Sprichwort (n)	макал-лакап	makal-lakap
Redensart (f)	лакап	lakap
Rätsel (n)	табышмак	tabıʃmak
ein Rätsel aufgeben	табышмак айтуу	tabıʃmak ajtuu
Parole (f)	сырсөз	sırsøz
Geheimnis (n)	сыр	sır

Eid (m), Schwur (m)	ант	ant
schwören (vi, vt)	ант берүү	ant beryy
Versprechen (n)	убада	ubada
versprechen (vt)	убада берүү	ubada beryy

Rat (m)	кеңеш	keŋeʃ
raten (vt)	кеңеш берүү	keŋeʃ beryy
einen Rat befolgen	кеңешин жолдоо	keŋeʃin dʒoldoo
gehorchen (jemandem ~)	угуу	uguu

Neuigkeit (f)	жаңылык	dʒaŋılık
Sensation (f)	дүң салуу	dyŋ saluu
Informationen (pl)	маалымат	maalımat
Schlussfolgerung (f)	корутунду	korutundu
Stimme (f)	үн	yn
Kompliment (n)	мактоо	maktoo
freundlich	сылык	sılık

Wort (n)	сөз	søz
Phrase (f)	сүйлөм	syjløm
Antwort (f)	жооп	dʒoop

Wahrheit (f)	чындык	tʃındık
Lüge (f)	жалган	dʒalgan

Gedanke (m)	ой	oj
Idee (f)	ой	oj
Phantasie (f)	ойдон чыгаруу	ojdon tʃıgaruu

66. Diskussion, Unterhaltung. Teil 2

angesehen (Adj)	урматтуу	urmattuu
respektieren (vt)	сыйлоо	sijloo
Respekt (m)	урмат	urmat
Sehr geehrter …	Урматтуу …	urmattuu …
bekannt machen	тааныштыруу	taanıʃtıruu

kennenlernen (vt)	таанышуу	taanıʃuu
Absicht (f)	ниет	niet
beabsichtigen (vt)	ниеттенүү	niettenyy
Wunsch (m)	каалоо	kaaloo
wünschen (vt)	каалоо айтуу	kaaloo ajtuu
Staunen (n)	таңгалыч	taŋgalıtʃ
erstaunen (vt)	таң калтыруу	taŋ kaltıruu
staunen (vi)	таң калуу	taŋ kaluu
geben (vt)	берүү	beryy
nehmen (vt)	алуу	aluu
herausgeben (vt)	кайтарып берүү	kajtarıp beryy
zurückgeben (vt)	кайра берүү	kajra beryy
sich entschuldigen	кечирим суроо	ketʃirim suroo
Entschuldigung (f)	кечирим	ketʃirim
verzeihen (vt)	кечирүү	ketʃiryy
sprechen (vi)	сүйлөшүү	syjløʃyy
hören (vt), zuhören (vi)	угуу	uguu
sich anhören	кулак салуу	kulak saluu
verstehen (vt)	түшүнүү	tyʃynyy
zeigen (vt)	көрсөтүү	kørsøtyy
ansehen (vt)	... кароо	... karoo
rufen (vt)	чакыруу	tʃakıruu
belästigen (vt)	тынчын алуу	tıntʃın aluu
stören (vt)	тынчын алуу	tıntʃın aluu
übergeben (vt)	узатып коюу	uzatıp kojuu
Bitte (f)	сураныч	suranıtʃ
bitten (vt)	суроо	suroo
Verlangen (n)	талап	talap
verlangen (vt)	талап кылуу	talap kıluu
necken (vt)	кыжырына тийүү	kıdʒırına tijyy
spotten (vi)	шылдыңдоо	ʃıldıŋdoo
Spott (m)	шылдың	ʃıldıŋ
Spitzname (m)	лакап ат	lakap at
Andeutung (f)	кыйытма	kıjıtma
andeuten (vt)	кыйытып айтуу	kıjıtıp aytuu
meinen (vt)	билдирүү	bildiryy
Beschreibung (f)	сүрөттөө	syrøttøø
beschreiben (vt)	сүрөттөп берүү	syrøttøp beryy
Lob (n)	алкыш	alkıʃ
loben (vt)	мактоо	maktoo
Enttäuschung (f)	көңүлү калуу	køŋyly kaluu
enttäuschen (vt)	көңүлүн калтыруу	køŋylyn kaltıruu
enttäuscht sein	көңүл калуу	køŋyl kaluu
Vermutung (f)	божомол	bodʒomol
vermuten (vt)	божомолдоо	bodʒomoldoo

| Warnung (f) | эскертүү | eskertyy |
| warnen (vt) | эскертүү | eskertyy |

67. Diskussion, Unterhaltung. Teil 3

| überreden (vt) | көндүрүү | køndyryy |
| beruhigen (vt) | тынчтандыруу | tıntʃtandıruu |

Schweigen (n)	жымжырт	dʒımdʒırt
schweigen (vi)	унчукпоо	untʃukpoo
flüstern (vt)	шыбыроо	ʃıbıroo
Flüstern (n)	шыбыр	ʃıbır

| offen (Adv) | ачык айтканда | atʃık ajtkanda |
| meiner Meinung nach ... | менин оюмча ... | menin ojʉmtʃa ... |

Detail (n)	ийне-жиби	ijne-dʒibi
ausführlich (Adj)	тетиктелген	tetiktelgen
ausführlich (Adv)	тетикке чейин	tetikke tʃejin

| Tipp (m) | четин чыгаруу | tʃetin tʃıgaruu |
| einen Tipp geben | четин чыгаруу | tʃetin tʃıgaruu |

Blick (m)	көз	køz
anblicken (vt)	карап коюу	karap kojʉu
starr (z.B. -en Blick)	тиктеген	tiktegen
blinzeln (mit den Augen)	көз ирмөө	køz irmøø
zwinkern (mit den Augen)	көз кысуу	køz kısuu
nicken (vi)	баш ийкөө	baʃ ijkøø

Seufzer (m)	дем чыгаруу	dem tʃıgaruu
aufseufzen (vi)	дем алуу	dem aluu
zusammenzucken (vi)	селт этүү	selt etyy
Geste (f)	жаңсоо	dʒaŋsoo
berühren (vt)	тийип кетүү	tijip ketyy
ergreifen (vt)	кармоо	karmoo
klopfen (vt)	таптоо	taptoo

Vorsicht!	Абайлагыла!	abajlagıla!
Wirklich?	Чын элеби?!	tʃın elebi?!
Sind Sie sicher?	Жаңылган жоксуңбу?	dʒaŋılgan dʒoksuŋbu?
Viel Glück!	Ийгилик!	ijgilik!
Klar!	Түшүнүктүү!	tyʃynyktyy!
Schade!	Кап!	kap!

68. Zustimmung. Ablehnung

Einverständnis (n)	макулдук	makulduk
zustimmen (vi)	макул болуу	makul boluu
Billigung (f)	колдоо	koldoo
billigen (vt)	колдоо	koldoo
Absage (f)	баш тартуу	baʃ tartuu

sich weigern	баш тартуу	baʃ tartuu
Ausgezeichnet!	Эҥ жакшы!	eŋ dʒakʃı!
Ganz recht!	Жакшы!	dʒakʃı!
Gut! Okay!	Макул!	makul!

verboten (Adj)	тыюу салынган	tıjuu salıngan
Es ist verboten	болбойт	bolbojt
Es ist unmöglich	мүмкүн эмес	mymkyn emes
falsch	туура эмес	tuura emes

ablehnen (vt)	четке кагуу	tʃetke kaguu
unterstützen (vt)	колдоо	koldoo
akzeptieren (vt)	кабыл алуу	kabıl aluu

bestätigen (vt)	ырастоо	ırastoo
Bestätigung (f)	ырастоо	ırastoo
Erlaubnis (f)	уруксат	uruksat
erlauben (vt)	уруксат берүү	uruksat beryy
Entscheidung (f)	чечим	tʃetʃim
schweigen (nicht antworten)	унчукпоо	untʃukpoo

Bedingung (f)	шарт	ʃart
Ausrede (f)	шылтоо	ʃıltoo
Lob (n)	алкыш	alkıʃ
loben (vt)	мактоо	maktoo

69. Erfolg. Alles Gute. Misserfolg

Erfolg (m)	ийгилик	ijgilik
erfolgreich (Adv)	ийгиликтүү	ijgiliktyy
erfolgreich (Adj)	ийгиликтүү	ijgiliktyy

Glück (Glücksfall)	жол болуу	dʒol boluu
Viel Glück!	Ийгилик!	ijgilik!
Glücks- (z.B. -tag)	ийгиликтүү	ijgiliktyy
glücklich (Adj)	жолу бар	dʒolu bar

Misserfolg (m)	жолу болбостук	dʒolu bolbostuk
Missgeschick (n)	жолу болбостук	dʒolu bolbostuk
Unglück (n)	жолу болбоо	dʒolu bolboo

| missglückt (Adj) | жолу болбогон | dʒolu bolbogon |
| Katastrophe (f) | киши көрбөсүн | kiʃi kørbøsyn |

Stolz (m)	сыймык	sıjmık
stolz	көтөрүнгөн	køtøryngøn
stolz sein	сыймыктануу	sıjmıktanuu

Sieger (m)	жеңүүчү	dʒeŋyytʃy
siegen (vi)	жеңүү	dʒeŋyy
verlieren (Spiel usw.)	жеңилүү	dʒeŋilyy
Versuch (m)	аракет	araket
versuchen (vt)	аракет кылуу	araket kıluu
Chance (f)	мүмкүнчүлүк	mymkyntʃylyk

70. Streit. Negative Gefühle

Schrei (m)	кыйкырык	kıjkırık
schreien (vi)	кыйкыруу	kıjkıruu
beginnen zu schreien	кыйкырып алуу	kıjkırıp aluu
Zank (m)	уруш	uruʃ
sich zanken	урушуу	uruʃuu
Riesenkrach (m)	чатак	ʧatak
Krach haben	чатакташуу	ʧataktaʃuu
Konflikt (m)	чыр-чатак	ʧır-ʧatak
Missverständnis (n)	түшүнбөстүк	tyʃynbøstyk
Kränkung (f)	кордоо	kordoo
kränken (vt)	кемсинтүү	kemsintyy
gekränkt (Adj)	катуу тийген	katuu tijgen
Beleidigung (f)	таарыныч	taarınıʧ
beleidigen (vt)	көңүлгө тийүү	køŋylgø tijyy
sich beleidigt fühlen	таарынып калуу	taarınıp kaluu
Empörung (f)	нааразылык	naarazılık
sich empören	нааразы болуу	naarazı boluu
Klage (f)	арыз	arız
klagen (vi)	арыздануу	arızdanuu
Entschuldigung (f)	кечирим	keʧirim
sich entschuldigen	кечирим суроо	keʧirim suroo
um Entschuldigung bitten	кечирим суроо	keʧirim suroo
Kritik (f)	сын-пикир	sın-pikir
kritisieren (vt)	сындоо	sındoo
Anklage (f)	айыптоо	ajıptoo
anklagen (vt)	айыптоо	ajıptoo
Rache (f)	өч алуу	øʧ aluu
rächen (vt)	өч алуу	øʧ aluu
Verachtung (f)	киши катары көрбөө	kiʃi katarı kørbøø
verachten (vt)	киши катарына албоо	kiʃi katarına alboo
Hass (m)	жек көрүү	dʒek køryy
hassen (vt)	жек көрүү	dʒek køryy
nervös	тынчы кеткен	tınʧı ketken
nervös sein	тынчы кетүү	tınʧı ketyy
verärgert	ачууланган	atʃuulangan
ärgern (vt)	ачуусун келтирүү	atʃuusun keltiryy
Erniedrigung (f)	кемсинтүү	kemsintyy
erniedrigen (vt)	кемсинтүү	kemsintyy
sich erniedrigen	байкуш болуу	bajkuʃ boluu
Schock (m)	дендирөө	dendirøø
schockieren (vt)	дендиретүү	dendiretyy
Ärger (m)	жагымсыз жагдай	dʒagımsız dʒagdaj
unangenehm	жагымсыз	dʒagımsız

Angst (f)	коркунуч	korkunuʧ
furchtbar (z.B. -e Sturm)	каардуу	kaarduu
schrecklich	коркунучтуу	korkunuʧtuu
Entsetzen (n)	үрөй учуу	yrøj uʧuu
entsetzlich	үрөй учуруу	yrøj uʧuruu

zittern (vi)	калтырап баштоо	kaltırap baʃtoo
weinen (vi)	ыйлоо	ıjloo
anfangen zu weinen	ыйлап жиберүү	ıjlap ʤiberyy
Träne (f)	көз жаш	køz ʤaʃ

Schuld (f)	күнөө	kynøø
Schuldgefühl (n)	күнөө сезими	kynøø sezimi
Schmach (f)	уят	ujat
Protest (m)	нааразылык	naarazılık
Stress (m)	бушайман болуу	buʃajman boluu

stören (vt)	тынчын алуу	tıntʃın aluu
sich ärgern	жини келүү	ʤini kelyy
ärgerlich	ачуулуу	atʃuuluu
abbrechen (vi)	токтотуу	toktotuu
schelten (vi)	урушуу	uruʃuu

erschrecken (vi)	чоочуу	ʧootʃuu
schlagen (vt)	уруу	uruu
sich prügeln	мушташуу	muʃtaʃuu

beilegen (Konflikt usw.)	жөндөө	ʤøndøø
unzufrieden	нааразы	naarazı
wütend	жаалданган	ʤaaldangan

| Das ist nicht gut! | Бул жакшы эмес! | bul ʤakʃı emes! |
| Das ist schlecht! | Бул жаман! | bul ʤaman! |

Medizin

71. Krankheiten

Krankheit (f)	оору	ooru
krank sein	ооруу	ooruu
Gesundheit (f)	ден-соолук	den-sooluk
Schnupfen (m)	мурдунан суу агуу	murdunan suu aguu
Angina (f)	ангина	angina
Erkältung (f)	суук тийүү	suuk tijyy
sich erkälten	суук тийгизип алуу	suuk tijgizip aluu
Bronchitis (f)	бронхит	bronχit
Lungenentzündung (f)	кабыргадан сезгенүү	kabırgadan sezgenyy
Grippe (f)	сасык тумоо	sasık tumoo
kurzsichtig	алыстан көрө албоо	alıstan kørø alboo
weitsichtig	жакындан көрө албоо	dʒakından kørø alboo
Schielen (n)	кылый көздүүлүк	kılıj køzdyylyk
schielend (Adj)	кылый көздүүлүк	kılıj køzdyylyk
grauer Star (m)	челкөз	tʃelkøz
Glaukom (n)	глаукома	glaukoma
Schlaganfall (m)	мээге кан куюлуу	meege kan kujɯluu
Infarkt (m)	инфаркт	infarkt
Herzinfarkt (m)	инфаркт миокарда	infarkt miokarda
Lähmung (f)	шал	ʃal
lähmen (vt)	шал болуу	ʃal boluu
Allergie (f)	аллергия	allergija
Asthma (n)	астма	astma
Diabetes (m)	диабет	diabet
Zahnschmerz (m)	тиш оорусу	tiʃ oorusu
Karies (f)	кариес	karies
Durchfall (m)	ич өткү	itʃ øtky
Verstopfung (f)	ич катуу	itʃ katuu
Magenverstimmung (f)	ич бузулгандык	itʃ buzulgandık
Vergiftung (f)	уулануу	uulanuu
Vergiftung bekommen	уулануу	uulanuu
Arthritis (f)	артрит	artrit
Rachitis (f)	итий	itij
Rheumatismus (m)	кызыл жүгүрүк	kızıl dʒygyryk
Atherosklerose (f)	атеросклероз	ateroskleroz
Gastritis (f)	карын сезгенүүсу	karın sezgenyysu
Blinddarmentzündung (f)	аппендицит	appenditsit

Cholezystitis (f)	холецистит	χoleʦistit
Geschwür (n)	жара	dʒara
Masern (pl)	кызылча	kızılʧa
Röteln (pl)	кызамык	kızamık
Gelbsucht (f)	сарык	sarık
Hepatitis (f)	гепатит	gepatit
Schizophrenie (f)	шизофрения	ʃizofrenija
Tollwut (f)	кутурма	kuturma
Neurose (f)	невроз	nevroz
Gehirnerschütterung (f)	мээнин чайкалышы	meenin ʧajkalıʃı
Krebs (m)	рак	rak
Sklerose (f)	склероз	skleroz
multiple Sklerose (f)	жайылган склероз	dʒajılgan skleroz
Alkoholismus (m)	аракечтик	araketʃtik
Alkoholiker (m)	аракеч	araketʃ
Syphilis (f)	котон жара	koton dʒara
AIDS	СПИД	spid
Tumor (m)	шишик	ʃiʃik
bösartig	залалдуу	zalalduu
gutartig	залалсыз	zalalsız
Fieber (n)	безгек	bezgek
Malaria (f)	безгек	bezgek
Gangrän (f, n)	кабыз	kabız
Seekrankheit (f)	деңиз оорусу	deŋiz oorusu
Epilepsie (f)	талма	talma
Epidemie (f)	эпидемия	epidemija
Typhus (m)	келте	kelte
Tuberkulose (f)	кургак учук	kurgak uʧuk
Cholera (f)	холера	χolera
Pest (f)	кара тумоо	kara tumoo

72. Symptome. Behandlungen. Teil 1

Symptom (n)	белги	belgi
Temperatur (f)	дене табынын көтөрүлүшү	dene tabının køtørylyʃy
Fieber (n)	жогорку температура	dʒogorku temperatura
Puls (m)	тамыр кагышы	tamır kagıʃı
Schwindel (m)	баш айлануу	baʃ ajlanuu
heiß (Stirne usw.)	ысык	ısık
Schüttelfrost (m)	чыйрыгуу	ʧıjrıguu
blass (z.B. -es Gesicht)	купкуу	kupkuu
Husten (m)	жөтөл	dʒøtøl
husten (vi)	жөтөлүү	dʒøtølyy
niesen (vi)	чүчкүрүү	ʧyʧkyryy

| Ohnmacht (f) | эси оо | esi oo |
| ohnmächtig werden | эси ооп жыгылуу | esi oop dʒıgıluu |

blauer Fleck (m)	көк-ала	køk-ala
Beule (f)	шишик	ʃiʃik
sich stoßen	урунуп алуу	urunup aluu
Prellung (f)	көгөртүп алуу	køgørtyp aluu
sich stoßen	көгөртүп алуу	køgørtyp aluu

hinken (vi)	аксоо	aksoo
Verrenkung (f)	муундун чыгып кетүүсү	muundun tʃıgıp ketyysy
ausrenken (vt)	чыгарып алуу	tʃıgarıp aluu
Fraktur (f)	сынуу	sınuu
brechen (Arm usw.)	сындырып алуу	sındırıp aluu

Schnittwunde (f)	кесилген жер	kesilgen dʒer
sich schneiden	кесип алуу	kesip aluu
Blutung (f)	кан кетүү	kan ketyy

| Verbrennung (f) | күйүк | kyjyk |
| sich verbrennen | күйгүзүп алуу | kyjgyzyp aluu |

stechen (vt)	саюу	sajuu
sich stechen	сайып алуу	sajıp aluu
verletzen (vt)	кокустатып алуу	kokustatıp aluu
Verletzung (f)	кокустатып алуу	kokustatıp aluu
Wunde (f)	жара	dʒara
Trauma (n)	жаракат	dʒarakat

irrereden (vi)	желүү	dʒølyy
stottern (vi)	кекечтенүү	keketʃtenyy
Sonnenstich (m)	күн өтүү	kyn øtyy

73. Symptome. Behandlungen. Teil 2

| Schmerz (m) | оору | ooru |
| Splitter (m) | тикен | tiken |

Schweiß (m)	тер	ter
schwitzen (vi)	тердөө	terdøø
Erbrechen (n)	кусуу	kusuu
Krämpfe (pl)	тарамыш карышуусу	taramıʃ karıʃuusu

schwanger	кош бойлуу	koʃ bojluu
geboren sein	төрөлүү	tørølyy
Geburt (f)	төрөт	tørøt
gebären (vt)	төрөө	tørøø
Abtreibung (f)	бойдон түшүрүү	bojdon tyʃyryy

Atem (m)	дем алуу	dem aluu
Atemzug (m)	дем алуу	dem aluu
Ausatmung (f)	дем чыгаруу	dem tʃıgaruu
ausatmen (vt)	дем чыгаруу	dem tʃıgaruu
einatmen (vt)	дем алуу	dem aluu

Invalide (m)	майып	majıp
Krüppel (m)	мунжу	mundʒu
Drogenabhängiger (m)	баӊги	baŋgi

taub	дүлөй	dyløj
stumm	дудук	duduk
taubstumm	дудук	duduk

verrückt (Adj)	жин тийген	dʒin tijgen
Irre (m)	жинди чалыш	dʒindi tʃalıʃ
Irre (f)	жинди чалыш	dʒindi tʃalıʃ
den Verstand verlieren	мээси айныган	meesi ajnıgan

Gen (n)	ген	gen
Immunität (f)	иммунитет	immunitet
erblich	тукум куучулук	tukum kuutʃuluk
angeboren	тубаса	tubasa

Virus (m, n)	вирус	virus
Mikrobe (f)	микроб	mikrob
Bakterie (f)	бактерия	bakterija
Infektion (f)	жугуштуу илдет	dʒuguʃtuu ildet

74. Symptome. Behandlungen. Teil 3

| Krankenhaus (n) | оорукана | oorukana |
| Patient (m) | бейтап | bejtap |

Diagnose (f)	дарт аныктоо	dart anıktoo
Heilung (f)	дарылоо	darıloo
Behandlung (f)	дарылоо	darıloo
Behandlung bekommen	дарылануу	darılanuu
behandeln (vt)	дарылоо	darıloo
pflegen (Kranke)	кароо	karoo
Pflege (f)	кароо	karoo

Operation (f)	операция	operatsija
verbinden (vt)	жараны таӊуу	dʒaranı taŋuu
Verband (m)	таӊуу	taŋuu

Impfung (f)	эмдөө	emdøø
impfen (vt)	эмдөө	emdøø
Spritze (f)	ийне салуу	ijne saluu
eine Spritze geben	ийне сайдыруу	ijne sajdıruu

Anfall (m)	оору кармап калуу	ooru karmap kaluu
Amputation (f)	кесүү	kesyy
amputieren (vt)	кесип таштоо	kesip taʃtoo
Koma (n)	кома	koma
im Koma liegen	комада болуу	komada boluu
Reanimation (f)	реанимация	reanimatsija

| genesen von … (vi) | сакаюу | sakajʉu |
| Zustand (m) | абал | abal |

| Bewusstsein (n) | эсинде | esinde |
| Gedächtnis (n) | эс тутум | es tutum |

ziehen (einen Zahn ~)	тишти жулуу	tiʃti ʤuluu
Plombe (f)	пломба	plomba
plombieren (vt)	пломба салуу	plomba saluu

| Hypnose (f) | гипноз | gipnoz |
| hypnotisieren (vt) | гипноз кылуу | gipnoz kıluu |

75. Ärzte

Arzt (m)	доктур	doktur
Krankenschwester (f)	медсестра	medsestra
Privatarzt (m)	жекелик доктур	ʤekelik doktur

Zahnarzt (m)	тиш доктур	tiʃ doktur
Augenarzt (m)	көз доктур	køz doktur
Internist (m)	терапевт	terapevt
Chirurg (m)	хирург	χirurg

Psychiater (m)	психиатр	psiχiatr
Kinderarzt (m)	педиатр	pediatr
Psychologe (m)	психолог	psiχolog
Frauenarzt (m)	гинеколог	ginekolog
Kardiologe (m)	кардиолог	kardiolog

76. Medizin. Medikamente. Accessoires

Arznei (f)	дары-дармек	darı-darmek
Heilmittel (n)	дары	darı
verschreiben (vt)	жазып берүү	ʤazıp beryy
Rezept (n)	рецепт	retsept

Tablette (f)	таблетка	tabletka
Salbe (f)	май	maj
Ampulle (f)	ампула	ampula
Mixtur (f)	аралашма	aralaʃma
Sirup (m)	сироп	sirop
Pille (f)	пилюля	pilɯlʲa
Pulver (n)	күкүм	kykym

Verband (m)	бинт	bint
Watte (f)	пахта	paχta
Jod (n)	йод	jod

Pflaster (n)	лейкопластырь	lejkoplastırʲ
Pipette (f)	дары тамызгыч	darı tamızgıʧ
Thermometer (n)	градусник	gradusnik
Spritze (f)	шприц	ʃprits
Rollstuhl (m)	майып арабасы	majıp arabası
Krücken (pl)	колтук таяк	koltuk tajak

Betäubungsmittel (n)	оору сездирбөөчү дары	ooru sezdirbøøtʃy darı
Abführmittel (n)	ич алдыруучу дары	itʃ aldıruutʃu darı
Spiritus (m)	спирт	spirt
Heilkraut (n)	дары чөптөр	darı tʃøptør
Kräuter- (z.B. Kräutertee)	чөп чайы	tʃøp tʃajı

77. Rauchen. Tabakwaren

Tabak (m)	тамеки	tameki
Zigarette (f)	чылым	tʃılım
Zigarre (f)	чылым	tʃılım
Pfeife (f)	трубка	trubka
Packung (f)	пачке	patʃke

Streichhölzer (pl)	ширеңке	ʃireŋke
Streichholzschachtel (f)	ширеңке кутусу	ʃireŋke kutusu
Feuerzeug (n)	зажигалка	zadʒigalka
Aschenbecher (m)	күл салгыч	kyl salgıtʃ
Zigarettenetui (n)	портсигар	portsigar

Mundstück (n)	мундштук	mundʃtuk
Filter (n)	фильтр	fil'tr

rauchen (vi, vt)	тамеки тартуу	tameki tartuu
anrauchen (vt)	күйгүзүп алуу	kyjgyzyp aluu
Rauchen (n)	чылым чегүү	tʃılım tʃegyy
Raucher (m)	тамекичи	tamekitʃi

Stummel (m)	чылым калдыгы	tʃılım kaldıgı
Rauch (m)	түтүн	tytyn
Asche (f)	күл	kyl

LEBENSRAUM DES MENSCHEN

Stadt

78. Stadt. Leben in der Stadt

Stadt (f)	шаар	ʃaar
Hauptstadt (f)	борбор	borbor
Dorf (n)	кыштак	kıʃtak

Stadtplan (m)	шаардын планы	ʃaardın planı
Stadtzentrum (n)	шаардын борбору	ʃaardın borboru
Vorort (m)	шаардын чет жакасы	ʃaardın ʧet ʤakası
Vorort-	шаардын чет жакасындагы	ʃaardın ʧet ʤakasındagı

Stadtrand (m)	чет-жака	ʧet-ʤaka
Umgebung (f)	чет-жака	ʧet-ʤaka
Stadtviertel (n)	квартал	kvartal
Wohnblock (m)	турак-жай кварталы	turak-ʤaj kvartalı

Straßenverkehr (m)	көчө кыймылы	køʧø kıjmılı
Ampel (f)	светофор	svetofor
Stadtverkehr (m)	шаар транспорту	ʃaar transportu
Straßenkreuzung (f)	кесилиш	kesiliʃ

Übergang (m)	жөө жүрүүчүлөр жолу	ʤøø ʤyryyʧylør ʤolu
Fußgängerunterführung (f)	жер астындагы жол	ʤer astındagı ʤol
überqueren (vt)	жолду өтүү	ʤoldu øtyy
Fußgänger (m)	жөө жүрүүчү	ʤøø ʤyryyʧy
Gehweg (m)	жанжол	ʤanʤol

Brücke (f)	көпүрө	køpyrø
Kai (m)	жээк жол	ʤeek ʤol
Springbrunnen (m)	фонтан	fontan

Allee (f)	аллея	alleja
Park (m)	сейил багы	sejil bagı
Boulevard (m)	бульвар	bulʲvar
Platz (m)	аянт	ajant
Avenue (f)	проспект	prospekt
Straße (f)	көчө	køʧø
Gasse (f)	чолок көчө	ʧolok køʧø
Sackgasse (f)	туюк көчө	tujʉk køʧø

Haus (n)	үй	yj
Gebäude (n)	имарат	imarat
Wolkenkratzer (m)	көк тиреген көп кабаттуу үй	køk tiregen køp kabattuu yj

Fassade (f)	үйдүн алды	yjdyn aldı
Dach (n)	чатыр	tʃatır
Fenster (n)	терезе	tereze
Bogen (m)	түркүк	tyrkyk
Säule (f)	мамы	mamı
Ecke (f)	бурч	burtʃ

Schaufenster (n)	көрсөтмө айнек үкөк	kørsøtmø ajnek ykøk
Firmenschild (n)	көрнөк	kørnøk
Anschlag (m)	афиша	afiʃa
Werbeposter (m)	көрнөк-жарнак	kørnøk-dʒarnak
Werbeschild (n)	жарнамалык такта	dʒarnamalık takta

Müll (m)	таштанды	taʃtandı
Mülleimer (m)	таштанды челек	taʃtandı tʃelek
Abfall wegwerfen	таштоо	taʃtoo
Mülldeponie (f)	таштанды үйүлгөн жер	taʃtandı yjylgøn dʒer

Telefonzelle (f)	телефон будкасы	telefon budkası
Straßenlaterne (f)	чырак мамы	tʃırak mamı
Bank (Park-)	отургуч	oturgutʃ

Polizist (m)	полиция кызматкери	politsija kızmatkeri
Polizei (f)	полиция	politsija
Bettler (m)	кайырчы	kajırtʃı
Obdachlose (m)	селсаяк	selsajak

79. Innerstädtische Einrichtungen

Laden (m)	дүкөн	dykøn
Apotheke (f)	дарыкана	darıkana
Optik (f)	оптика	optika
Einkaufszentrum (n)	соода борбору	sooda borboru
Supermarkt (m)	супермаркет	supermarket

Bäckerei (f)	нан дүкөнү	nan dykøny
Bäcker (m)	навайчы	navajtʃı
Konditorei (f)	кондитердик дүкөн	konditerdik dykøn
Lebensmittelladen (m)	азык-түлүк	azık-tylyk
Metzgerei (f)	эт дүкөнү	et dykøny

Gemüseladen (m)	жашылча дүкөнү	dʒaʃıltʃa dykøny
Markt (m)	базар	bazar

Kaffeehaus (n)	кофекана	kofekana
Restaurant (n)	ресторан	restoran
Bierstube (f)	сыракана	sırakana
Pizzeria (f)	пиццерия	pitserija

Friseursalon (m)	чач тарач	tʃatʃ taratʃ
Post (f)	почта	potʃta
chemische Reinigung (f)	химиялык тазалоо	ximijalık tazaloo
Fotostudio (n)	фотоателье	fotoatelje
Schuhgeschäft (n)	бут кийим дүкөнү	but kijim dykøny

Buchhandlung (f)	китеп дүкөнү	kitep dykøny
Sportgeschäft (n)	спорт буюмдар дүкөнү	sport bujumdar dykøny
Kleiderreparatur (f)	кийим ондоочу жай	kijim ondootʃu dʒaj
Bekleidungsverleih (m)	кийимди ижарага берүү	kijimdi idʒaraga beryy
Videothek (f)	тасмаларды ижарага берүү	tasmalardı idʒaraga beryy
Zirkus (m)	цирк	tsırk
Zoo (m)	зоопарк	zoopark
Kino (n)	кинотеатр	kinoteatr
Museum (n)	музей	muzej
Bibliothek (f)	китепкана	kitepkana
Theater (n)	театр	teatr
Opernhaus (n)	опера	opera
Nachtklub (m)	түнкү клуб	tynky klub
Kasino (n)	казино	kazino
Moschee (f)	мечит	metʃit
Synagoge (f)	синагога	sinagoga
Kathedrale (f)	чоң чиркөө	tʃoŋ tʃirkøø
Tempel (m)	ибадаткана	ibadatkana
Kirche (f)	чиркөө	tʃirkøø
Institut (n)	коллеж	kolledʒ
Universität (f)	университет	universitet
Schule (f)	мектеп	mektep
Präfektur (f)	префектура	prefektura
Rathaus (n)	мэрия	merija
Hotel (n)	мейманкана	mejmankana
Bank (f)	банк	bank
Botschaft (f)	элчилик	eltʃilik
Reisebüro (n)	турагенттиги	turagenttigi
Informationsbüro (n)	маалымат бюросу	maalımat burosu
Wechselstube (f)	алмаштыруу пункту	almaʃtıruu punktu
U-Bahn (f)	метро	metro
Krankenhaus (n)	оорукана	oorukana
Tankstelle (f)	май куюучу станция	maj kujuutʃu stantsija
Parkplatz (m)	унаа токтоочу жай	unaa toktootʃu dʒaj

80. Schilder

Firmenschild (n)	көрнөк	kørnøk
Aufschrift (f)	жазуу	dʒazuu
Plakat (n)	көрнөк	kørnøk
Wegweiser (m)	көрсөткүч	kørsøtkytʃ
Pfeil (m)	жебе	dʒebe
Vorsicht (f)	экертме	ekertme
Warnung (f)	эскертүү белгиси	eskertyy belgisi

warnen (vt)	эскертүү	eskertyy
freier Tag (m)	дем алыш күн	dem alıʃ kyn
Fahrplan (m)	ырааттама	ıraattama
Öffnungszeiten (pl)	иш сааттары	iʃ saattarı

HERZLICH WILLKOMMEN!	КОШ КЕЛИҢИЗДЕР!	koʃ keliŋizder!
EINGANG	КИРҮҮ	kiryy
AUSGANG	ЧЫГУУ	tʃıguu

DRÜCKEN	ӨЗҮҢҮЗДӨН ТҮРТҮҢҮЗ	øzyŋyzdøn tyrtyŋyz
ZIEHEN	ӨЗҮҢҮЗГӨ ТАРТЫҢЫЗ	øzyŋyzgø tartıŋız
GEÖFFNET	АЧЫК	atʃık
GESCHLOSSEN	ЖАБЫК	dʒabık

| DAMEN, FRAUEN | АЙЫМДАР ҮЧҮН | ajımdar ytʃyn |
| HERREN, MÄNNER | ЭРКЕКТЕР ҮЧҮН | erkekter ytʃyn |

AUSVERKAUF	АРЗАНДАТУУЛАР	arzandatuular
REDUZIERT	САТЫП ТҮГӨТҮҮ	satıp tygøtyy
NEU!	СААМАЛЫК!	saamalık!
GRATIS	БЕКЕР	beker

ACHTUNG!	КӨҢҮЛ БУРУҢУЗ!	køŋyl buruŋuz!
ZIMMER BELEGT	ОРУН ЖОК	orun dʒok
RESERVIERT	КАМДЫК БУЙРУТМАЛАГАН	kamdık bujrutmalagan

| VERWALTUNG | АДМИНИСТРАЦИЯ | administratsija |
| NUR FÜR PERSONAL | ЖААМАТ ҮЧҮН ГАНА | dʒaamat ytʃyn gana |

VORSICHT BISSIGER HUND	КАБАНААК ИТ	kabanaak it
RAUCHEN VERBOTEN!	ТАМЕКИ ЧЕГҮҮГӨ БОЛБОЙТ!	tameki tʃegyygø bolbojt!
BITTE NICHT BERÜHREN	КОЛУҢАР МЕНЕН КАРМАБАГЫЛА!	koluŋar menen karmabagıla!

GEFÄHRLICH	КООПТУУ	kooptuu
VORSICHT!	КОРКУНУЧ	korkunutʃ
HOCHSPANNUNG	ЖОГОРКУ ЧЫҢАЛУУ	dʒogorku tʃıŋaluu
BADEN VERBOTEN	СУУГА ТҮШҮҮГӨ БОЛБОЙТ	suuga tyʃyygø bolbojt
AUßER BETRIEB	ИШТЕБЕЙТ	iʃtebejt

LEICHTENTZÜNDLICH VERBOTEN	ӨРТ ЧЫГУУ КОРКУНУЧУ ТЫЮУ САЛЫНГАН	ørt tʃıguu korkunutʃu tıjuu salıngan
DURCHGANG VERBOTEN	ӨТҮҮГӨ БОЛБОЙТ	øtyygø bolbojt
FRISCH GESTRICHEN	СЫРДАЛГАН	sırdalgan

81. Innerstädtischer Transport

Bus (m)	автобус	avtobus
Straßenbahn (f)	трамвай	tramvaj
Obus (m)	троллейбус	trollejbus

| Linie (f) | каттам | kattam |
| Nummer (f) | номер | nomer |

mit ... fahren	... жүрүү	... dʒyryy
einsteigen (vi)	... отуруу	... oturuu
aussteigen (aus dem Bus)	... түшүп калуу	... tyʃyp kaluu

Haltestelle (f)	аялдама	ajaldama
nächste Haltestelle (f)	кийинки аялдама	kijinki ajaldama
Endhaltestelle (f)	акыркы аялдама	akırkı ajaldama
Fahrplan (m)	ырааттама	ıraattama
warten (vi, vt)	күтүү	kytyy

| Fahrkarte (f) | билет | bilet |
| Fahrpreis (m) | билеттин баасы | bilettin baası |

Kassierer (m)	кассир	kassir
Fahrkartenkontrolle (f)	текшерүү	tekʃeryy
Fahrkartenkontrolleur (m)	текшерүүчү	tekʃeryytʃy

sich verspäten	кечигүү	ketʃigyy
versäumen (Zug usw.)	кечигип калуу	ketʃigip kaluu
sich beeilen	шашуу	ʃaʃuu

Taxi (n)	такси	taksi
Taxifahrer (m)	такси айдоочу	taksi ajdootʃu
mit dem Taxi	таксиде	takside
Taxistand (m)	такси токтоочу жай	taksi toktootʃu dʒaj
ein Taxi rufen	такси чакыруу	taksi tʃakıruu
ein Taxi nehmen	такси кармоо	taksi karmoo

Straßenverkehr (m)	көчө кыймылы	køtʃø kıjmılı
Stau (m)	тыгын	tıgın
Hauptverkehrszeit (f)	кызуу маал	kızuu maal
parken (vi)	токтотуу	toktotuu
parken (vt)	машинаны жайлаштыруу	maʃinanı dʒajlaʃtıruu
Parkplatz (m)	унаа токтоочу жай	unaa toktootʃu dʒaj

U-Bahn (f)	метро	metro
Station (f)	бекет	beket
mit der U-Bahn fahren	метродо жүрүү	metrodo dʒyryy
Zug (m)	поезд	poezd
Bahnhof (m)	вокзал	vokzal

82. Sehenswürdigkeiten

Denkmal (n)	эстелик	estelik
Festung (f)	чеп	tʃep
Palast (m)	сарай	saraj
Schloss (n)	сепил	sepil
Turm (m)	мунара	munara
Mausoleum (n)	күмбөз	kymbøz
Architektur (f)	архитектура	arχitektura
mittelalterlich	орто кылымдык	orto kılımdık

alt (antik)	байыркы	bajırkı
national	улуттук	uluttuk
berühmt	таанымал	taanımal

Tourist (m)	турист	turist
Fremdenführer (m)	гид	gid
Ausflug (m)	экскурсия	ekskursija
zeigen (vt)	көрсөтүү	kørsøtyy
erzählen (vt)	айтып берүү	ajtıp beryy

finden (vt)	табуу	tabuu
sich verlieren	адашып кетүү	adaſıp ketyy
Karte (U-Bahn ~)	схема	sxema
Karte (Stadt-)	план	plan

Souvenir (n)	асембелек	asembelek
Souvenirladen (m)	асембелек дүкөнү	asembelek dykøny
fotografieren (vt)	сүрөткө тартуу	syrøtkø tartuu
sich fotografieren	сүрөткө түшүү	syrøtkø tyſyy

83. Shopping

kaufen (vt)	сатып алуу	satıp aluu
Einkauf (m)	сатып алуу	satıp aluu
einkaufen gehen	сатып алууга чыгуу	satıp aluuga ʧıguu
Einkaufen (n)	базарчылоо	bazarʧıloo

offen sein (Laden)	иштөө	iſtøø
zu sein	жабылуу	dʒabıluu

Schuhe (pl)	бут кийим	but kijim
Kleidung (f)	кийим-кече	kijim-keʧe
Kosmetik (f)	упа-эндик	upa-endik
Lebensmittel (pl)	азык-түлүк	azık-tylyk
Geschenk (n)	белек	belek

Verkäufer (m)	сатуучу	satuuʧu
Verkäuferin (f)	сатуучу кыз	satuuʧu kız

Kasse (f)	касса	kassa
Spiegel (m)	күзгү	kyzgy
Ladentisch (m)	прилавок	prilavok
Umkleidekabine (f)	кийим ченөөчү бөлмө	kijim ʧenøøʧy bølmø

anprobieren (vt)	кийим ченөө	kijim ʧenøø
passen (Schuhe, Kleid)	ылайык келүү	ılajık kelyy
gefallen (vi)	жактыруу	dʒaktıruu

Preis (m)	баа	baa
Preisschild (n)	баа	baa
kosten (vt)	туруу	turuu
Wie viel?	Канча?	kanʧa?
Rabatt (m)	арзандатуу	arzandatuu
preiswert	кымбат эмес	kımbat emes

billig	арзан	arzan
teuer	кымбат	kımbat
Das ist teuer	Бул кымбат	bul kımbat

Verleih (m)	ижара	idʒara
leihen, mieten (ein Auto usw.)	ижарага алуу	idʒaraga aluu
Kredit (m), Darlehen (n)	насыя	nasıja
auf Kredit	насыяга алуу	nasıjaga aluu

84. Geld

Geld (n)	акча	aktʃa
Austausch (m)	алмаштыруу	almaʃtıruu
Kurs (m)	курс	kurs
Geldautomat (m)	банкомат	bankomat
Münze (f)	тыйын	tıjın

| Dollar (m) | доллар | dollar |
| Euro (m) | евро | evro |

Lira (f)	италиялык лира	italijalık lira
Mark (f)	немис маркасы	nemis markası
Franken (m)	франк	frank
Pfund Sterling (n)	фунт стерлинг	funt sterling
Yen (m)	йена	jena

Schulden (pl)	карыз	karız
Schuldner (m)	карыздар	karızdar
leihen (vt)	карызга берүү	karızga beryy
leihen, borgen (Geld usw.)	карызга алуу	karızga aluu

Bank (f)	банк	bank
Konto (n)	эсеп	esep
einzahlen (vt)	салуу	saluu
auf ein Konto einzahlen	эсепке акча салуу	esepke aktʃa saluu
abheben (vt)	эсептен акча чыгаруу	esepten aktʃa tʃıgaruu

Kreditkarte (f)	насыя картасы	nasıja kartası
Bargeld (n)	накталай акча	naktalaj aktʃa
Scheck (m)	чек	tʃek
einen Scheck schreiben	чек жазып берүү	tʃek dʒazıp beryy
Scheckbuch (n)	чек китепчеси	tʃek kiteptʃesi

Geldtasche (f)	намыян	namıjan
Geldbeutel (m)	капчык	kaptʃık
Safe (m)	сейф	sejf

Erbe (m)	мураскер	murasker
Erbschaft (f)	мурас	muras
Vermögen (n)	мүлк	mylk

Pacht (f)	ижара	idʒara
Miete (f)	батир акысы	batir akısı
mieten (vt)	батирге алуу	batirge aluu

Preis (m)	баа	baa
Kosten (pl)	баа	baa
Summe (f)	сумма	summa

ausgeben (vt)	коротуу	korotuu
Ausgaben (pl)	чыгым	ʧɪgɪm
sparen (vt)	үнөмдөө	ynømdøø
sparsam	сарамжал	saramʤal

zahlen (vt)	төлөө	tøløø
Lohn (m)	акы төлөө	akı tøløø
Wechselgeld (n)	кайтарылган майда акча	kajtarılgan majda akʧa

Steuer (f)	салык	salık
Geldstrafe (f)	айып	ajıp
bestrafen (vt)	айып пул салуу	ajıp pul saluu

85. Post. Postdienst

Post (Postamt)	почта	poʧta
Post (Postsendungen)	почта	poʧta
Briefträger (m)	кат ташуучу	kat taʃuuʧu
Öffnungszeiten (pl)	иш сааттары	iʃ saattarı

Brief (m)	кат	kat
Einschreibebrief (m)	тапшырык кат	tapʃırık kat
Postkarte (f)	открытка	otkrıtka
Telegramm (n)	телеграмма	telegramma
Postpaket (n)	посылка	posılka
Geldanweisung (f)	акча которуу	akʧa kotoruu

bekommen (vt)	алуу	aluu
abschicken (vt)	жөнөтүү	ʤønøtyy
Absendung (f)	жөнөтүү	ʤønøtyy

Postanschrift (f)	дарек	darek
Postleitzahl (f)	индекс	indeks
Absender (m)	жөнөтүүчү	ʤønøtyyʧy
Empfänger (m)	алуучу	aluuʧu

| Vorname (m) | аты | atı |
| Nachname (m) | фамилиясы | familijası |

Tarif (m)	тариф	tarif
Standard- (Tarif)	жөнөкөй	ʤønøkøj
Spar- (-tarif)	үнөмдүү	ynømdyy

Gewicht (n)	салмак	salmak
abwiegen (vt)	таразалоо	tarazaloo
Briefumschlag (m)	конверт	konvert
Briefmarke (f)	марка	marka
Briefmarke aufkleben	марка жабыштыруу	marka ʤabıʃtıruu

Wohnung. Haus. Zuhause

86. Haus. Wohnen

Haus (n)	үй	yj
zu Hause	үйүндө	yjyndø
Hof (m)	эшик	eʃik
Zaun (m)	тосмо	tosmo
Ziegel (m)	кыш	kıʃ
Ziegel-	кыштан	kıʃtan
Stein (m)	таш	taʃ
Stein-	таш	taʃ
Beton (m)	бетон	beton
Beton-	бетон	beton
neu	жаңы	dʒaŋı
alt	эски	eski
baufällig	эскирген	eskirgen
modern	заманбап	zamanbap
mehrstöckig	көп кабаттуу	køp kabattuu
hoch	бийик	bijik
Stock (m)	кабат	kabat
einstöckig	бир кабаттуу	bir kabat
Erdgeschoß (n)	ылдыйкы этаж	ıldıjkı etadʒ
oberster Stock (m)	үстүңкү этаж	ystyŋky etadʒ
Dach (n)	чатыр	tʃatır
Schlot (m)	мор	mor
Dachziegel (m)	чатыр карапа	tʃatır karapa
Dachziegel-	карапалуу	karapaluu
Dachboden (m)	чердак	tʃerdak
Fenster (n)	терезе	tereze
Glas (n)	айнек	ajnek
Fensterbrett (n)	текче	tektʃe
Fensterläden (pl)	терезе жапкычы	tereze dʒapkıtʃı
Wand (f)	дубал	dubal
Balkon (m)	балкон	balkon
Regenfallrohr (n)	суу аккан түтүк	suu akkan tytyk
nach oben	өйдө	øjdø
hinaufgehen (vi)	көтөрүлүү	køtørylyy
herabsteigen (vi)	ылдый түшүү	ıldıj tyʃyy
umziehen (vi)	көчүү	køtʃyy

87. Haus. Eingang. Lift

Eingang (m)	подъезд	pod[h]jezd
Treppe (f)	тепкич	tɘpkitʃ
Stufen (pl)	тепкичтер	tɘpkitʃter
Geländer (n)	тосмо	tosmo
Halle (f)	холл	χoll

Briefkasten (m)	почта ящиги	potʃta jaʃtʃigi
Müllkasten (m)	таштанды челеги	taʃtandı tʃelegi
Müllschlucker (m)	таштанды түтүгү	taʃtandı tytygy

Aufzug (m)	лифт	lift
Lastenaufzug (m)	жүк ташуучу лифт	dʒyk taʃuutʃu lift
Aufzugkabine (f)	кабина	kabina
Aufzug nehmen	лифтке түшүү	liftke tyʃyy

Wohnung (f)	батир	batir
Mieter (pl)	жашоочулар	dʒaʃootʃular
Nachbar (m)	кошуна	koʃuna
Nachbarin (f)	кошуна	koʃuna
Nachbarn (pl)	кошуналар	koʃunalar

88. Haus. Elektrizität

Elektrizität (f)	электр кубаты	elektr kubatı
Glühbirne (f)	чырак	tʃırak
Schalter (m)	өчүргүч	øtʃyrgytʃ
Sicherung (f)	эриме сактагыч	erime saktagıtʃ

Draht (m)	зым	zım
Leitung (f)	электр зымы	elektr zımı
Stromzähler (m)	электр эсептегич	elektr eseptegitʃ
Zählerstand (m)	көрсөтүү ченем	kørsøtyy tʃenem

89. Haus. Türen. Schlösser

Tür (f)	эшик	eʃik
Tor (der Villa usw.)	дарбаза	darbaza
Griff (m)	тутка	tutka
aufschließen (vt)	кулпусун ачуу	kulpusun atʃuu
öffnen (vt)	ачуу	atʃuu
schließen (vt)	жабуу	dʒabuu

Schlüssel (m)	ачкыч	atʃkıtʃ
Bündel (n)	ачкычтар тизмеси	atʃkıtʃtar tizmesi
knarren (vi)	кычыратуу	kıtʃıratuu
Knarren (n)	чыйкылдоо	tʃıjkıldoo
Türscharnier (n)	петля	petlʲa
Fußmatte (f)	килемче	kilemtʃe
Schloss (n)	кулпу	kulpu

Schlüsselloch (n)	кулпу тешиги	kulpu teʃigi
Türriegel (m)	бекитме	bekitme
kleiner Türriegel (m)	тээк	teek
Vorhängeschloss (n)	асма кулпу	asma kulpu

klingeln (vi)	чалуу	ʧaluu
Klingel (Laut)	шыңгыраш	ʃiŋgıraʃ
Türklingel (f)	конгуроо	konguroo
Knopf (m)	конгуроо баскычы	konguroo baskıʧı
Klopfen (n)	такылдатуу	takıldatuu
anklopfen (vi)	такылдатуу	takıldatuu

Code (m)	код	kod
Zahlenschloss (n)	код кулпусу	kod kulpusu
Sprechanlage (f)	домофон	domofon
Nummer (f)	номер	nomer
Türschild (n)	тактача	taktaʧa
Türspion (m)	көзче	køztʃø

90. Landhaus

Dorf (n)	кыштак	kıʃtak
Gemüsegarten (m)	чарбак	ʧarbak
Zaun (m)	тосмо	tosmo
Lattenzaun (m)	кашаа	kaʃaa
Zauntür (f)	каалга	kaalga

Speicher (m)	кампа	kampa
Keller (m)	ороо	oroo
Schuppen (m)	сарай	saraj
Brunnen (m)	кудук	kuduk

Ofen (m)	меш	meʃ
heizen (Ofen ~)	меш жагуу	meʃ dʒaguu
Holz (n)	отун	otun
Holzscheit (n)	бир кертим жыгач	bir kertim dʒıgaʧ

Veranda (f)	веранда	veranda
Terrasse (f)	терасса	terassa
Außentreppe (f)	босого	bosogo
Schaukel (f)	селкинчек	selkinʧek

91. Villa. Schloss

Landhaus (n)	шаар четиндеги үй	ʃaar ʧetindegi yj
Villa (f)	вилла	villa
Flügel (m)	канат	kanat

Garten (m)	бакча	baktʃa
Park (m)	сейил багы	sejil bagı
Orangerie (f)	күнөскана	kynøskana
pflegen (Garten usw.)	кароо	karoo

Schwimmbad (n)	бассейн	bassejn
Kraftraum (m)	машыгуу залы	maʃɪguu zalɪ
Tennisplatz (m)	теннис корту	tennis kortu
Heimkinoraum (m)	кинотеатр	kinoteatr
Garage (f)	гараж	garadʒ

Privateigentum (n)	жеке менчик	dʒeke mentʃik
Privatgrundstück (n)	жеке ээликте	dʒeke eelikte

Warnung (f)	эскертүү	eskertyy
Warnschild (n)	эскертүү белгиси	eskertyy belgisi

Bewachung (f)	күзөт	kyzøt
Wächter (m)	кароолчу	karooltʃu
Alarmanlage (f)	сигнализация	signalizatsija

92. Burg. Palast

Schloss (n)	сепил	sepil
Palast (m)	сарай	saraj
Festung (f)	чеп	tʃep

Mauer (f)	дубал	dubal
Turm (m)	мунара	munara
Bergfried (m)	баш мунара	baʃ munara

Fallgatter (n)	көтөрүлүүчү дарбаза	køtørylyytʃy darbaza
Tunnel (n)	жер астындагы жол	dʒer astɪndagɪ dʒol
Graben (m)	сепил аңгеги	sepil aŋgegi
Kette (f)	чынжыр	tʃɪndʒɪr
Schießscharte (f)	атуучу тешик	atuutʃu teʃik

großartig, prächtig	сонун	sonun
majestätisch	даңазалуу	daŋazaluu
unnahbar	бекем чеп	bekem tʃep
mittelalterlich	орто кылымдык	orto kɪlɪmdɪk

93. Wohnung

Wohnung (f)	батир	batir
Zimmer (n)	бөлмө	bølmø
Schlafzimmer (n)	уктоочу бөлмө	uktootʃu bølmø
Esszimmer (n)	ашкана	aʃkana
Wohnzimmer (n)	конок үйү	konok yjy
Arbeitszimmer (n)	иш бөлмөсү	iʃ bølmøsy
Vorzimmer (n)	кире бериш	kire beriʃ
Badezimmer (n)	ванная	vannaja
Toilette (f)	даараткана	daaratkana

Decke (f)	шып	ʃɪp
Fußboden (m)	пол	pol
Ecke (f)	бурч	burtʃ

94. Wohnung. Saubermachen

aufräumen (vt)	жыйноо	dʒıjnoo
weglegen (vt)	жыйноо	dʒıjnoo
Staub (m)	чаң	tʃaŋ
staubig	чаң баскан	tʃaŋ baskan
Staub abwischen	чаң сүртүү	tʃaŋ syrtyy
Staubsauger (m)	чаң соргуч	tʃaŋ sorgutʃ
Staub saugen	чаң сордуруу	tʃaŋ sorduruu
kehren, fegen (vt)	шыпыруу	ʃıpıruu
Kehricht (m, n)	шыпырынды	ʃıpırındı
Ordnung (f)	иреттелген	irettelgen
Unordnung (f)	чачылган	tʃatʃılgan
Schrubber (m)	швабра	ʃvabra
Lappen (m)	чупурөк	tʃypyrøk
Besen (m)	шыпыргы	ʃıpırgı
Kehrichtschaufel (f)	калак	kalak

95. Möbel. Innenausstattung

Möbel (n)	эмерек	emerek
Tisch (m)	стол	stol
Stuhl (m)	стул	stul
Bett (n)	керебет	kerebet
Sofa (n)	диван	divan
Sessel (m)	олпок отургуч	olpok oturgutʃ
Bücherschrank (m)	китеп шкафы	kitep ʃkafı
Regal (n)	текче	tektʃe
Schrank (m)	шкаф	ʃkaf
Hakenleiste (f)	кийим илгич	kijim ilgitʃ
Kleiderständer (m)	кийим илгич	kijim ilgitʃ
Kommode (f)	комод	komod
Couchtisch (m)	журнал столу	dʒurnal stolu
Spiegel (m)	күзгү	kyzgy
Teppich (m)	килем	kilem
Matte (kleiner Teppich)	килемче	kilemtʃe
Kamin (m)	очок	otʃok
Kerze (f)	шам	ʃam
Kerzenleuchter (m)	шамдал	ʃamdal
Vorhänge (pl)	парда	parda
Tapete (f)	туш кагаз	tuʃ kagaz
Jalousie (f)	жалюзи	dʒaldʒuzi
Tischlampe (f)	стол чырагы	stol tʃıragı
Leuchte (f)	чырак	tʃırak

| Stehlampe (f) | торшер | torʃer |
| Kronleuchter (m) | асма шам | asma ʃam |

Bein (Tischbein usw.)	бут	but
Armlehne (f)	чыканак такооч	tʃıkanak takootʃ
Lehne (f)	желөнгүч	dʒøløngytʃ
Schublade (f)	суурма	suurma

96. Bettwäsche

Bettwäsche (f)	шейшеп	ʃejʃep
Kissen (n)	жаздык	dʒazdık
Kissenbezug (m)	жаздык кап	dʒazdık kap
Bettdecke (f)	жууркан	dʒuurkan
Laken (n)	шейшеп	ʃejʃep
Tagesdecke (f)	жапкыч	dʒapkıtʃ

97. Küche

Küche (f)	ашкана	aʃkana
Gas (n)	газ	gaz
Gasherd (m)	газ плитасы	gaz plitası
Elektroherd (m)	электр плитасы	elektr plitası
Backofen (m)	духовка	duχovka
Mikrowellenherd (m)	микротолкун меши	mikrotolkun meʃi

Kühlschrank (m)	муздаткыч	muzdatkıtʃ
Tiefkühltruhe (f)	тоңдургуч	toŋdurgutʃ
Geschirrspülmaschine (f)	идиш жуучу машина	idiʃ dʒuutʃu maʃina

Fleischwolf (m)	эт туурагыч	et tuuragıtʃ
Saftpresse (f)	шире сыккыч	ʃire sıkkıtʃ
Toaster (m)	тостер	toster
Mixer (m)	миксер	mikser

Kaffeemaschine (f)	кофе кайнаткыч	kofe kajnatkıtʃ
Kaffeekanne (f)	кофе кайнатуучу идиш	kofe kajnatuutʃu idiʃ
Kaffeemühle (f)	кофе майдалагыч	kofe majdalagıtʃ

Wasserkessel (m)	чайнек	tʃajnek
Teekanne (f)	чайнек	tʃajnek
Deckel (m)	капкак	kapkak
Teesieb (n)	чыпка	tʃıpka

Löffel (m)	кашык	kaʃık
Teelöffel (m)	чай кашык	tʃaj kaʃık
Esslöffel (m)	аш кашык	aʃ kaʃık
Gabel (f)	вилка	vilka
Messer (n)	бычак	bıtʃak

| Geschirr (n) | идиш-аяк | idiʃ-ajak |
| Teller (m) | табак | tabak |

Untertasse (f)	табак	tabak
Schnapsglas (n)	рюмка	rumka
Glas (n)	ыстакан	ıstakan
Tasse (f)	чөйчөк	tʃøjtʃøk

Zuckerdose (f)	кум шекер салгыч	kum ʃeker salgıtʃ
Salzstreuer (m)	туз салгыч	tuz salgıtʃ
Pfefferstreuer (m)	мурч салгыч	murtʃ salgıtʃ
Butterdose (f)	май салгыч	maj salgıtʃ

Kochtopf (m)	мискей	miskej
Pfanne (f)	табак	tabak
Schöpflöffel (m)	чөмүч	tʃømytʃ
Durchschlag (m)	депкир	depkir
Tablett (n)	батыныс	batınıs

Flasche (f)	бөтөлкө	bøtølkø
Glas (Einmachglas)	банка	banka
Dose (f)	банка	banka

Flaschenöffner (m)	ачкыч	atʃkıtʃ
Dosenöffner (m)	ачкыч	atʃkıtʃ
Korkenzieher (m)	штопор	ʃtopor
Filter (n)	чыпка	tʃıpka
filtern (vt)	чыпкалоо	tʃıpkaloo

| Müll (m) | таштанды | taʃtandı |
| Mülleimer, Treteimer (m) | таштанды чака | taʃtandı tʃaka |

98. Bad

Badezimmer (n)	ванная	vannaja
Wasser (n)	суу	suu
Wasserhahn (m)	чорго	tʃorgo
Warmwasser (n)	ысык суу	ısık suu
Kaltwasser (n)	муздак суу	muzdak suu

Zahnpasta (f)	тиш пастасы	tiʃ pastası
Zähne putzen	тиш жуу	tiʃ dʒuu
Zahnbürste (f)	тиш щёткасы	tiʃ ʃtʃʼotkası

sich rasieren	кырынуу	kırınuu
Rasierschaum (m)	кырынуу үчүн көбүк	kırınuu ytʃyn købyk
Rasierer (m)	устара	ustara

waschen (vt)	жуу	dʒuu
sich waschen	жуунуу	dʒuunuu
Dusche (f)	душ	duʃ
sich duschen	душка түшүү	duʃka tyʃyy

Badewanne (f)	ванна	vanna
Klosettbecken (n)	унитаз	unitaz
Waschbecken (n)	раковина	rakovina
Seife (f)	самын	samın

Seifenschale (f)	самын салгыч	samın salgıtʃ
Schwamm (m)	губка	gubka
Shampoo (n)	шампунь	ʃampunʲ
Handtuch (n)	сүлгү	sylgy
Bademantel (m)	халат	χalat

Wäsche (f)	кир жуу	kir dʒuu
Waschmaschine (f)	кир жуучу машина	kir dʒuutʃu maʃina
waschen (vt)	кир жуу	kir dʒuu
Waschpulver (n)	кир жуучу порошок	kir dʒuutʃu poroʃok

99. Haushaltsgeräte

Fernseher (m)	сыналгы	sınalgı
Tonbandgerät (n)	магнитофон	magnitofon
Videorekorder (m)	видеомагнитофон	videomagnitofon
Empfänger (m)	үналгы	ynalgı
Player (m)	плеер	pleer

Videoprojektor (m)	видеопроектор	videoproektor
Heimkino (n)	үй кинотеатры	yj kinoteatrı
DVD-Player (m)	DVD ойноткуч	dividi ojnotkutʃ
Verstärker (m)	күчөткүч	kytʃøtkytʃ
Spielkonsole (f)	оюн приставкасы	ojun pristavkası

Videokamera (f)	видеокамера	videokamera
Kamera (f)	фотоаппарат	fotoapparat
Digitalkamera (f)	санарип камерасы	sanarip kamerası

Staubsauger (m)	чаң соргуч	tʃaŋ sorgutʃ
Bügeleisen (n)	үтүк	ytyk
Bügelbrett (n)	үтүктөөчү тактай	ytyktøøtʃy taktaj

Telefon (n)	телефон	telefon
Mobiltelefon (n)	мобилдик	mobildik
Schreibmaschine (f)	машинка	maʃinka
Nähmaschine (f)	кийим тигүүчү машинка	kijim tigyytʃy maʃinka

Mikrophon (n)	микрофон	mikrofon
Kopfhörer (m)	кулакчын	kulaktʃın
Fernbedienung (f)	пульт	pulʲt

CD (f)	CD, компакт-диск	sidi, kompakt-disk
Kassette (f)	кассета	kasseta
Schallplatte (f)	пластинка	plastinka

100. Reparaturen. Renovierung

Renovierung (f)	ремонт	remont
renovieren (vt)	ремонт жасоо	remont dʒasoo
reparieren (vt)	оңдоо	oŋdoo
in Ordnung bringen	иретке келтирүү	iretke keltiryy

noch einmal machen	кайра жасатуу	kajra dʒasatuu
Farbe (f)	сыр	sır
streichen (vt)	боео	boeo
Anstreicher (m)	боекчу	boektʃu
Pinsel (m)	кисть	kistⁱ

| Kalkfarbe (f) | акиташ | akitaʃ |
| weißen (vt) | актоо | aktoo |

Tapete (f)	туш кагаз	tuʃ kagaz
tapezieren (vt)	туш кагаз менен чаптоо	tuʃ kagaz menen tʃaptoo
Lack (z.B. Parkettlack)	лак	lak
lackieren (vt)	лак менен жабуу	lak menen dʒabuu

101. Rohrleitungen

Wasser (n)	суу	suu
Warmwasser (n)	ысык суу	ısık suu
Kaltwasser (n)	муздак суу	muzdak suu
Wasserhahn (m)	чорго	tʃorgo

Tropfen (m)	тамчы	tamtʃı
tropfen (vi)	тамчылоо	tamtʃıloo
durchsickern (vi)	агуу	aguu
Leck (n)	суу өтүү	suu øtyy
Lache (f)	көлчүк	køltʃyk

Rohr (n)	түтүк	tytyk
Ventil (n)	чорго	tʃorgo
sich verstopfen	тыгылуу	tıgıluu

Werkzeuge (pl)	аспаптар	aspaptar
Engländer (m)	бурама ачкыч	burama atʃkıtʃ
abdrehen (vt)	бурап чыгаруу	burap tʃıgaruu
zudrehen (vt)	бурап бекитүү	burap bekityy

reinigen (Rohre ~)	тазалоо	tazaloo
Klempner (m)	сантехник	santeχnik
Keller (m)	жер асты	dʒer astı
Kanalisation (f)	канализация	kanalizaʦija

102. Feuer. Brand

Feuer (n)	өрт	ørt
Flamme (f)	жалын	dʒalın
Funke (m)	учкун	utʃkun
Rauch (m)	түтүн	tytyn
Fackel (f)	шамана	ʃamana
Lagerfeuer (n)	от	ot

| Benzin (n) | күйүүчү май | kyjyytʃy may |
| Kerosin (n) | керосин | kerosin |

brennbar	күйүүчү	kyjyytʃy
explosiv	жарылуу коркунучу	dʒarıluu korkunutʃu
RAUCHEN VERBOTEN!	ТАМЕКИ ЧЕГҮҮГӨ БОЛБОЙТ!	tameki tʃegyygø bolbojt!

Sicherheit (f)	коопсуз	koopsuz
Gefahr (f)	коркунуч	korkunutʃ
gefährlich	кооптуу	kooptuu

sich entflammen	от алуу	ot aluu
Explosion (f)	жарылуу	dʒarıluu
in Brand stecken	өрттөө	ørttøø
Brandstifter (m)	өрттөөчү	ørttøøtʃy
Brandstiftung (f)	өрттөө	ørttøø

flammen (vi)	жалындап күйүү	dʒalındap kyjyy
brennen (vi)	күйүү	kyjyy
verbrennen (vi)	күйүп кетүү	kyjyp ketyy

die Feuerwehr rufen	өрт өчүргүчтөрдү чакыруу	ørt øtʃyrgytʃtørdy tʃakıruu
Feuerwehrmann (m)	өрт өчүргүч	ørt øtʃyrgytʃ
Feuerwehrauto (n)	өрт өчүрүүчү машина	ørt øtʃyryytʃy maʃina
Feuerwehr (f)	өрт өчүрүү командасы	ørt øtʃyryy komandası
Drehleiter (f)	өрт өчүрүүчү шаты	ørt øtʃyryytʃy ʃatı

Feuerwehrschlauch (m)	шланг	ʃlang
Feuerlöscher (m)	өрт өчүргүч	ørt øtʃyrgytʃ
Helm (m)	каска	kaska
Sirene (f)	сирена	sirena

schreien (vi)	айгай салуу	ajgaj saluu
um Hilfe rufen	жардамга чакыруу	dʒardamga tʃakıruu
Retter (m)	куткаруучу	kutkaruutʃu
retten (vt)	куткаруу	kutkaruu

ankommen (vi)	келүү	kelyy
löschen (vt)	өчүрүү	øtʃyryy
Wasser (n)	суу	suu
Sand (m)	кум	kum

Trümmer (pl)	уранды	urandı
zusammenbrechen (vi)	уроо	uroo
einfallen (vi)	кулоо	kuloo
einstürzen (Decke)	урап тушуу	urap tuʃyy

| Bruchstück (n) | сынык | sınık |
| Asche (f) | күл | kyl |

| ersticken (vi) | тумчугуу | tumtʃuguu |
| ums Leben kommen | өлүү | ølyy |

AKTIVITÄTEN DES MENSCHEN

Beruf. Geschäft. Teil 1

103. Büro. Arbeiten im Büro

Büro (Firmensitz)	офис	ofis
Büro (~ des Direktors)	кабинет	kabinet
Rezeption (f)	кабыл алуу катчысы	kabıl aluu kattʃısı
Sekretär (m)	катчы	kattʃı
Sekretärin (f)	катчы аял	kattʃı ajal
Direktor (m)	директор	direktor
Manager (m)	башкаруучу	baʃkaruutʃu
Buchhalter (m)	бухгалтер	buχgalter
Mitarbeiter (m)	кызматкер	kızmatker
Möbel (n)	эмерек	emerek
Tisch (m)	стол	stol
Schreibtischstuhl (m)	кресло	kreslo
Rollcontainer (m)	үкөк	ykøk
Kleiderständer (m)	кийим илгич	kijim ilgitʃ
Computer (m)	компьютер	kompjʉter
Drucker (m)	принтер	printer
Fax (n)	факс	faks
Kopierer (m)	көчүрүүчү аппарат	køtʃyryytʃy apparat
Papier (n)	кагаз	kagaz
Büromaterial (n)	кеңсе буюмдары	keŋse bujʉmdarı
Mousepad (n)	килемче	kilemtʃe
Blatt (n) Papier	баракча	baraktʃa
Ordner (m)	папка	papka
Katalog (m)	каталог	katalog
Adressbuch (n)	абоненттердин тизмеси	abonentterdin tizmesi
Dokumentation (f)	документтер	dokumentter
Broschüre (f)	китепче	kiteptʃe
Flugblatt (n)	баракча	baraktʃa
Muster (n)	үлгү	ylgy
Training (n)	окутуу	okutuu
Meeting (n)	кеңеш	keŋeʃ
Mittagspause (f)	түшкү танапис	tyʃky tanapis
eine Kopie machen	көчүрмө алуу	køtʃyrmø aluu
vervielfältigen (vt)	көбөйтүү	købøjtyy
ein Fax bekommen	факс алуу	faks aluu
ein Fax senden	факс жөнөтүү	faks dʒønøtyy

anrufen (vt)	чалуу	tʃaluu
antworten (vi)	жооп берүү	dʒoop beryy
verbinden (vt)	байланыштыруу	bajlanıʃtıruu

ausmachen (vt)	уюштуруу	ujuʃturuu
demonstrieren (vt)	көрсөтүү	kørsøtyy
fehlen (am Arbeitsplatz ~)	келбей калуу	kelbej kaluu
Abwesenheit (f)	барбай калуу	barbaj kaluu

104. Geschäftsabläufe. Teil 1

| Geschäft (n) (z.B. ~ in Wolle) | иш | iʃ |
| Angelegenheit (f) | жумуш | dʒumuʃ |

Firma (f)	фирма	firma
Gesellschaft (f)	компания	kompanija
Konzern (m)	корпорация	korporatsija
Unternehmen (n)	ишкана	iʃkana
Agentur (f)	агенттик	agenttik

Vereinbarung (f)	келишим	keliʃim
Vertrag (m)	контракт	kontrakt
Geschäft (Transaktion)	бүтүм	bytym
Auftrag (Bestellung)	буйрутма	bujrutma
Bedingung (f)	шарт	ʃart

en gros (im Großen)	дүңү менен	dyŋy menen
Großhandels-	дүңүнөн	dyŋynøn
Großhandel (m)	дүң соода	dyŋ sooda
Einzelhandels-	чекене	tʃekene
Einzelhandel (m)	чекене соода	tʃekene sooda

Konkurrent (m)	атаандаш	ataandaʃ
Konkurrenz (f)	атаандаштык	ataandaʃtık
konkurrieren (vi)	атаандашуу	ataandaʃuu

| Partner (m) | өнөктөш | ønøktøʃ |
| Partnerschaft (f) | өнөктөштүк | ønøktøʃtyk |

Krise (f)	каатчылык	kaattʃılık
Bankrott (m)	кудуретсиздик	kuduretsizdik
Bankrott machen	кудуретсиз калуу	kuduretsiz kaluu
Schwierigkeit (f)	кыйынчылык	kıjıntʃılık
Problem (n)	көйгөй	køjgøj
Katastrophe (f)	киши көрбөсүн	kiʃi kørbøsyn

Wirtschaft (f)	экономика	ekonomika
wirtschaftlich	экономикалык	ekonomikalık
Rezession (f)	экономикалык төмөндөө	ekonomikalık tømøndøø

Ziel (n)	максат	maksat
Aufgabe (f)	маселе	masele
handeln (Handel treiben)	соодалашуу	soodalaʃuu
Netz (Verkaufs-)	тармак	tarmak

| Lager (n) | кампа | kampa |
| Sortiment (n) | ассортимент | assortiment |

führende Unternehmen (n)	алдыңкы катардагы	aldıŋkı katardagı
groß (-e Firma)	ири	iri
Monopol (n)	монополия	monopolija

Theorie (f)	теория	teorija
Praxis (f)	тажрыйба	tadʒrıjba
Erfahrung (f)	тажрыйба	tadʒrıjba
Tendenz (f)	умтулуу	umtuluu
Entwicklung (f)	өнүгүү	ønygyy

105. Geschäftsabläufe. Teil 2

| Vorteil (m) | пайда | pajda |
| vorteilhaft | майнаптуу | majnaptuu |

Delegation (f)	делегация	delegatsija
Lohn (m)	кызмат акы	kızmat akı
korrigieren (vt)	түзөтүү	tyzøtyy
Dienstreise (f)	иш сапар	iʃ sapar
Kommission (f)	комиссия	komissija

kontrollieren (vt)	башкаруу	baʃkaruu
Konferenz (f)	иш жыйын	iʃ dʒıjın
Lizenz (f)	лицензия	litsenzija
zuverlässig	ишеничтүү	iʃenitʃtyy

Initiative (f)	демилге	demilge
Norm (f)	стандарт	standart
Umstand (m)	жагдай	dʒagdaj
Pflicht (f)	милдет	mildet

Unternehmen (n)	уюм	ujʉm
Organisation (Prozess)	уюштуруу	ujʉʃturuu
organisiert (Adj)	уюштурулган	ujʉʃturulgan
Abschaffung (f)	токтотуу	toktotuu
abschaffen (vt)	жокко чыгаруу	dʒokko tʃıgaruu
Bericht (m)	отчет	ottʃet

Patent (n)	патент	patent
patentieren (vt)	патентөө	patentøø
planen (vt)	пландаштыруу	plandaʃtıruu

Prämie (f)	сыйлык	sıjlık
professionell	кесипкөй	kesipkøj
Prozedur (f)	тартип	tartip

prüfen (Vertrag ~)	карап чыгуу	karap tʃıguu
Berechnung (f)	эсеп-кысап	esep-kısap
Ruf (m)	аброй	abroj
Risiko (n)	тобокел	tobokel
leiten (vt)	башкаруу	baʃkaruu

Informationen (pl)	маалымат	maalımat
Eigentum (n)	менчик	mentʃik
Bund (m)	бирикме	birikme

Lebensversicherung (f)	жашоону камсыздандыруу	dʒaʃoonu kamsızdandıruu
versichern (vt)	камсыздандыруу	kamsızdandıruu
Versicherung (f)	камсыздандыруу	kamsızdandıruu

Auktion (f)	тоорук	tooruk
benachrichtigen (vt)	билдирүү	bildiryy
Verwaltung (f)	башкаруу	baʃkaruu
Dienst (m)	кызмат	kızmat

Forum (n)	форум	forum
funktionieren (vi)	иш-милдетти аткаруу	iʃ-mildetti atkaruu
Etappe (f)	кадам	kadam
juristisch	укуктуу	ukuktuu
Jurist (m)	юрист	jurist

106. Fertigung. Arbeiten

Werk (n)	завод	zavod
Fabrik (f)	фабрика	fabrika
Werkstatt (f)	цех	tseχ
Betrieb (m)	өндүрүш	øndyryʃ

Industrie (f)	өнөр-жай	ønør-dʒaj
Industrie-	өнөр-жай	ønør-dʒaj
Schwerindustrie (f)	оор өнөр-жай	oor ønør-dʒaj
Leichtindustrie (f)	жеңил өнөр-жай	dʒeŋil ønør-dʒaj

Produktion (f)	өндүрүм	øndyrym
produzieren (vt)	өндүрүү	øndyryy
Rohstoff (m)	чийки зат	tʃijki zat

Vorarbeiter (m), Meister (m)	бригадир	brigadir
Arbeitsteam (n)	бригада	brigada
Arbeiter (m)	жумушчу	dʒumuʃtʃu

Arbeitstag (m)	иш күнү	iʃ kyny
Pause (f)	тыныгуу	tınıguu
Versammlung (f)	чогулуш	tʃoguluʃ
besprechen (vt)	талкуулоо	talkuuloo

Plan (m)	план	plan
den Plan erfüllen	планды аткаруу	plandı atkaruu
Arbeitsertrag (m)	иштеп чыгаруу коюму	iʃtep tʃıgaruu kojumu
Qualität (f)	сапат	sapat
Prüfung, Kontrolle (f)	текшерүү	tekʃeryy
Gütekontrolle (f)	сапат текшерүү	sapat tekʃeryy

| Arbeitsplatzsicherheit (f) | эмгек коопсуздугу | emgek koopsuzdugu |
| Disziplin (f) | тартип | tartip |

Übertretung (f)	бузуу	buzuu
übertreten (vt)	бузуу	buzuu

Streik (m)	ишти калтыруу	iʃti kaltıruu
Streikender (m)	иш калтыргыч	iʃ kaltırgıtʃ
streiken (vi)	ишти калтыруу	iʃti kaltıruu
Gewerkschaft (f)	профсоюз	profsojüz

erfinden (vt)	ойлоп табуу	ojlop tabuu
Erfindung (f)	ойлоп табылган нерсе	ojlop tabılgan nerse
Erforschung (f)	изилдөө	izildөө
verbessern (vt)	жакшыртуу	dʒakʃırtuu
Technologie (f)	технология	teҳnologija
technische Zeichnung (f)	чийме	tʃijme

Ladung (f)	жүк	dʒyk
Ladearbeiter (m)	жүк ташуучу	dʒyk taʃuutʃu
laden (vt)	жүктөө	dʒyktөө
Beladung (f)	жүктөө	dʒyktөө
entladen (vt)	жүк түшүрүү	dʒyk tyʃuryy
Entladung (f)	жүк түшүрүү	dʒyk tyʃyryy

Transport (m)	транспорт	transport
Transportunternehmen (n)	транспорттук компания	transporttuk kompanija
transportieren (vt)	транспорт менен ташуу	transport menen taʃuu

Güterwagen (m)	вагон	vagon
Zisterne (f)	цистерна	tsısterna
Lastkraftwagen (m)	жүк ташуучу машина	dʒyk taʃuutʃu maʃina

Werkzeugmaschine (f)	станок	stanok
Mechanismus (m)	механизм	meҳanizm

Industrieabfälle (pl)	таштандылар	taʃtandılar
Verpacken (n)	таңгактоо	taŋgaktoo
verpacken (vt)	таңгактоо	taŋgaktoo

107. Vertrag. Zustimmung

Vertrag (m), Auftrag (m)	контракт	kontrakt
Vereinbarung (f)	макулдашуу	makuldaʃuu
Anhang (m)	тиркеме	tirkeme

einen Vertrag abschließen	контракт түзүү	kontrakt tyzyy
Unterschrift (f)	кол тамга	kol tamga
unterschreiben (vt)	кол коюу	kol kojüu
Stempel (m)	мөөр	mөөr

Vertragsgegenstand (m)	келишимдин предмети	keliʃimdin predmeti
Punkt (m)	пункт	punkt
Parteien (pl)	тараптар	taraptar
rechtmäßige Anschrift (f)	юридикалык дарек	jüridikalık darek
Vertrag brechen	контрактты бузуу	kontrakttı buzuu
Verpflichtung (f)	милдеттенме	mildettenme

Verantwortlichkeit (f)	жоопкерчилик	dʒoopkertʃilik
Force majeure (f)	форс-мажор	fors-madʒor
Streit (m)	талаш	talaʃ
Strafsanktionen (pl)	жаза чаралары	dʒaza tʃaraları

108. Import & Export

Import (m)	импорт	import
Importeur (m)	импорттоочу	importtootʃu
importieren (vt)	импорттоо	importtoo
Import-	импорт	import

Export (m)	экспорт	eksport
Exporteur (m)	экспорттоочу	eksporttootʃu
exportieren (vt)	экспорттоо	eksporttoo
Export-	экспорт	eksport

| Waren (pl) | товар | tovar |
| Partie (f), Ladung (f) | жүк тобу | dʒyk tobu |

Gewicht (n)	салмак	salmak
Volumen (n)	көлөм	køløm
Kubikmeter (m)	куб метр	kub metr

Hersteller (m)	өндүрүүчү	øndyryytʃy
Transportunternehmen (n)	транспорттук компания	transporttuk kompanija
Container (m)	контейнер	kontejner

Grenze (f)	чек ара	tʃek ara
Zollamt (n)	бажыкана	badʒıkana
Zoll (m)	бажы салык	badʒı salık
Zollbeamter (m)	бажы кызматкери	badʒı kızmatkeri
Schmuggel (m)	контрабанда	kontrabanda
Schmuggelware (f)	контрабанда	kontrabanda

109. Finanzen

Aktie (f)	акция	aktsija
Obligation (f)	баалуу кагаздар	baaluu kagazdar
Wechsel (m)	вексель	vekselʲ

| Börse (f) | биржа | birdʒa |
| Aktienkurs (m) | акциялар курсу | aktsijalar kursu |

| billiger werden | арзандоо | arzandoo |
| teuer werden | кымбаттоо | kımbattoo |

| Anteil (m) | үлүш | ylyʃ |
| Mehrheitsbeteiligung (f) | башкаруучу пакет | baʃkaruutʃu paket |

| Investitionen (pl) | салым | salım |
| investieren (vt) | салым кылуу | salım kıluu |

97

| Prozent (n) | пайыз | pajız |
| Zinsen (pl) | пайыз менен пайда | pajız menen pajda |

Gewinn (m)	пайда	pajda
gewinnbringend	майнаптуу	majnaptuu
Steuer (f)	салык	salık

Währung (f)	валюта	valʉta
Landes-	улуттук	uluttuk
Geldumtausch (m)	алмаштыруу	almaʃtıruu

| Buchhalter (m) | бухгалтер | buxgalter |
| Buchhaltung (f) | бухгалтерия | buxgalterija |

Bankrott (m)	кудуретсиздик	kuduretsizdik
Zusammenbruch (m)	кыйроо	kıjroo
Pleite (f)	жакырдануу	dʒakırdanuu
pleite gehen	жакырдануу	dʒakırdanuu
Inflation (f)	инфляция	inflʲatsija
Abwertung (f)	девальвация	devalʲvatsija

Kapital (n)	капитал	kapital
Einkommen (n)	киреше	kireʃe
Umsatz (m)	жүгүртүлүш	dʒygyrtylyʃ
Mittel (Reserven)	такоолдор	takooldor
Geldmittel (pl)	акча каражаттары	aktʃa karadʒattarı

| Gemeinkosten (pl) | кошумча чыгашалар | koʃumtʃa tʃıgaʃalar |
| reduzieren (vt) | кыскартуу | kıskartuu |

110. Marketing

Marketing (n)	базар таануу	bazar taanuu
Markt (m)	базар	bazar
Marktsegment (n)	базар сегменти	bazar segmenti
Produkt (n)	өнүм	ønym
Waren (pl)	товар	tovar

Schutzmarke (f)	соода маркасы	sooda markası
Handelsmarke (f)	соода маркасы	sooda markası
Firmenzeichen (n)	фирмалык белги	firmalık belgi
Logo (n)	логотип	logotip
Nachfrage (f)	талап	talap
Angebot (n)	сунуш	sunuʃ
Bedürfnis (n)	керек	kerek
Verbraucher (m)	керектөөчү	kerektøøtʃy

Analyse (f)	талдоо	taldoo
analysieren (vt)	талдоо	taldoo
Positionierung (f)	турак табуу	turak tabuu
positionieren (vt)	турак табуу	turak tabuu
Preis (m)	баа	baa
Preispolitik (f)	баа саясаты	baa sajasatı
Preisbildung (f)	баа чыгаруу	baa tʃıgaruu

111. Werbung

Werbung (f)	жарнама	dӡarnama
werben (vt)	жарнамалоо	dӡarnamaloo
Budget (n)	бюджет	bʉdӡet
Werbeanzeige (f)	жарнама	dӡarnama
Fernsehwerbung (f)	теле жарнама	tele dӡarnama
Radiowerbung (f)	радио жарнама	radio dӡarnama
Außenwerbung (f)	сырткы жарнама	sırtkı dӡarnama
Massenmedien (pl)	масс медия	mass medija
Zeitschrift (f)	мезгилдүү басылма	mezgildyy basılma
Image (n)	имидж	imidӡ
Losung (f)	лозунг	lozung
Motto (n)	ураан	uraan
Kampagne (f)	кампания	kampanija
Werbekampagne (f)	жарнамалык кампания	dӡarnamalık kampanija
Zielgruppe (f)	максаттуу топ	maksattuu top
Visitenkarte (f)	таанытма	taanıtma
Flugblatt (n)	баракча	baraktʃa
Broschüre (f)	китепче	kiteptʃe
Faltblatt (n)	кат-кат китепче	kat-kat kiteptʃe
Informationsblatt (n)	бюллетень	bʉlletenʲ
Firmenschild (n)	көрнөк	kørnøk
Plakat (n)	көрнөк	kørnøk
Werbeschild (n)	жарнамалык такта	dӡarnamalık takta

112. Bankgeschäft

Bank (f)	банк	bank
Filiale (f)	бөлүм	bølym
Berater (m)	кеңешчи	keŋeʃtʃi
Leiter (m)	башкаруучу	baʃkaruutʃu
Konto (n)	эсеп	esep
Kontonummer (f)	эсеп номери	esep nomeri
Kontokorrent (n)	учурдагы эсеп	utʃurdagı esep
Sparkonto (n)	топтолмо эсеп	toptolmo esep
ein Konto eröffnen	эсеп ачуу	esep atʃuu
das Konto schließen	эсеп жабуу	esep dӡabuu
einzahlen (vt)	эсепке акча салуу	esepke aktʃa saluu
abheben (vt)	эсептен акча чыгаруу	esepten aktʃa tʃıgaruu
Einzahlung (f)	аманат	amanat
eine Einzahlung machen	аманат кылуу	amanat kıluu
Überweisung (f)	акча которуу	aktʃa kotoruu

überweisen (vt)	акча которуу	aktʃa kotoruu
Summe (f)	сумма	summa
Wieviel?	Канча?	kantʃa?

| Unterschrift (f) | кол тамга | kol tamga |
| unterschreiben (vt) | кол коюу | kol kojuu |

Kreditkarte (f)	насыя картасы	nasıja kartası
Code (m)	код	kod
Kreditkartennummer (f)	насыя картанын номери	nasıja kartanın nomeri
Geldautomat (m)	банкомат	bankomat

Scheck (m)	чек	tʃek
einen Scheck schreiben	чек жазып берүү	tʃek dʒazıp beryy
Scheckbuch (n)	чек китепчеси	tʃek kiteptʃesi

Darlehen (m)	насыя	nasıja
ein Darlehen beantragen	насыя үчүн кайрылуу	nasıja ytʃyn kajrıluu
ein Darlehen aufnehmen	насыя алуу	nasıja aluu
ein Darlehen geben	насыя берүү	nasıja beryy
Sicherheit (f)	кепилдик	kepildik

113. Telefon. Telefongespräche

Telefon (n)	телефон	telefon
Mobiltelefon (n)	мобилдик	mobildik
Anrufbeantworter (m)	автоматтык жооп берүүчү	avtomattık dʒoop beryytʃy

| anrufen (vt) | чалуу | tʃaluu |
| Anruf (m) | чакыруу | tʃakıruu |

eine Nummer wählen	номер терүү	nomer teryy
Hallo!	Алло!	allo!
fragen (vt)	суроо	suroo
antworten (vi)	жооп берүү	dʒoop beryy
hören (vt)	угуу	uguu
gut (~ aussehen)	жакшы	dʒakʃı
schlecht (Adv)	жаман	dʒaman
Störungen (pl)	ызы-чуу	ızı-tʃuu

Hörer (m)	трубка	trubka
den Hörer abnehmen	трубканы алуу	trubkanı aluu
auflegen (den Hörer ~)	трубканы коюу	trubkanı kojuu

besetzt	бош эмес	boʃ emes
läuten (vi)	шыңгыроо	ʃıŋgıroo
Telefonbuch (n)	телефондук китепче	telefonduk kiteptʃe

Orts-	жергиликтүү	dʒergiliktyy
Ortsgespräch (n)	жергиликтүү чакыруу	dʒergiliktyy tʃakıruu
Auslands-	эл аралык	el aralık
Auslandsgespräch (n)	эл аралык чакыруу	el aralık tʃakıruu
Fern-	шаар аралык	ʃaar aralık
Ferngespräch (n)	шаар аралык чакыруу	ʃaar aralık tʃakıruu

114. Mobiltelefon

Mobiltelefon (n)	мобилдик	mobildik
Display (n)	дисплей	displej
Knopf (m)	баскыч	baskıtʃ
SIM-Karte (f)	SIM-карта	sim-karta
Batterie (f)	батарея	batareja
leer sein (Batterie)	зарядканын түгөнүүсү	zarʲadkanın tygønyysy
Ladegerät (n)	заряддоочу шайман	zarʲaddootʃu ʃajman
Menü (n)	меню	menʉ
Einstellungen (pl)	орнотуулар	ornotuular
Melodie (f)	обон	obon
auswählen (vt)	тандоо	tandoo
Rechner (m)	калькулятор	kalʲkulʲator
Anrufbeantworter (m)	автоматтык жооп бергич	avtomattık dʒoop bergitʃ
Wecker (m)	ойготкуч	ojgotkutʃ
Kontakte (pl)	байланыштар	bajlanıʃtar
SMS-Nachricht (f)	SMS-кабар	esemes-kabar
Teilnehmer (m)	абонент	abonent

115. Bürobedarf

Kugelschreiber (m)	калем сап	kalem sap
Federhalter (m)	калем уч	kalem utʃ
Bleistift (m)	карандаш	karandaʃ
Faserschreiber (m)	маркер	marker
Filzstift (m)	фломастер	flomaster
Notizblock (m)	дептерче	deptertʃe
Terminkalender (m)	күндөлүк	kyndølyk
Lineal (n)	сызгыч	sızgıtʃ
Rechner (m)	калькулятор	kalʲkulʲator
Radiergummi (m)	өчүргүч	øtʃyrgytʃ
Reißzwecke (f)	кнопка	knopka
Heftklammer (f)	кыскыч	kıskıtʃ
Klebstoff (m)	желим	dʒelim
Hefter (m)	степлер	stepler
Locher (m)	тешкич	teʃkitʃ
Bleistiftspitzer (m)	учтагыч	utʃtagıtʃ

116. Verschiedene Dokumente

Bericht (m)	отчет	ottʃet
Abkommen (n)	макулдашуу	makuldaʃuu

Anmeldeformular (n)	билдирме	bildirme
Original-	көзү	køzy
Namensschild (n)	төшбелги	tøʃbelgi
Visitenkarte (f)	таанытма	taanıtma

Zertifikat (n)	сертификат	sertifikat
Scheck (m)	чек	tʃek
Rechnung (im Restaurant)	эсеп	esep
Verfassung (f)	конституция	konstitutsija

Vertrag (m)	келишим	keliʃim
Kopie (f)	көчүрмө	køtʃyrmø
Kopie (~ des Vertrages)	нуска	nuska

Zolldeklaration (f)	бажы декларациясы	badʒı deklaratsijası
Dokument (n)	документ	dokument
Führerschein (m)	айдоочу күбөлүгү	ajdootʃu kybølygy
Anlage (f)	тиркеме	tirkeme
Fragebogen (m)	форма	forma

Ausweis (m)	өздүк билдиргичи	øzdyk bildirgitʃi
Anfrage (f)	суроо-талап	suroo-talap
Einladungskarte (f)	чакыруу билет	tʃakıruu bilet
Rechnung (von Firma)	фактура	faktura

Gesetz (n)	мыйзам	mıjzam
Brief (m)	кат	kat
Briefbogen (n)	бланк	blank
Liste (schwarze ~)	тизме	tizme
Manuskript (n)	кол жазма	kol dʒazma
Informationsblatt (n)	бюллетень	bulletenʲ
Zettel (m)	кыскача жазуу	kıskatʃa dʒazuu

Passierschein (m)	өткөрмө	øtkørmø
Pass (m)	паспорт	pasport
Erlaubnis (f)	уруксат кагазы	uruksat kagazı
Lebenslauf (m)	таржымал	tardʒımal
Schuldschein (m)	тил кат	til kat
Quittung (f)	дүмүрчөк	dymyrtʃøk

Kassenzettel (m)	чек	tʃek
Bericht (m)	рапорт	raport

vorzeigen (vt)	көрсөтүү	kørsøtyy
unterschreiben (vt)	кол коюу	kol kojuu
Unterschrift (f)	кол тамга	kol tamga
Stempel (m)	мөөр	møør

Text (m)	текст	tekst
Eintrittskarte (f)	билет	bilet

streichen (vt)	чийип салуу	tʃijip saluu
ausfüllen (vt)	толтуруу	tolturuu

Frachtbrief (m)	коштомо кагаз	koʃtomo kagaz
Testament (n)	керээз	kereez

117. Geschäftsarten

Buchführung (f)	бухгалтердик кызмат	buxgalterdik kızmat
Werbung (f)	жарнама	dʒarnama
Werbeagentur (f)	жарнама агенттиги	dʒarnama agenttigi
Klimaanlagen (pl)	аба желдеткичтер	aba dʒeldetkitʃter
Fluggesellschaft (f)	авиакомпания	aviakompanija
Spirituosen (pl)	алкоголь ичимдиктери	alkogolʲ itʃimdikteri
Antiquitäten (pl)	антиквариат	antikvariat
Kunstgalerie (f)	арт-галерея	art-galereja
Rechnungsprüfung (f)	аудиторлук кызмат	auditorluk kızmat
Bankwesen (n)	банк бизнеси	bank biznesi
Bar (f)	бар	bar
Schönheitssalon (m)	сулуулук салону	suluuluk salonu
Buchhandlung (f)	китеп дүкөнү	kitep dykøny
Bierbrauerei (f)	сыра чыгаруучу жай	sıra tʃɯgaruutʃu dʒaj
Bürogebäude (n)	бизнес-борбор	biznes-borbor
Business-Schule (f)	бизнес-мектеп	biznes-mektep
Kasino (n)	казино	kazino
Bau (m)	курулуш	kuruluʃ
Beratung (f)	консалтинг	konsalting
Stomatologie (f)	стоматология	stomatologija
Design (n)	дизайн	dizajn
Apotheke (f)	дарыкана	darıkana
chemische Reinigung (f)	химиялык тазалоо	ximijalık tazaloo
Personalagentur (f)	кадрдык агенттиги	kadrdık agenttigi
Finanzdienstleistungen (pl)	каржылык кызматтар	kardʒılık kızmattar
Nahrungsmittel (pl)	азык-түлүк	azık-tylyk
Bestattungsinstitut (n)	ырасым бюросу	ırasım bʉrosu
Möbel (n)	эмерек	emerek
Kleidung (f)	кийим	kijim
Hotel (n)	мейманкана	mejmankana
Eis (n)	бал муздак	bal muzdak
Industrie (f)	өнөр-жай	ønør-dʒaj
Versicherung (f)	камсыздандыруу	kamsızdandıruu
Internet (n)	интернет	internet
Investitionen (pl)	салымдар	salımdar
Juwelier (m)	зергер	zerger
Juwelierwaren (pl)	зер буюмдар	zer bujʉmdar
Wäscherei (f)	кир жуу ишканасы	kir dʒuu iʃkanası
Rechtsberatung (f)	юридикалык кызматтар	juridikalık kızmattar
Leichtindustrie (f)	жеңил өнөр-жай	dʒeŋil ønør-dʒaj
Zeitschrift (f)	журнал	dʒurnal
Versandhandel (m)	каталог боюнча соода-сатык	katalog bojʉntʃa sooda-satık
Medizin (f)	медицина	meditsina
Kino (Filmtheater)	кинотеатр	kinoteatr

Museum (n)	музей	muzej
Nachrichtenagentur (f)	жаңылыктар агенттиги	dʒaŋılıktar agenttigi
Zeitung (f)	гезит	gezit
Nachtklub (m)	түнкү клуб	tyŋky klub

Erdöl (n)	мунайзат	munajzat
Kurierdienst (m)	чабармандык кызматы	tʃabarmandık kızmatı
Pharmaindustrie (f)	фармацевтика	farmatsevtika
Druckindustrie (f)	полиграфия	poligrafija
Verlag (m)	басмакана	basmakana

Rundfunk (m)	үналгы	ynalgı
Immobilien (pl)	кыймылсыз мүлк	kıjmılsız mylk
Restaurant (n)	ресторан	restoran

Sicherheitsagentur (f)	күзөт агенттиги	kyzøt agenttigi
Sport (m)	спорт	sport
Börse (f)	биржа	birdʒa
Laden (m)	дүкөн	dykøn
Supermarkt (m)	супермаркет	supermarket
Schwimmbad (n)	бассейн	bassejn

Atelier (n)	ателье	atelje
Fernsehen (n)	телекөрсөтүү	telekørsøtyy
Theater (n)	театр	teatr
Handel (m)	соода	sooda
Transporte (pl)	ташып жеткирүү	taʃıp dʒetkiryy
Reisen (pl)	туризм	turizm

Tierarzt (m)	мал доктуру	mal dokturu
Warenlager (n)	кампа	kampa
Müllabfuhr (f)	таштанды чыгаруу	taʃtandı tʃıgaruu

Arbeit. Geschäft. Teil 2

118. Show. Ausstellung

Ausstellung (f)	көргөзмө	kørgøzmø
Handelsausstellung (f)	соода көргөзмөсү	sooda kørgøzmøsy
Teilnahme (f)	катышуу	katıʃuu
teilnehmen (vi)	катышуу	katıʃuu
Teilnehmer (m)	катышуучу	katıʃuuʧu
Direktor (m)	директор	direktor
Messeverwaltung (f)	уюштуруу комитети	ujɥʃturuu komiteti
Organisator (m)	уюштуруучу	ujɥʃturuuʧu
veranstalten (vt)	уюштуруу	ujɥʃturuu
Anmeldeformular (n)	катышууга ынта билдирмеси	katıʃuuga ınta bildirmesi
ausfüllen (vt)	толтуруу	tolturuu
Details (pl)	ийне-жиби	ijne-ʤibi
Information (f)	маалымат	maalımat
Preis (m)	баа	baa
einschließlich	кошуп	koʃup
einschließen (vt)	кошулган	koʃulgan
zahlen (vt)	төлөө	tøløø
Anmeldegebühr (f)	каттоо төгүмү	kattoo tøgymy
Eingang (m)	кирүү	kiryy
Pavillon (m)	павильон	paviljon
registrieren (vt)	каттоо	kattoo
Namensschild (n)	төшбелги	tøʃbelgi
Stand (m)	көргөзмө стенди	kørgøzmø stendi
reservieren (vt)	камдык буйрутмалоо	kamdık bujrutmaloo
Vitrine (f)	айнек стенд	ajnek stend
Strahler (m)	чырак	ʧırak
Design (n)	дизайн	dizajn
stellen (vt)	жайгаштыруу	ʤajgaʃtıruu
gelegen sein	жайгашуу	ʤajgaʃuu
Distributor (m)	дистрибьютор	distribjɥtor
Lieferant (m)	жеткирип берүүчү	ʤetkirip beryyʧy
liefern (vt)	жеткирип берүү	ʤetkirip beryy
Land (n)	өлкө	ølkø
ausländisch	чет өлкөлүк	ʧet ølkølyk
Produkt (n)	өнүм	ønym
Assoziation (f)	ассоциация	assotsiatsija

Konferenzraum (m)	конференц-зал	konferents-zal
Kongress (m)	конгресс	kongress
Wettbewerb (m)	жарыш	dʒarıʃ

Besucher (m)	келүүчү	kelyytʃy
besuchen (vt)	баш багуу	baʃ baguu
Auftraggeber (m)	кардар	kardar

119. Massenmedien

Zeitung (f)	гезит	gezit
Zeitschrift (f)	журнал	dʒurnal
Presse (f)	пресса	pressa
Rundfunk (m)	үналгы	ynalgı
Rundfunkstation (f)	радио толкуну	radio tolkunu
Fernsehen (n)	телекөрсөтүү	telekørsøtyy

Moderator (m)	алып баруучу	alıp baruutʃu
Sprecher (m)	диктор	diktor
Kommentator (m)	баяндамачы	bajandamatʃı

Journalist (m)	журналист	dʒurnalist
Korrespondent (m)	кабарчы	kabartʃı
Bildberichterstatter (m)	фотокорреспондент	fotokorrespondent
Reporter (m)	репортёр	reportior

| Redakteur (m) | редактор | redaktor |
| Chefredakteur (m) | башкы редактор | baʃkı redaktor |

abonnieren (vt)	жазылуу	dʒazıluu
Abonnement (n)	жазылуу	dʒazıluu
Abonnent (m)	жазылуучу	dʒazıluutʃu
lesen (vi, vt)	окуу	okuu
Leser (m)	окурман	okurman

Auflage (f)	нуска	nuska
monatlich (Adj)	ай сайын	aj sajın
wöchentlich (Adj)	жума сайын	dʒuma sajın
Ausgabe (Zeitschrift)	номер	nomer
neueste (~ Ausgabe)	жаңы	dʒaŋı

Titel (m)	баш аты	baʃ atı
Notiz (f)	кыскача макала	kıskatʃa makala
Rubrik (f)	рубрика	rubrika
Artikel (m)	макала	makala
Seite (f)	бет	bet

Reportage (f)	репортаж	reportadʒ
Ereignis (n)	окуя	okuja
Sensation (f)	дүң салуу	dyŋ saluu
Skandal (m)	жаңжал	dʒaŋdʒal
skandalös	жаңжалчы	dʒaŋdʒaltʃı
groß (-er Skandal)	чуулгандуу	tʃuulganduu
Sendung (f)	көрсөтүү	kørsøtyy

Interview (n)	интервью	intervjʉ
Live-Übertragung (f)	түз берүү	tyz beryy
Kanal (m)	канал	kanal

120. Landwirtschaft

Landwirtschaft (f)	дыйкан чарбачылык	dıjkan ʧarbaʧılık
Bauer (m)	дыйкан	dıjkan
Bäuerin (f)	дыйкан аял	dıjkan ajal
Farmer (m)	фермер	fermer

| Traktor (m) | трактор | traktor |
| Mähdrescher (m) | комбайн | kombajn |

Pflug (m)	соко	soko
pflügen (vt)	жер айдоо	ʤer ajdoo
Acker (m)	айдоо жер	ajdoo ʤer
Furche (f)	жөөк	ʤøøk

säen (vt)	себүү	sebyy
Sämaschine (f)	сеялка	sejalka
Saat (f)	эгүү	egyy

| Sense (f) | чалгы | ʧalgı |
| mähen (vt) | чабуу | ʧabuu |

| Schaufel (f) | күрөк | kyrøk |
| graben (vt) | казуу | kazuu |

Hacke (f)	кетмен	ketmen
jäten (vt)	отоо	otoo
Unkraut (n)	отоо чөп	otoo ʧøp

Gießkanne (f)	гүл челек	gyl ʧelek
gießen (vt)	сугаруу	sugaruu
Bewässerung (f)	сугат	sugat

| Heugabel (f) | айры | ajrı |
| Rechen (m) | тырмоо | tırmoo |

Dünger (m)	жер семирткич	ʤer semirtkiʧ
düngen (vt)	жер семиртүү	ʤer semirtyy
Mist (m)	кык	kık

Feld (n)	талаа	talaa
Wiese (f)	шалбаа	ʃalbaa
Gemüsegarten (m)	чарбак	ʧarbak
Obstgarten (m)	бакча	bakʧa

weiden (vt)	жаюу	ʤaʤʉu
Hirt (m)	чабан	ʧaban
Weide (f)	жайыт	ʤajıt
Viehzucht (f)	мал чарбачылык	mal ʧarbaʧılık
Schafzucht (f)	кой чарбачылык	koj ʧarbaʧılık

Plantage (f)	плантация	plantatsija
Beet (n)	жөөк	dʒøøk
Treibhaus (n)	күнөскана	kynøskana

| Dürre (f) | кургакчылык | kurgaktʃılık |
| dürr, trocken | кургак | kurgak |

Getreide (n)	дан эгиндери	dan eginderi
Getreidepflanzen (pl)	дан эгиндери	dan eginderi
ernten (vt)	чаап алуу	tʃaap aluu

Müller (m)	тегирменчи	tegirmentʃi
Mühle (f)	тегирмен	tegirmen
mahlen (vt)	майдалоо	majdaloo
Mehl (n)	ун	un
Stroh (n)	саман	saman

121. Gebäude. Bauabwicklung

Baustelle (f)	курулуш	kuruluʃ
bauen (vt)	куруу	kuruu
Bauarbeiter (m)	куруучу	kuruutʃu

Projekt (n)	долбоор	dolboor
Architekt (m)	архитектор	arχitektor
Arbeiter (m)	жумушчу	dʒumuʃtʃu

Fundament (n)	пайдубал	pajdubal
Dach (n)	чатыр	tʃatır
Pfahl (m)	казык	kazık
Wand (f)	дубал	dubal

| Bewehrungsstahl (m) | арматура | armatura |
| Gerüst (n) | куруучу тепкичтер | kuruutʃu tepkitʃter |

Beton (m)	бетон	beton
Granit (m)	гранит	granit
Stein (m)	таш	taʃ
Ziegel (m)	кыш	kıʃ

Sand (m)	кум	kum
Zement (m)	цемент	tsement
Putz (m)	шыбак	ʃıbak
verputzen (vt)	шыбоо	ʃıboo

Farbe (f)	сыр	sır
färben (vt)	боео	boeo
Fass (n), Tonne (f)	бочка	botʃka

Kran (m)	кран	kran
aufheben (vt)	көтөрүү	køtøryy
herunterlassen (vt)	түшүрүү	tyʃyryy
Planierraupe (f)	бульдозер	bulˈdozer
Bagger (m)	экскаватор	ekskavator

Baggerschaufel (f)	ковш	kovʃ
graben (vt)	казуу	kazuu
Schutzhelm (m)	каска	kaska

122. Wissenschaft. Forschung. Wissenschaftler

Wissenschaft (f)	илим	ilim
wissenschaftlich	илимий	ilimij
Wissenschaftler (m)	илимпоз	ilimpoz
Theorie (f)	теория	teorija
Axiom (n)	аксиома	aksioma
Analyse (f)	талдоо	taldoo
analysieren (vt)	талдоо	taldoo
Argument (n)	далил	dalil
Substanz (f)	зат	zat
Hypothese (f)	гипотеза	gipoteza
Dilemma (n)	дилемма	dilemma
Dissertation (f)	диссертация	dissertatsija
Dogma (n)	догма	dogma
Doktrin (f)	доктрина	doktrina
Forschung (f)	изилдөө	izildøø
forschen (vi)	изилдөө	izildøø
Kontrolle (f)	сынак	sınak
Labor (n)	лаборатория	laboratorija
Methode (f)	ыкма	ıkma
Molekül (n)	молекула	molekula
Monitoring (n)	бейлөө	bejløø
Entdeckung (f)	таап ачуу	taap atʃuu
Postulat (n)	постулат	postulat
Prinzip (n)	усул	usul
Prognose (f)	божомол	boʤomol
prognostizieren (vt)	алдын ала айтуу	aldın ala ajtuu
Synthese (f)	синтез	sintez
Tendenz (f)	умтулуу	umtuluu
Theorem (n)	теорема	teorema
Lehre (Doktrin)	окуу	okuu
Tatsache (f)	далил	dalil
Expedition (f)	экспедиция	ekspeditsija
Experiment (n)	тажрыйба	taʤrıjba
Akademiemitglied (n)	академик	akademik
Bachelor (m)	бакалавр	bakalavr
Doktor (m)	доктор	doktor
Dozent (m)	доцент	dotsent
Magister (m)	магистр	magistr
Professor (m)	профессор	professor

Berufe und Tätigkeiten

123. Arbeitsuche. Kündigung

Arbeit (f), Stelle (f)	иш	iʃ
Belegschaft (f)	жамаат	dʒamaat
Personal (n)	жамаат курамы	dʒamaat kuramı
Karriere (f)	мансап	mansap
Perspektive (f)	перспектива	perspektiva
Können (n)	чеберчилик	tʃebertʃilik
Auswahl (f)	тандоо	tandoo
Personalagentur (f)	кадрдык агенттиги	kadrdık agenttigi
Lebenslauf (m)	таржымал	tardʒımal
Vorstellungsgespräch (n)	аңгемелешүү	aŋgemeleʃyy
Vakanz (f)	жумуш орун	dʒumuʃ orun
Gehalt (n)	эмгек акы	emgek akı
festes Gehalt (n)	маяна	majana
Arbeitslohn (m)	акысын төлөө	akısın tøløø
Stellung (f)	кызмат орун	kızmat orun
Pflicht (f)	милдет	mildet
Aufgabenspektrum (n)	милдеттенмелер	mildettenmeler
beschäftigt	бош эмес	boʃ emes
kündigen (vt)	бошотуу	boʃotuu
Kündigung (f)	бошотуу	boʃotuu
Arbeitslosigkeit (f)	жумушсуздук	dʒumuʃsuzduk
Arbeitslose (m)	жумушсуз	dʒumuʃsuz
Rente (f), Ruhestand (m)	бааракы	baarakı
in Rente gehen	ардактуу эс алууга чыгуу	ardaktuu es aluuga tʃıguu

124. Geschäftsleute

Direktor (m)	директор	direktor
Leiter (m)	башкаруучу	baʃkaruutʃu
Boss (m)	башкаруучу	baʃkaruutʃu
Vorgesetzte (m)	башчы	baʃtʃı
Vorgesetzten (pl)	башчылар	baʃtʃılar
Präsident (m)	президент	prezident
Vorsitzende (m)	төрага	tøraga
Stellvertreter (m)	орун басар	orun basar
Helfer (m)	жардамчы	dʒardamtʃı

| Sekretär (m) | катчы | kattʃı |
| Privatsekretär (m) | жеке катчы | dʒeke kattʃı |

Geschäftsmann (m)	бизнесмен	biznesmen
Unternehmer (m)	ишкер	iʃker
Gründer (m)	негиздөөчү	negizdøøtʃy
gründen (vt)	негиздөө	negizdøø

Gründungsmitglied (n)	уюмдаштыруучу	ujɯmdaʃtıruutʃu
Partner (m)	өнөктөш	ønøktøʃ
Aktionär (m)	акция кармоочу	aktsija karmootʃu

Millionär (m)	миллионер	millioner
Milliardär (m)	миллиардер	milliarder
Besitzer (m)	ээси	eesi
Landbesitzer (m)	жер ээси	dʒer eesi

Kunde (m)	кардар	kardar
Stammkunde (m)	туруктуу кардар	turuktuu kardar
Käufer (m)	сатып алуучу	satıp aluutʃu
Besucher (m)	келүүчү	kelyytʃy

Fachmann (m)	кесипкөй	kesipkøj
Experte (m)	ишбилги	iʃbilgi
Spezialist (m)	адис	adis

| Bankier (m) | банкир | bankir |
| Makler (m) | далдалчы | daldaltʃı |

Kassierer (m)	кассир	kassir
Buchhalter (m)	бухгалтер	buxgalter
Wächter (m)	кароолчу	karooltʃu

Investor (m)	салым кошуучу	salım koʃuutʃu
Schuldner (m)	карыздар	karızdar
Gläubiger (m)	насыя алуучу	nasıja aluutʃu
Kreditnehmer (m)	карызга алуучу	karızga aluutʃu

| Importeur (m) | импорттоочу | importtootʃu |
| Exporteur (m) | экспорттоочу | eksporttootʃu |

Hersteller (m)	өндүрүүчү	øndyryytʃy
Distributor (m)	дистрибьютор	distribjɯtor
Vermittler (m)	ортомчу	ortomtʃu

Berater (m)	кеңешчи	keŋeʃtʃi
Vertreter (m)	сатуу агенти	satuu agenti
Agent (m)	агент	agent
Versicherungsagent (m)	камсыздандыруучу агент	kamsızdandıruutʃu agent

125. Dienstleistungsberufe

| Koch (m) | ашпозчу | aʃpoztʃu |
| Chefkoch (m) | башкы ашпозчу | baʃkı aʃpoztʃu |

Bäcker (m)	навайчы	navajʧı
Barmixer (m)	бармен	barmen
Kellner (m)	официант	ofitsiant
Kellnerin (f)	официант кыз	ofitsiant kız

Rechtsanwalt (m)	жактоочу	dʒaktooʧu
Jurist (m)	юрист	jʉrist
Notar (m)	нотариус	notarius

Elektriker (m)	электрик	elektrik
Klempner (m)	сантехник	santeχnik
Zimmermann (m)	жыгач уста	dʒıgaʧ usta

Masseur (m)	укалоочу	ukalooʧu
Masseurin (f)	укалоочу	ukalooʧu
Arzt (m)	доктур	doktur

Taxifahrer (m)	такси айдоочу	taksi ajdooʧu
Fahrer (m)	айдоочу	ajdooʧu
Ausfahrer (m)	жеткирүүчү	dʒetkiryyʧy

Zimmermädchen (n)	үй кызматкери	yj kızmatkeri
Wächter (m)	кароолчу	karoolʧu
Flugbegleiterin (f)	стюардесса	stʉardessa

Lehrer (m)	мугалим	mugalim
Bibliothekar (m)	китепканачы	kitepkanaʧı
Übersetzer (m)	котормочу	kotormoʧu
Dolmetscher (m)	оозеки котормочу	oozeki kotormoʧu
Fremdenführer (m)	гид	gid

Friseur (m)	чач тарач	ʧaʧ taraʧ
Briefträger (m)	кат ташуучу	kat taʃuuʧu
Verkäufer (m)	сатуучу	satuuʧu

Gärtner (m)	багбанчы	bagbanʧı
Diener (m)	үй кызматчы	yj kızmatʧı
Magd (f)	үй кызматчы аял	yj kızmatʧı ajal
Putzfrau (f)	тазалагыч	tazalagıʧ

126. Militärdienst und Ränge

einfacher Soldat (m)	катардагы жоокер	katardagı dʒooker
Feldwebel (m)	сержант	serdʒant
Leutnant (m)	лейтенант	lejtenant
Hauptmann (m)	капитан	kapitan

Major (m)	майор	major
Oberst (m)	полковник	polkovnik
General (m)	генерал	general
Marschall (m)	маршал	marʃal
Admiral (m)	адмирал	admiral
Militärperson (f)	аскер кызматчысы	asker kızmatʧısı
Soldat (m)	аскер	asker

| Offizier (m) | офицер | ofitser |
| Kommandeur (m) | командир | komandir |

Grenzsoldat (m)	чек арачы	tʃek aratʃı
Funker (m)	радист	radist
Aufklärer (m)	чалгынчы	tʃalgıntʃı
Pionier (m)	сапёр	sapʲor
Schütze (m)	аткыч	atkıtʃ
Steuermann (m)	штурман	ʃturman

127. Beamte. Priester

| König (m) | король, падыша | korolʲ, padıʃa |
| Königin (f) | ханыша | χanıʃa |

| Prinz (m) | канзаада | kanzaada |
| Prinzessin (f) | ханбийке | χanbijke |

| Zar (m) | падыша | padıʃa |
| Zarin (f) | ханыша | χanıʃa |

Präsident (m)	президент	prezident
Minister (m)	министр	ministr
Ministerpräsident (m)	премьер-министр	premjer-ministr
Senator (m)	сенатор	senator

Diplomat (m)	дипломат	diplomat
Konsul (m)	консул	konsul
Botschafter (m)	элчи	eltʃi
Ratgeber (m)	кеңешчи	keŋeʃtʃi

Beamte (m)	аткаминер	atkaminer
Präfekt (m)	префект	prefekt
Bürgermeister (m)	мэр	mer

| Richter (m) | сот | sot |
| Staatsanwalt (m) | прокурор | prokuror |

Missionar (m)	миссионер	missioner
Mönch (m)	кечил	ketʃil
Abt (m)	аббат	abbat
Rabbiner (m)	раввин	ravvin

Wesir (m)	визирь	vizirʲ
Schah (n)	шах	ʃaχ
Scheich (m)	шейх	ʃejχ

128. Landwirtschaftliche Berufe

Bienenzüchter (m)	балчы	baltʃı
Hirt (m)	чабан	tʃaban
Agronom (m)	агроном	agronom

| Viehzüchter (m) | малчы | malʧı |
| Tierarzt (m) | мал доктуру | mal dokturu |

Farmer (m)	фермер	fermer
Winzer (m)	вино жасоочу	vino ʤasooʧu
Zoologe (m)	зоолог	zoolog
Cowboy (m)	ковбой	kovboj

129. Künstler

| Schauspieler (m) | актёр | aktʲor |
| Schauspielerin (f) | актриса | aktrisa |

| Sänger (m) | ырчы | ırʧı |
| Sängerin (f) | ырчы кыз | ırʧı kız |

| Tänzer (m) | бийчи жигит | bijʧi ʤigit |
| Tänzerin (f) | бийчи кыз | bijʧi kız |

| Künstler (m) | аткаруучу | atkaruuʧu |
| Künstlerin (f) | аткаруучу | atkaruuʧu |

Musiker (m)	музыкант	muzıkant
Pianist (m)	пианист	pianist
Gitarrist (m)	гитарист	gitarist

Dirigent (m)	дирижёр	diriʤʲor
Komponist (m)	композитор	kompozitor
Manager (m)	импресарио	impresario

Regisseur (m)	режиссёр	reʤissʲor
Produzent (m)	продюсер	produser
Drehbuchautor (m)	сценарист	stsenarist
Kritiker (m)	сынчы	sınʧı

Schriftsteller (m)	жазуучу	ʤazuuʧu
Dichter (m)	акын	akın
Bildhauer (m)	бедизчи	bedizʧi
Maler (m)	сүрөтчү	syrøttʃy

Jongleur (m)	жонглёр	ʤonglʲor
Clown (m)	маскарапоз	maskarapoz
Akrobat (m)	акробат	akrobat
Zauberkünstler (m)	көз боечу	køz boeʧu

130. Verschiedene Berufe

Arzt (m)	доктур	doktur
Krankenschwester (f)	медсестра	medsestra
Psychiater (m)	психиатр	psiχiatr
Zahnarzt (m)	тиш доктур	tiʃ doktur
Chirurg (m)	хирург	χirurg

Astronaut (m)	астронавт	astronavt
Astronom (m)	астроном	astronom
Pilot (m)	учкуч	utʃkutʃ
Fahrer (Taxi-)	айдоочу	ajdootʃu
Lokomotivführer (m)	машинист	maʃinist
Mechaniker (m)	механик	meχanik
Bergarbeiter (m)	кенчи	kentʃi
Arbeiter (m)	жумушчу	dʒumuʃtʃu
Schlosser (m)	слесарь	slesarʲ
Tischler (m)	жыгач уста	dʒɪgatʃ usta
Dreher (m)	токарь	tokarʲ
Bauarbeiter (m)	куруучу	kuruutʃu
Schweißer (m)	ширеткич	ʃiretkitʃ
Professor (m)	профессор	professor
Architekt (m)	архитектор	arχitektor
Historiker (m)	тарыхчы	tarɪχtʃɪ
Wissenschaftler (m)	илимпоз	ilimpoz
Physiker (m)	физик	fizik
Chemiker (m)	химик	χimik
Archäologe (m)	археолог	arχeolog
Geologe (m)	геолог	geolog
Forscher (m)	изилдөөчү	izildøøtʃy
Kinderfrau (f)	бала баккыч	bala bakkɪtʃ
Lehrer (m)	мугалим	mugalim
Redakteur (m)	редактор	redaktor
Chefredakteur (m)	башкы редактор	baʃkɪ redaktor
Korrespondent (m)	кабарчы	kabartʃɪ
Schreibkraft (f)	машинистка	maʃinistka
Designer (m)	дизайнер	dizajner
Computerspezialist (m)	компьютер адиси	kompjuter adisi
Programmierer (m)	программист	programmist
Ingenieur (m)	инженер	indʒener
Seemann (m)	деңизчи	deŋiztʃi
Matrose (m)	матрос	matros
Retter (m)	куткаруучу	kutkaruutʃu
Feuerwehrmann (m)	өрт өчүргүч	ørt øtʃyrgytʃ
Polizist (m)	полиция кызматкери	politsija kɪzmatkeri
Nachtwächter (m)	кароолчу	karooltʃu
Detektiv (m)	аңдуучу	aŋduutʃu
Zollbeamter (m)	бажы кызматкери	badʒɪ kɪzmatkeri
Leibwächter (m)	жан сакчы	dʒan saktʃɪ
Gefängniswärter (m)	күзөтчү	kyzøttʃy
Inspektor (m)	инспектор	inspektor
Sportler (m)	спортчу	sporttʃu
Trainer (m)	машыктыруучу	maʃɪktɪruutʃu

Fleischer (m)	касапчы	kasapʧı
Schuster (m)	өтүкчү	øtykʧy
Geschäftsmann (m)	жеке соодагер	ʤeke soodager
Ladearbeiter (m)	жүк ташуучу	ʤyk taʃuuʧu

| Modedesigner (m) | модельер | modeljer |
| Modell (n) | модель | modelʲ |

131. Beschäftigung. Sozialstatus

| Schüler (m) | окуучу | okuuʧu |
| Student (m) | студент | student |

Philosoph (m)	философ	filosof
Ökonom (m)	экономист	ekonomist
Erfinder (m)	ойлоп табуучу	ojlop tabuuʧu

Arbeitslose (m)	жумушсуз	ʤumuʃsuz
Rentner (m)	бааргер	baarger
Spion (m)	тыңчы	tıŋʧı

Gefangene (m)	камактагы адам	kamaktagı adam
Streikender (m)	иш калтыргыч	iʃ kaltırgıʧ
Bürokrat (m)	бюрократ	bʉrokrat
Reisende (m)	саякатчы	sajakatʧı

Homosexuelle (m)	гомосексуалист	gomoseksualist
Hacker (m)	хакер	χaker
Hippie (m)	хиппи	χippi

Bandit (m)	ууру-кески	uuru-keski
Killer (m)	жалданма киши өлтүргүч	ʤaldanma kiʃi øltyrgyʧ
Drogenabhängiger (m)	баңги	baŋgi
Drogenhändler (m)	баңгизат сатуучу	baŋgizat satuuʧu
Prostituierte (f)	сойку	sojku
Zuhälter (m)	жан бакты	ʤan baktı

Zauberer (m)	жадыгөй	ʤadıgøj
Zauberin (f)	жадыгөй	ʤadıgøj
Seeräuber (m)	деңиз каракчысы	deŋiz karakʧısı
Sklave (m)	кул	kul
Samurai (m)	самурай	samuraj
Wilde (m)	жапайы	ʤapajı

Sport

132. Sportarten. Persönlichkeiten des Sports

Sportler (m)	спортчу	sportʧu
Sportart (f)	спорттун түрү	sporttun tyry
Basketball (m)	баскетбол	basketbol
Basketballspieler (m)	баскетбол ойноочу	basketbol ojnooʧu
Baseball (m, n)	бейсбол	bejsbol
Baseballspieler (m)	бейсбол ойноочу	bejsbol ojnooʧu
Fußball (m)	футбол	futbol
Fußballspieler (m)	футбол ойноочу	futbol ojnooʧu
Torwart (m)	дарбазачы	darbazaʧı
Eishockey (n)	хоккей	χokkej
Eishockeyspieler (m)	хоккей ойноочу	χokkej ojnooʧu
Volleyball (m)	волейбол	volejbol
Volleyballspieler (m)	волейбол ойноочу	volejbol ojnooʧu
Boxen (n)	бокс	boks
Boxer (m)	бокс мушташуучу	boks muʃtaʃuutʃu
Ringen (n)	күрөш	kyrøʃ
Ringkämpfer (m)	күрөшчү	kyrøʃʧy
Karate (n)	карате	karate
Karatekämpfer (m)	карате мушташуучу	karate muʃtaʃuutʃu
Judo (n)	дзюдо	dzʉdo
Judoka (m)	дзюдо чалуучу	dzʉdo ʧaluutʃu
Tennis (n)	теннис	tennis
Tennisspieler (m)	теннис ойноочу	tennis ojnooʧu
Schwimmen (n)	сүзүү	syzyy
Schwimmer (m)	сүзүүчү	syzyyʧy
Fechten (n)	кылычташуу	kılıʧtaʃuu
Fechter (m)	кылычташуучу	kılıʧtaʃuutʃu
Schach (n)	шахмат	ʃaχmat
Schachspieler (m)	шахмат ойноочу	ʃaχmat ojnooʧu
Bergsteigen (n)	альпинизм	alʲpinizm
Bergsteiger (m)	альпинист	alʲpinist
Lauf (m)	чуркоо	ʧurkoo

Läufer (m)	жөө күлүк	dʒøø kylyk
Leichtathletik (f)	жеңил атлетика	dʒeŋil atletika
Athlet (m)	атлет	atlet

| Pferdesport (m) | ат спорту | at sportu |
| Reiter (m) | чабандес | tʃabandes |

Eiskunstlauf (m)	муз бийи	muz biji
Eiskunstläufer (m)	муз бийчи	muz bijtʃi
Eiskunstläuferin (f)	муз бийчи	muz bijtʃi

| Gewichtheben (n) | оор атлетика | oor atletika |
| Gewichtheber (m) | оор атлет | oor atlet |

| Autorennen (n) | авто жарыш | avto dʒarıʃ |
| Rennfahrer (m) | гонщик | gonʃtʃik |

| Radfahren (n) | велоспорт | velosport |
| Radfahrer (m) | велосипед тебүүчү | velosiped tebyytʃy |

Weitsprung (m)	узундукка секирүү	uzundukka sekiryy
Stabhochsprung (m)	шырык менен секирүү	ʃırık menen sekiryy
Springer (m)	секирүүчү	sekiryytʃy

133. Sportarten. Verschiedenes

American Football (m)	американский футбол	amerikanskij futbol
Federballspiel (n)	бадминтон	badminton
Biathlon (n)	биатлон	biatlon
Billard (n)	бильярд	biljard

Bob (m)	бобслей	bobslej
Bodybuilding (n)	бодибилдинг	bodibilding
Wasserballspiel (n)	суу полосу	suu polosu
Handball (m)	гандбол	gandbol
Golf (n)	гольф	golʲf

Rudern (n)	калакты уруу	kalaktı uruu
Tauchen (n)	сууга чөмүүчү	suuga tʃømyytʃy
Skilanglauf (m)	чаңгы жарышы	tʃaŋgı dʒarıʃı
Tischtennis (n)	стол тенниси	stol tennisi

Segelsport (m)	парус астында сызуу	parus astında sızuu
Rallye (f, n)	ралли	ralli
Rugby (n)	регби	regbi
Snowboard (n)	сноуборд	snoubord
Bogenschießen (n)	жаа атуу	dʒaa atuu

134. Fitnessstudio

| Hantel (f) | штанга | ʃtanga |
| Hanteln (pl) | гантелдер | gantelder |

Trainingsgerät (n)	машыгуу машине	maʃiguu maʃine
Fahrradtrainer (m)	велотренажёр	velotrenadʒ'or
Laufband (n)	тегеретме	tegeretme

Reck (n)	көпүрө жыгач	køpyrø dʒigatʃ
Barren (m)	брусдар	brusdar
Sprungpferd (n)	ат	at
Matte (f)	мат	mat

Sprungseil (n)	секиргич	sekirgitʃ
Aerobic (n)	аэробика	aerobika
Yoga (m)	йога	joga

135. Hockey

Eishockey (n)	хоккей	χokkej
Eishockeyspieler (m)	хоккей ойноочу	χokkej ojnootʃu
Hockey spielen	хоккей ойноо	χokkej ojnoo
Eis (n)	муз	muz

Puck (m)	шайба	ʃajba
Hockeyschläger (m)	иймек таяк	ijmek tajak
Schlittschuhe (pl)	коньки	kon'ki

| Bord (m) | тосмо | tosmo |
| Schuss (m) | сокку | sokku |

Torwart (m)	дарбазачы	darbazatʃi
Tor (n)	гол	gol
ein Tor schießen	гол киргизүү	gol kirgizyy

Drittel (n)	мезгил	mezgil
zweites Drittel (n)	экинчи мезгил	ekintʃi mezgil
Ersatzbank (f)	кезек отургучу	kezek oturgutʃu

136. Fußball

Fußball (m)	футбол	futbol
Fußballspieler (m)	футбол ойноочу	futbol ojnootʃu
Fußball spielen	футбол ойноо	futbol ojnoo

Oberliga (f)	жогорку лига	dʒogorku liga
Fußballclub (m)	футбол клубу	futbol klubu
Trainer (m)	машыктыруучу	maʃiktiruutʃu
Besitzer (m)	ээси	eesi

Mannschaft (f)	топ	top
Mannschaftskapitän (m)	топтун капитаны	toptun kapitanı
Spieler (m)	оюнчу	ojʉntʃu
Ersatzspieler (m)	кезектеги оюнчу	kezektegi ojʉntʃu
Stürmer (m)	чабуулчу	tʃabuultʃu
Mittelstürmer (m)	борбордук чабуулчу	borborduk tʃabuultʃu

Torjäger (m)	жаадыргыч	dʒaadırgıʧ
Verteidiger (m)	коргоочу	korgooʧu
Läufer (m)	жарым коргоочу	dʒarım korgooʧu

Spiel (n)	матч	matʧ
sich begegnen	жолугушуу	dʒoluguʃuu
Finale (n)	финал	final
Halbfinale (n)	жарым финал	dʒarım final
Meisterschaft (f)	чемпионат	ʧempionat

Halbzeit (f)	тайм	tajm
erste Halbzeit (f)	биринчи тайм	birinʧi tajm
Halbzeit (Pause)	тыныгуу	tınıguu

Tor (n)	дарбаза	darbaza
Torwart (m)	дарбазачы	darbazaʧı
Torpfosten (m)	штанга	ʃtanga
Torlatte (f)	көпүрө жыгач	køpyrø dʒıgaʧ
Netz (n)	тор	tor
ein Tor zulassen	гол киргизип алуу	gol kirgizip aluu

Ball (m)	топ	top
Pass (m)	топ узатуу	top uzatuu
Schuss (m)	сокку	sokku
schießen (vi)	сокку берүү	sokku beryy
Freistoß (m)	жаза сокку	dʒaza sokku
Eckball (m)	бурчтан сокку	burʧtan sokku

Attacke (f)	чабуул	ʧabuul
Gegenangriff (m)	каршы чабуул	karʃı ʧabuul
Kombination (f)	комбинация	kombinatsija

Schiedsrichter (m)	арбитр	arbitr
pfeifen (vi)	ышкыруу	ıʃkıruu
Pfeife (f)	ышкырык	ıʃkırık
Foul (n)	бузуу	buzuu
foulen (vt)	бузуу	buzuu
vom Platz verweisen	оюн талаасынан чыгаруу	ojun talaasınan ʧıgaruu

gelbe Karte (f)	сары карточка	sarı kartoʧka
rote Karte (f)	кызыл карточка	kızıl kartoʧka
Disqualifizierung (f)	дисквалификация	diskvalifikatsija
disqualifizieren (vt)	дисквалифициялоо	diskvalifitsijaloo

Elfmeter (m)	пенальти	penalʲti
Mauer (f)	дубал	dubal
schießen (ein Tor ~)	жаадыруу	dʒaadıruu
Tor (n)	гол	gol
ein Tor schießen	гол киргизүү	gol kirgizyy

Wechsel (m)	алмаштыруу	almaʃtıruu
ersetzen (vt)	алмаштыруу	almaʃtıruu
Regeln (pl)	эрежелер	eredʒeler
Taktik (f)	тактика	taktika
Stadion (n)	стадион	stadion
Tribüne (f)	трибуна	tribuna

| Anhänger (m) | күйөрман | kyjørman |
| schreien (vi) | кыйкыруу | kıjkıruu |

| Anzeigetafel (f) | табло | tablo |
| Ergebnis (n) | эсеп | esep |

Niederlage (f)	утулуу	utuluu
verlieren (vt)	жеңилүү	dʒeŋilyy
Unentschieden (n)	теңме-тең	teŋme-teŋ
unentschieden spielen	теңме-тең бүтүрүү	teŋme-teŋ bytyryy

| Sieg (m) | жеңиш | dʒeŋiʃ |
| gewinnen (vt) | жеңүү | dʒeŋyy |

Meister (m)	чемпион	tʃempion
der beste	эң жакшы	eŋ dʒakʃı
gratulieren (vi)	куттуктоо	kuttuktoo

Kommentator (m)	баяндамачы	bajandamatʃı
kommentieren (vt)	баяндоо	bajandoo
Übertragung (f)	берүү	beryy

137. Ski alpin

Ski (pl)	чаңгы	tʃaŋgı
Ski laufen	чаңгы тебүү	tʃaŋgı tebyy
Skiort (m)	тоо лыжа курорту	too lıdʒa kurortu
Skilift (m)	көтөргүч	køtørgytʃ

Skistöcke (pl)	таякчалар	tajaktʃalar
Abhang (m)	эңкейиш	eŋkejiʃ
Slalom (m)	слалом	slalom

138. Tennis Golf

Golf (n)	гольф	golʲf
Golfklub (m)	гольф-клуб	golʲf-klub
Golfspieler (m)	гольф оюнчу	golʲf ojuntʃu

Loch (n)	тешикче	teʃiktʃe
Schläger (m)	иймек таяк	ijmek tajak
Golfwagen (m)	иймек таяк үчүн арабача	ijmek tajak ytʃyn arabatʃa

| Tennis (n) | теннис | tennis |
| Tennisplatz (m) | корт | kort |

| Aufschlag (m) | кийирүү | kijiryy |
| angeben (vt) | кийирүү | kijiryy |

Tennisschläger (m)	ракетка	raketka
Netz (n)	тор	tor
Ball (m)	топ	top

139. Schach

Schach (n)	шахмат	ʃaχmat
Schachfiguren (pl)	шахмат фигурасы	ʃaχmat figurası
Schachspieler (m)	шахмат ойноочу	ʃaχmat ojnootʃu
Schachbrett (n)	шахмат тактасы	ʃaχmat taktası
Figur (f)	фигура	figura
Weißen (pl)	актар	aktar
Schwarze (pl)	каралар	karalar
Bauer (m)	пешка	peʃka
Läufer (m)	пил	pil
Springer (m)	ат	at
Turm (m)	ладья	ladja
Königin (f)	ферзь	ferzʲ
König (m)	король	korolʲ
Zug (m)	жүрүш	dʒyryʃ
einen Zug machen	жүрүү	dʒyryy
opfern (vt)	курман кылуу	kurman kıluu
Rochade (f)	рокировка	rokirovka
Schach (n)	шах	ʃaχ
Matt (n)	мат	mat
Schachturnier (n)	шахмат турнири	ʃaχmat turniri
Großmeister (m)	гроссмейстер	grossmejster
Kombination (f)	комбинация	kombinatsija
Partie (f), Spiel (n)	партия	partija
Damespiel (n)	шашкалар	ʃaʃkalar

140. Boxen

Boxen (n)	бокс	boks
Boxkampf (m)	мушташ	muʃtaʃ
Zweikampf (m)	жекеме-жеке мушташ	dʒekeme-dʒeke muʃtaʃ
Runde (f)	раунд	raund
Ring (m)	ринг	ring
Gong (m, n)	гонг	gong
Schlag (m)	сокку	sokku
Knockdown (m)	нокдаун	nokdaun
Knockout (m)	нокаут	nokaut
k.o. schlagen (vt)	нокаутка жиберүү	nokautka dʒiberyy
Boxhandschuh (m)	бокс колкабы	boks kolkabı
Schiedsrichter (m)	рефери	referi
Leichtgewicht (n)	жеңил салмак	dʒeŋil salmak
Mittelgewicht (n)	орто салмак	orto salmak
Schwergewicht (n)	оор салмак	oor salmak

141. Sport. Verschiedenes

Olympische Spiele (pl)	Олимпиада Оюндары	olimpiada ojundarı
Sieger (m)	жеңүүчү	dʒeŋyytʃy
siegen (vi)	жеңүү	dʒeŋyy
gewinnen (Sieger sein)	утуу	utuu
Tabellenführer (m)	топ башы	top baʃı
führen (vi)	топ башында болуу	top baʃında boluu
der erste Platz	биринчи орун	birintʃi orun
der zweite Platz	экинчи орун	ekintʃi orun
der dritte Platz	үчүнчү орун	ytʃyntʃy orun
Medaille (f)	медаль	medalʲ
Trophäe (f)	трофей	trofej
Pokal (m)	кубок	kubok
Siegerpreis m (m)	байге	bajge
Hauptpreis (m)	баш байге	baʃ bajge
Rekord (m)	рекорд	rekord
einen Rekord aufstellen	рекорд коюу	rekord kojuu
Finale (n)	финал	final
Final-	финалдык	finaldık
Meister (m)	чемпион	tʃempion
Meisterschaft (f)	чемпионат	tʃempionat
Stadion (n)	стадион	stadion
Tribüne (f)	трибуна	tribuna
Fan (m)	күйөрман	kyjørman
Gegner (m)	каршылаш	karʃılaʃ
Start (m)	старт	start
Ziel (n), Finish (n)	маара	maara
Niederlage (f)	утулуу	utuluu
verlieren (vt)	жеңилүү	dʒeŋilyy
Schiedsrichter (m)	судья	sudja
Jury (f)	калыстар	kalıstar
Ergebnis (n)	эсеп	esep
Unentschieden (n)	теңме-тең	teŋme-teŋ
unentschieden spielen	теңме-тең бүтүрүү	teŋme-teŋ bytyryy
Punkt (m)	упай	upaj
Ergebnis (n)	натыйжа	natıjdʒa
Spielabschnitt (m)	убак	ubak
Halbzeit (f), Pause (f)	тыныгуу	tınıguu
Doping (n)	допинг	doping
bestrafen (vt)	жазалоо	dʒazaloo
disqualifizieren (vt)	дисквалификиялоо	diskvalifitsijaloo
Sportgerät (n)	снаряд	snarʲad

Speer (m)	найза	najza
Kugel (im Kugelstoßen)	ядро	jadro
Kugel (f), Ball (m)	бильярд шары	biljard ʃarı

Ziel (n)	бута	buta
Zielscheibe (f)	бута	buta
schießen (vi)	атуу	atuu
genau (Adj)	таамай	taamaj

Trainer (m)	машыктыруучу	maʃiktıruutʃu
trainieren (vt)	машыктыруу	maʃiktıruu
trainieren (vi)	машыгуу	maʃiguu
Training (n)	машыгуу	maʃiguu

Turnhalle (f)	спортзал	sportzal
Übung (f)	көнүгүү	kønygyy
Aufwärmen (n)	дене керүү	dene keryy

Ausbildung

142. Schule

Schule (f)	мектеп	mektep
Schulleiter (m)	мектеп директору	mektep direktoru
Schüler (m)	окуучу бала	okuutʃu bala
Schülerin (f)	окуучу кыз	okuutʃu kız
Schuljunge (m)	окуучу	okuutʃu
Schulmädchen (f)	окуучу кыз	okuutʃu kız
lehren (vt)	окутуу	okutuu
lernen (Englisch ~)	окуу	okuu
auswendig lernen	жаттоо	dʒattoo
lernen (vi)	үйрөнүү	yjrønyy
in der Schule sein	мектепке баруу	mektepke baruu
die Schule besuchen	окууга баруу	okuuga baruu
Alphabet (n)	алфавит	alfavit
Fach (n)	сабак	sabak
Klassenraum (m)	класс	klass
Stunde (f)	сабак	sabak
Pause (f)	танапис	tanapis
Schulglocke (f)	коңгуроо	koŋguroo
Schulbank (f)	парта	parta
Tafel (f)	такта	takta
Note (f)	баа	baa
gute Note (f)	жакшы баа	dʒakʃı baa
schlechte Note (f)	жаман баа	dʒaman baa
eine Note geben	баа коюу	baa kojưu
Fehler (m)	ката	kata
Fehler machen	ката кетирүү	kata ketiryy
korrigieren (vt)	түзөтүү	tyzøtyy
Spickzettel (m)	шпаргалка	ʃpargalka
Hausaufgabe (f)	үй иши	yj iʃi
Übung (f)	көнүгүү	kønygyy
anwesend sein	катышуу	katıʃuu
fehlen (in der Schule ~)	келбей калуу	kelbej kaluu
versäumen (Schule ~)	сабактарды калтыруу	sabaktardı kaltıruu
bestrafen (vt)	жазалоо	dʒazaloo
Strafe (f)	жаза	dʒaza
Benehmen (n)	жүрүм-турум	dʒyrym-turum

Zeugnis (n)	күндөлүк	kyndølyk
Bleistift (m)	карандаш	karandaʃ
Radiergummi (m)	өчүргүч	øʧyrgyʧ
Kreide (f)	бор	bor
Federkasten (m)	калем салгыч	kalem salgıʧ

Schulranzen (m)	портфель	portfelʲ
Kugelschreiber, Stift (m)	калем сап	kalem sap
Heft (n)	дептер	depter
Lehrbuch (n)	китеп	kitep
Zirkel (m)	циркуль	tsırkulʲ

zeichnen (vt)	чийүү	ʧijyy
Zeichnung (f)	чийме	ʧijme

Gedicht (n)	ыр сап	ır sap
auswendig (Adv)	жатка	dʒatka
auswendig lernen	жаттоо	dʒattoo

Ferien (pl)	эс алуу	es aluu
in den Ferien sein	эс алууда болуу	es aluuda boluu
Ferien verbringen	эс алууну өткөзүү	es aluunu øtkøzyy

Test (m), Prüfung (f)	текшерүү иш	tekʃeryy iʃ
Aufsatz (m)	дил баян	dil bajan
Diktat (n)	жат жаздыруу	dʒat dʒazdıruu
Prüfung (f)	экзамен	ekzamen
Prüfungen ablegen	экзамен тапшыруу	ekzamen tapʃıruu
Experiment (n)	тажрыйба	tadʒrıjba

143. Hochschule. Universität

Akademie (f)	академия	akademija
Universität (f)	университет	universitet
Fakultät (f)	факультет	fakulʲtet

Student (m)	студент бала	student bala
Studentin (f)	студент кыз	student kız
Lehrer (m)	мугалим	mugalim

Hörsaal (m)	дарскана	darskana
Hochschulabsolvent (m)	окуу жайды бүтүрүүчү	okuu dʒajdı bytyryyʧy

Diplom (n)	диплом	diplom
Dissertation (f)	диссертация	dissertatsija

Forschung (f)	изилдөө	izildøø
Labor (n)	лаборатория	laboratorija

Vorlesung (f)	лекция	lektsija
Kommilitone (m)	курсташ	kurstaʃ

Stipendium (n)	стипендия	stipendija
akademischer Grad (m)	илимий даража	ilimij daradʒa

144. Naturwissenschaften. Fächer

Mathematik (f)	математика	matematika
Algebra (f)	алгебра	algebra
Geometrie (f)	геометрия	geometrija

Astronomie (f)	астрономия	astronomija
Biologie (f)	биология	biologija
Erdkunde (f)	география	geografija
Geologie (f)	геология	geologija
Geschichte (f)	тарых	tarıχ

Medizin (f)	медицина	meditsina
Pädagogik (f)	педагогика	pedagogika
Recht (n)	укук	ukuk

Physik (f)	физика	fizika
Chemie (f)	химия	χimija
Philosophie (f)	философия	filosofija
Psychologie (f)	психология	psiχologija

145. Schrift Rechtschreibung

Grammatik (f)	грамматика	grammatika
Lexik (f)	лексика	leksika
Phonetik (f)	фонетика	fonetika

Substantiv (n)	зат атооч	zat atootʃ
Adjektiv (n)	сын атооч	sın atootʃ
Verb (n)	этиш	etiʃ
Adverb (n)	тактооч	taktootʃ

Pronomen (n)	ат атооч	at atootʃ
Interjektion (f)	сырдык сөз	sırdık søz
Präposition (f)	препозиция	prepozitsija

Wurzel (f)	сөздүн уңгусу	søzdyn uŋgusu
Endung (f)	жалгоо	dʒalgoo
Vorsilbe (f)	префикс	prefiks
Silbe (f)	муун	muun
Suffix (n), Nachsilbe (f)	суффикс	suffiks

Betonung (f)	басым	basım
Apostroph (m)	апостроф	apostrof

Punkt (m)	чекит	tʃekit
Komma (n)	үтүр	ytyr
Semikolon (n)	чекитүү үтүр	tʃekityy ytyr
Doppelpunkt (m)	кош чекит	koʃ tʃekit
Auslassungspunkte (pl)	көп чекит	køp tʃekit

Fragezeichen (n)	суроо белгиси	suroo belgisi
Ausrufezeichen (n)	илеп белгиси	ilep belgisi

Anführungszeichen (pl)	тырмакча	tırmakʧa
in Anführungszeichen	тырмакчага алынган	tırmakʧaga alıngan
runde Klammern (pl)	кашаа	kaʃaa
in Klammern	кашаага алынган	kaʃaaga alıngan

Bindestrich (m)	дефис	defis
Gedankenstrich (m)	тире	tire
Leerzeichen (n)	аралык	aralık

| Buchstabe (m) | тамга | tamga |
| Großbuchstabe (m) | баш тамга | baʃ tamga |

| Vokal (m) | үндүү тыбыш | yndyy tıbıʃ |
| Konsonant (m) | үнсүз тыбыш | ynsyz tıbıʃ |

Satz (m)	сүйлөм	syjløm
Subjekt (n)	сүйлөмдүн ээси	syjlømdyn eesi
Prädikat (n)	баяндооч	bajandooʧ

Zeile (f)	сап	sap
in einer neuen Zeile	жаңы сап	dʒaŋı sap
Absatz (m)	абзац	abzaʦ

Wort (n)	сөз	søz
Wortverbindung (f)	сөз айкашы	søz ajkaʃı
Redensart (f)	туюнтма	tujʉntma
Synonym (n)	синоним	sinonim
Antonym (n)	антоним	antonim

Regel (f)	эреже	eredʒe
Ausnahme (f)	чектен чыгаруу	ʧekten ʧıgaruu
richtig (Adj)	туура	tuura

Konjugation (f)	жактоо	dʒaktoo
Deklination (f)	жөндөлүш	dʒøndølyʃ
Kasus (m)	жөндөмө	dʒøndømø
Frage (f)	суроо	suroo
unterstreichen (vt)	баса белгилөө	basa belgiløø
punktierte Linie (f)	пунктир	punktir

146. Fremdsprachen

Sprache (f)	тил	til
Fremd-	чет	ʧet
Fremdsprache (f)	чет тил	ʧet til
studieren (z.B. Jura ~)	окуу	okuu
lernen (Englisch ~)	үйрөнүү	yjrønyy

lesen (vi, vt)	окуу	okuu
sprechen (vi, vt)	сүйлөө	syjløø
verstehen (vt)	түшүнүү	tyʃynyy
schreiben (vi, vt)	жазуу	dʒazuu
schnell (Adv)	тез	tez
langsam (Adv)	жай	dʒaj

fließend (Adv)	эркин	erkin
Regeln (pl)	эрежелер	eredʒeler
Grammatik (f)	грамматика	grammatika
Vokabular (n)	лексика	leksika
Phonetik (f)	фонетика	fonetika

Lehrbuch (n)	китеп	kitep
Wörterbuch (n)	сөздүк	søzdyk
Selbstlernbuch (n)	өзү үйрөткүч	øzy yjrøtkytʃ
Sprachführer (m)	тилачар	tilatʃar

Kassette (f)	кассета	kasseta
Videokassette (f)	видеокассета	videokasseta
CD (f)	CD, компакт-диск	sidi, kompakt-disk
DVD (f)	DVD-диск	dividi-disk

Alphabet (n)	алфавит	alfavit
buchstabieren (vt)	эжелеп айтуу	edʒelep ajtuu
Aussprache (f)	айтылышы	ajtılıʃı

Akzent (m)	акцент	aktsent
mit Akzent	акцент менен	aktsent menen
ohne Akzent	акцентсиз	aktsentsiz

| Wort (n) | сөз | søz |
| Bedeutung (f) | маани | maani |

Kurse (pl)	курстар	kurstar
sich einschreiben	курска жазылуу	kurska dʒazıluu
Lehrer (m)	окутуучу	okutuutʃu

Übertragung (f)	которуу	kotoruu
Übersetzung (f)	котормо	kotormo
Übersetzer (m)	котормочу	kotormotʃu
Dolmetscher (m)	оозеки котормочу	oozeki kotormotʃu

| Polyglott (m, f) | полиглот | poliglot |
| Gedächtnis (n) | эс тутум | es tutum |

147. Märchenfiguren

Weihnachtsmann (m)	Санта Клаус	santa klaus
Aschenputtel (n)	Күлала кыз	kylala kız
Nixe (f)	суу периси	suu perisi
Neptun (m)	Нептун	neptun

Zauberer (m)	сыйкырчы	sıjkırtʃı
Zauberin (f)	сыйкырчы	sıjkırtʃı
magisch, Zauber-	сыйкырдуу	sıjkırduu
Zauberstab (m)	сыйкырлуу таякча	sıjkırluu tajaktʃa

Märchen (n)	жомок	dʒomok
Wunder (n)	керемет	keremet
Zwerg (m)	эргежээл	ergedʒeel

sich verwandeln in ...	...га айлануу	...ga ajlanuu
Geist (m)	арбак	arbak
Gespenst (n)	көрүнчү	køryntʃy
Ungeheuer (n)	желмогуз	dʒelmoguz
Drache (m)	ажыдаар	adʒıdaar
Riese (m)	дөө	døø

148. Sternzeichen

Widder (m)	Кой	koj
Stier (m)	Букачар	bukatʃar
Zwillinge (pl)	Эгиздер	egizder
Krebs (m)	Рак	rak
Löwe (m)	Арстан	arstan
Jungfrau (f)	Суу пери	suu peri

Waage (f)	Тараза	taraza
Skorpion (m)	Чаян	tʃajan
Schütze (m)	Жаачы	dʒaatʃı
Steinbock (m)	Текечер	teketʃer
Wassermann (m)	Суу куяр	suu kujar
Fische (pl)	Балыктар	balıktar

Charakter (m)	мүнөз	mynøz
Charakterzüge (pl)	мүнөздүн түрү	mynøzdyn tyry
Benehmen (n)	журүм-турум	dʒyrym-turum
wahrsagen (vt)	төлгө ачуу	tølgø atʃuu
Wahrsagerin (f)	көз ачык	køz atʃık
Horoskop (n)	жылдыз төлгө	dʒıldız tølgø

Kunst

149. Theater

Theater (n)	театр	teatr
Oper (f)	опера	opera
Operette (f)	оперетта	operetta
Ballett (n)	балет	balet
Theaterplakat (n)	афиша	afiʃa
Truppe (f)	труппа	truppa
Tournee (f)	гастрольго чыгуу	gastrolʲgo ʧɪguu
auf Tournee sein	гастрольдо жүрүү	gastrolʲdo dʒyryy
proben (vt)	репетиция кылуу	repetiʦija kɪluu
Probe (f)	репетиция	repetiʦija
Spielplan (m)	репертуар	repertuar
Aufführung (f)	көрсөтүү	kørsøtyy
Vorstellung (f)	спектакль	spektaklʲ
Theaterstück (n)	пьеса	pjesa
Karte (f)	билет	bilet
Theaterkasse (f)	билет кассасы	bilet kassasɪ
Halle (f)	холл	χoll
Garderobe (f)	гардероб	garderob
Garderobennummer (f)	номерок	nomerok
Opernglas (n)	дүрбү	dyrby
Platzanweiser (m)	текшерүүчү	tekʃeryyʧy
Parkett (n)	партер	parter
Balkon (m)	балкон	balkon
der erste Rang	бельэтаж	beljetadʒ
Loge (f)	ложа	lodʒa
Reihe (f)	катар	katar
Platz (m)	орун	orun
Publikum (n)	эл	el
Zuschauer (m)	көрүүчү	køryyʧy
klatschen (vi)	кол чабуу	kol ʧabuu
Applaus (m)	кол чабуулар	kol ʧabuular
Ovation (f)	дүркүрөгөн кол чабуулар	dyrkyrøgøn kol ʧabuular
Bühne (f)	сахна	saχna
Vorhang (m)	көшөгө	køʃøgø
Dekoration (f)	декорация	dekoraʦija
Kulissen (pl)	көшөгө артында	køʃøgø artɪnda
Szene (f)	көрсөтмө	kørsøtmø
Akt (m)	окуя	okuja
Pause (f)	антракт	antrakt

150. Kino

| Schauspieler (m) | актёр | aktior |
| Schauspielerin (f) | актриса | aktrisa |

Kino (n)	кино	kino
Film (m)	тасма	tasma
Folge (f)	серия	serija

Krimi (m)	детектив	detektiv
Actionfilm (m)	салгылаш тасмасы	salgılaʃ tasması
Abenteuerfilm (m)	укмуштуу окуялуу тасма	ukmuʃtuu okujaluu tasma
Science-Fiction-Film (m)	билим-жалган аралаш тасмасы	bilim-dʒalgan aralaʃ tasması
Horrorfilm (m)	коркутуу тасмасы	korkutuu tasması

Komödie (f)	күлкүлүү кино	kylkylyy kino
Melodrama (n)	ый менен кайгы аралаш	ıy menen kajgı aralaʃ
Drama (n)	драма	drama

Spielfilm (m)	көркөм тасма	kørkøm tasma
Dokumentarfilm (m)	документүү тасма	dokumentyy tasma
Zeichentrickfilm (m)	мультфильм	mulitfilim
Stummfilm (m)	үнсүз кино	ynsyz kino

Rolle (f)	роль	roli
Hauptrolle (f)	башкы роль	baʃkı roli
spielen (Schauspieler)	ойноо	ojnoo

Filmstar (m)	кино жылдызы	kino dʒıldızı
bekannt	белгилүү	belgilyy
berühmt	атактуу	ataktuu
populär	даңазалуу	daŋazaluu

Drehbuch (n)	сценарий	stsenarij
Drehbuchautor (m)	сценарист	stsenarist
Regisseur (m)	режиссёр	redʒissior
Produzent (m)	продюсер	produser
Assistent (m)	ассистент	assistent
Kameramann (m)	оператор	operator
Stuntman (m)	айлагер	ajlager
Double (n)	кейпин кийүүчү	kejpin kijyyʧy

einen Film drehen	тасма тартуу	tasma tartuu
Probe (f)	сыноо	sınoo
Dreharbeiten (pl)	тартуу	tartuu
Filmteam (n)	тартуу группасы	tartuu gruppası
Filmset (m)	тартуу аянты	tartuu ajantı
Filmkamera (f)	кинокамера	kinokamera

Kino (n)	кинотеатр	kinoteatr
Leinwand (f)	экран	ekran
einen Film zeigen	тасманы көрсөтүү	tasmanı kørsøtyy
Tonspur (f)	үн нугу	yn nugu
Spezialeffekte (pl)	атайын эффектер	atajın effekter

Untertitel (pl)	субтитрлер	subtitrler
Abspann (m)	титрлер	titrler
Übersetzung (f)	которуу	kotoruu

151. Gemälde

Kunst (f)	керкем енер	kørkøm ønør
schönen Künste (pl)	керкем чеберчилик	kørkøm tʃebertʃilik
Kunstgalerie (f)	арт-галерея	art-galereja
Kunstausstellung (f)	сүрөт көргөзмөсү	syrøt kørgøzmøsy

Malerei (f)	живопись	dʒivopisʲ
Graphik (f)	графика	grafika
abstrakte Kunst (f)	абстракционизм	abstraktsionizm
Impressionismus (m)	импрессионизм	impressionizm

Bild (n)	сүрөт	syrøt
Zeichnung (Kohle- usw.)	сүрөт	syrøt
Plakat (n)	көрнөк	kørnøk

Illustration (f)	иллюстрация	illustratsija
Miniatur (f)	миниатюра	miniatura
Kopie (f)	көчүрмө	køtʃyrmø
Reproduktion (f)	репродукция	reproduktsija

Mosaik (n)	мозаика	mozaika
Glasmalerei (f)	витраж	vitradʒ
Fresko (n)	фреска	freska
Gravüre (f)	гравюра	gravura

Büste (f)	бюст	bust
Skulptur (f)	айкел	ajkel
Statue (f)	айкел	ajkel
Gips (m)	гипс	gips
aus Gips	гипстен	gipsten

Porträt (n)	портрет	portret
Selbstporträt (n)	автопортрет	avtoportret
Landschaftsbild (n)	теребел сүрөтү	terebel syrøty
Stillleben (n)	буюмдар сүрөтү	bujumdar syrøty
Karikatur (f)	карикатура	karikatura
Entwurf (m)	сомо	somo

Farbe (f)	боек	boek
Aquarellfarbe (f)	акварель	akvarelʲ
Öl (n)	майбоёк	majbojok
Bleistift (m)	карандаш	karandaʃ
Tusche (f)	тушь	tuʃ
Kohle (f)	көмүр	kømyr

zeichnen (vt)	тартуу	tartuu
malen (vi, vt)	боёк менен тартуу	bojok menen tartuu
Modell stehen	атайын туруу	atajın turuu
Modell (Mask.)	атайын туруучу	atajın turuutʃu

133

Modell (Fem.)	атайын туруучу	atajın turuutʃu
Maler (m)	сүрөтчү	syrøttʃy
Kunstwerk (n)	чыгарма	tʃıgarma
Meisterwerk (n)	чеберчиликтин чокусу	tʃebertʃiliktin tʃokusu
Atelier (n), Werkstatt (f)	устакана	ustakana

Leinwand (f)	кендир	kendir
Staffelei (f)	мольберт	molʲbert
Palette (f)	палитра	palitra

Rahmen (m)	алкак	alkak
Restauration (f)	калыбына келтирүү	kalıbına keltiryy
restaurieren (vt)	калыбына келтирүү	kalıbına keltiryy

152. Literatur und Dichtkunst

Literatur (f)	адабият	adabijat
Autor (m)	автор	avtor
Pseudonym (n)	лакап ат	lakap at

Buch (n)	китеп	kitep
Band (m)	том	tom
Inhaltsverzeichnis (n)	мазмун	mazmun
Seite (f)	бет	bet
Hauptperson (f)	башкы каарман	baʃkı kaarman
Autogramm (n)	кол тамга	kol tamga

Kurzgeschichte (f)	окуя	okuja
Erzählung (f)	аңгеме	aŋgeme
Roman (m)	роман	roman
Werk (Buch usw.)	дил баян	dil bajan
Fabel (f)	тамсил	tamsil
Krimi (m)	детектив	detektiv

Gedicht (n)	ыр сап	ır sap
Dichtung (f), Poesie (f)	поэзия	poezija
Gedicht (n)	поэма	poema
Dichter (m)	акын	akın

schöne Literatur (f)	сулуулатып жазуу	suluulatıp dʒazuu
Science-Fiction (f)	билим-жалган аралаш	bilim-dʒalgan aralaʃ
Abenteuer (n)	укмуштуу окуялар	ukmuʃtuu okujalar
Schülerliteratur (pl)	билим берүү адабияты	bilim beryy adabijatı
Kinderliteratur (f)	балдар адабияты	baldar adabijatı

153. Zirkus

Zirkus (m)	цирк	tsırk
Wanderzirkus (m)	цирк-шапито	tsırk-ʃapito
Programm (n)	программа	programma
Vorstellung (f)	көрсөтүү	kørsøtyy
Nummer (f)	номер	nomer

Manege (f)	арена	arena
Pantomime (f)	пантомима	pantomima
Clown (m)	маскарапоз	maskarapoz

Akrobat (m)	акробат	akrobat
Akrobatik (f)	акробатика	akrobatika
Turner (m)	гимнаст	gimnast
Turnen (n)	гимнастика	gimnastika
Salto (m)	тоңкочуктап атуу	toŋkotʃuktap atuu

Kraftmensch (m)	атлет	atlet
Bändiger, Dompteur (m)	ыкка көндүргүүчү	ıkka köndyryytʃy
Reiter (m)	чабандес	tʃabandes
Assistent (m)	жардамчы	dʒardamtʃı

Trick (m)	ыкма	ıkma
Zaubertrick (m)	көз боемо	köz boemo
Zauberkünstler (m)	көз боемочу	köz boemotʃu

Jongleur (m)	жонглёр	dʒonglʲor
jonglieren (vi)	жонглёрлук кылуу	dʒonglʲorluk kıluu
Dresseur (m)	үйрөтүүчү	yjrøtyytʃy
Dressur (f)	үйрөтүү	yjrøtyy
dressieren (vt)	үйрөтүү	yjrøtyy

154. Musik. Popmusik

Musik (f)	музыка	muzıka
Musiker (m)	музыкант	muzıkant
Musikinstrument (n)	музыка аспабы	muzıka aspabı
spielen (auf der Gitarre ~)	...да ойноо	...da ojnoo

Gitarre (f)	гитара	gitara
Geige (f)	скрипка	skripka
Cello (n)	виолончель	violontʃelʲ
Kontrabass (m)	контрабас	kontrabas
Harfe (f)	арфа	arfa

Klavier (n)	пианино	pianino
Flügel (m)	рояль	rojalʲ
Orgel (f)	орган	organ

Blasinstrumente (pl)	үйлө аспаптары	yjlø aspaptarı
Oboe (f)	гобой	goboj
Saxophon (n)	саксофон	saksofon
Klarinette (f)	кларнет	klarnet
Flöte (f)	флейта	flejta
Trompete (f)	сурнай	surnaj

| Akkordeon (n) | аккордеон | akkordeon |
| Trommel (f) | добулбас | dobulbas |

| Duo (n) | дуэт | duet |
| Trio (n) | трио | trio |

Quartett (n)	квартет	kvartet
Chor (m)	хор	χor
Orchester (n)	оркестр	orkestr

Popmusik (f)	поп-музыка	pop-muzıka
Rockmusik (f)	рок-музыка	rok-muzıka
Rockgruppe (f)	рок-группа	rok-gruppa
Jazz (m)	джаз	dʒaz

Idol (n)	аздек	azdek
Verehrer (m)	күйөрман	kyjørman

Konzert (n)	концерт	kontsert
Sinfonie (f)	симфония	simfonija
Komposition (f)	чыгарма	tʃıgarma
komponieren (vt)	чыгаруу	tʃıgaruu

Gesang (m)	ырдоо	ırdoo
Lied (n)	ыр	ır
Melodie (f)	обон	obon
Rhythmus (m)	ыргак	ırgak
Blues (m)	блюз	blʉz

Noten (pl)	ноталар	notalar
Taktstock (m)	таякча	tajaktʃa
Bogen (m)	кылдуу таякча	kılduu tajaktʃa
Saite (f)	кыл	kıl
Koffer (Violinen-)	куту	kutu

Erholung. Unterhaltung. Reisen

155. Ausflug. Reisen

Tourismus (m)	туризм	turizm
Tourist (m)	турист	turist
Reise (f)	саякат	sajakat
Abenteuer (n)	укмуштуу окуя	ukmuʃtuu okuja
Fahrt (f)	сапар	sapar
Urlaub (m)	дем алыш	dem alıʃ
auf Urlaub sein	дем алышка чыгуу	dem alıʃka tʃıguu
Erholung (f)	эс алуу	es aluu
Zug (m)	поезд	poezd
mit dem Zug	поезд менен	poezd menen
Flugzeug (n)	учак	utʃak
mit dem Flugzeug	учакта	utʃakta
mit dem Auto	автомобилде	avtomobilde
mit dem Schiff	кемеде	kemede
Gepäck (n)	жүк	dʒyk
Koffer (m)	чемодан	tʃemodan
Gepäckwagen (m)	араба	araba
Pass (m)	паспорт	pasport
Visum (n)	виза	viza
Fahrkarte (f)	билет	bilet
Flugticket (n)	авиабилет	aviabilet
Reiseführer (m)	жол көрсөткүч	dʒol kørsøtkytʃ
Landkarte (f)	карта	karta
Gegend (f)	жай	dʒaj
Ort (wunderbarer ~)	жер	dʒer
Exotika (pl)	экзотика	ekzotika
exotisch	экзотикалуу	ekzotikaluu
erstaunlich (Adj)	ажайып	adʒajıp
Gruppe (f)	топ	top
Ausflug (m)	экскурсия	ekskursija
Reiseleiter (m)	экскурсия жетекчиси	ekskursija dʒetektʃisi

156. Hotel

Hotel (n), Gasthaus (n)	мейманкана	mejmankana
Motel (n)	мотель	motelʲ
drei Sterne	үч жылдыздуу	ytʃ dʒıldızduu

fünf Sterne	беш жылдыздуу	beʃ dʒıldızduu
absteigen (vi)	токтоо	toktoo

Hotelzimmer (n)	номер	nomer
Einzelzimmer (n)	бир орундуу	bir orunduu
Zweibettzimmer (n)	эки орундуу	eki orunduu
reservieren (vt)	номерди камдык буйрутмалоо	nomerdi kamdık bujrutmaloo

Halbpension (f)	жарым пансион	dʒarım pansion
Vollpension (f)	толук пансион	toluk pansion

mit Bad	ваннасы менен	vannası menen
mit Dusche	душ менен	duʃ menen
Satellitenfernsehen (n)	спутник	sputnik
Klimaanlage (f)	аба желдеткич	aba dʒeldetkitʃ
Handtuch (n)	сүлгү	sylgy
Schlüssel (m)	ачкыч	atʃkıtʃ

Verwalter (m)	администратор	administrator
Zimmermädchen (n)	үй кызматкери	yj kızmatkeri
Träger (m)	жүк ташуучу	dʒyk taʃuutʃu
Portier (m)	эшик ачуучу	eʃik atʃuutʃu

Restaurant (n)	ресторан	restoran
Bar (f)	бар	bar
Frühstück (n)	таңкы тамак	taŋkı tamak
Abendessen (n)	кечки тамак	ketʃki tamak
Buffet (n)	шведче стол	ʃvedtʃe stol

Foyer (n)	вестибюль	vestibulʲ
Aufzug (m), Fahrstuhl (m)	лифт	lift

BITTE NICHT STÖREN!	ТЫНЧЫБЫЗДЫ АЛБАГЫЛА!	tıntʃıbızdı albagıla!
RAUCHEN VERBOTEN!	ТАМЕКИ ЧЕГҮҮГӨ БОЛБОЙТ!	tameki tʃegyygø bolbojt!

157. Bücher. Lesen

Buch (n)	китеп	kitep
Autor (m)	автор	avtor
Schriftsteller (m)	жазуучу	dʒazuutʃu
verfassen (vt)	жазуу	dʒazuu

Leser (m)	окурман	okurman
lesen (vi, vt)	окуу	okuu
Lesen (n)	окуу	okuu

still (~ lesen)	үн чыгарбай	yn tʃıgarbaj
laut (Adv)	үн чыгарып	yn tʃıgarıp

verlegen (vt)	басып чыгаруу	basıp tʃıgaruu
Ausgabe (f)	басып чыгаруу	basıp tʃıgaruu

| Herausgeber (m) | басып чыгаруучу | basıp tʃıgaruutʃu |
| Verlag (m) | басмакана | basmakana |

erscheinen (Buch)	жарык көрүү	dʒarık køryy
Erscheinen (n)	чыгуу	tʃıguu
Auflage (f)	нуска	nuska

| Buchhandlung (f) | китеп дүкөнү | kitep dykøny |
| Bibliothek (f) | китепкана | kitepkana |

Erzählung (f)	аңгеме	aŋgeme
Kurzgeschichte (f)	окуя	okuja
Roman (m)	роман	roman
Krimi (m)	детектив	detektiv

Memoiren (pl)	эсте калгандары	este kalgandarı
Legende (f)	уламыш	ulamıʃ
Mythos (m)	миф	mif

Gedichte (pl)	ыр	ır
Autobiographie (f)	автобиография	avtobiografija
ausgewählte Werke (pl)	тандалма	tandalma
Science-Fiction (f)	билим-жалган аралаш	bilim-dʒalgan aralaʃ

Titel (m)	аталышы	atalıʃı
Einleitung (f)	кириш сөз	kiriʃ søz
Titelseite (f)	наам барагы	naam baragı

Kapitel (n)	бөлум	bølum
Auszug (m)	үзүндү	yzyndy
Episode (f)	эпизод	epizod

Sujet (n)	сюжет	sudʒet
Inhalt (m)	мазмун	mazmun
Inhaltsverzeichnis (n)	мазмун	mazmun
Hauptperson (f)	башкы каарман	baʃkı kaarman

Band (m)	том	tom
Buchdecke (f)	мукаба	mukaba
Einband (m)	мукабалоо	mukabaloo
Lesezeichen (n)	чөп кат	tʃøp kat

Seite (f)	бет	bet
blättern (vi)	барактоо	baraktoo
Ränder (pl)	талаа	talaa
Notiz (f)	белги	belgi
Anmerkung (f)	эскертүү	eskertyy

Text (m)	текст	tekst
Schrift (f)	шрифт	ʃrift
Druckfehler (m)	ката	kata

Übersetzung (f)	котормо	kotormo
übersetzen (vt)	которуу	kotoruu
Original (n)	түпнуска	typnuska
berühmt	атактуу	ataktuu

unbekannt	белгисиз	belgisiz
interessant	кызыктуу	kızıktuu
Bestseller (m)	талашып сатып алынган	talaʃıp satıp alıngan

Wörterbuch (n)	сөздүк	søzdyk
Lehrbuch (n)	китеп	kitep
Enzyklopädie (f)	энциклопедия	entsiklopedija

158. Jagen. Fischen

Jagd (f)	аңчылык	aŋʧılık
jagen (vi)	аңчылык кылуу	aŋʧılık kıluu
Jäger (m)	аңчы	aŋʧı

schießen (vi)	атуу	atuu
Gewehr (n)	мылтык	mıltık
Patrone (f)	ок	ok
Schrot (n)	чачма	ʧaʧma

Falle (f)	капкан	kapkan
Schlinge (f)	тузак	tuzak
in die Falle gehen	капканга түшүү	kapkanga tyʃyy
eine Falle stellen	капкан коюу	kapkan kojʉu

Wilddieb (m)	браконьер	brakonjer
Wild (n)	илбээсин	ilbeesin
Jagdhund (m)	тайган	tajgan
Safari (f)	сафари	safari
ausgestopftes Tier (n)	кеп	kep
Fischer (m)	балыкчы	balıkʧı
Fischen (n)	балык улоо	balık uloo
angeln, fischen (vt)	балык улоо	balık uloo

Angel (f)	кайырмак	kajırmak
Angelschnur (f)	кайырмак жиби	kajırmak dʒibi
Haken (m)	илгич	ilgiʧ
Schwimmer (m)	калкыма	kalkıma
Köder (m)	жем	dʒem

die Angel auswerfen	кайырмак таштоо	kajırmak taʃtoo
anbeißen (vi)	чокулоо	ʧokuloo
Fang (m)	кармалган балык	karmalgan balık
Eisloch (n)	муздагы оюк	muzdagı ojʉk

Netz (n)	тор	tor
Boot (n)	кайык	kajık
mit dem Netz fangen	тор менен кармоо	tor menen karmoo
das Netz hineinwerfen	тор таштоо	tor taʃtoo
das Netz einholen	торду чыгаруу	tordu ʧıgaruu
ins Netz gehen	торго түшүү	torgo tyʃyy

Walfänger (m)	кит уулоочу	kit uulooʧu
Walfangschiff (n)	кит уулоочу кеме	kit uulooʧu keme
Harpune (f)	гарпун	garpun

159. Spiele. Billard

Billard (n)	бильярд	biljard
Billardzimmer (n)	бильярдкана	biljardkana
Billardkugel (f)	бильярд шары	biljard ʃarı
eine Kugel einlochen	шарды киргизүү	ʃardı kirgizyy
Queue (n)	кий	kij
Tasche (f), Loch (n)	луза	luza

160. Spiele. Kartenspiele

Karo (n)	момун	momun
Pik (n)	карга	karga
Herz (n)	кызыл ача	kızıl atʃa
Kreuz (n)	чырым	tʃırım
As (n)	туз	tuz
König (m)	король	korolʲ
Dame (f)	матке	matke
Bube (m)	балта	balta
Spielkarte (f)	оюн картасы	ojʉn kartası
Karten (pl)	карталар	kartalar
Trumpf (m)	көзүр	køzyr
Kartenspiel (abgenutztes ~)	колода	koloda
Punkt (m)	очко	otʃko
ausgeben (vt)	таратуу	taratuu
mischen (vt)	аралаштыруу	aralaʃtıruu
Zug (m)	жүрүү	dʒyryy
Falschspieler (m)	шумпай	ʃumpaj

161. Kasino. Roulette

Kasino (n)	казино	kazino
Roulette (n)	рулетка	ruletka
Einsatz (m)	коюм	kojʉm
setzen (auf etwas ~)	коюм коюу	kojʉm kojʉu
Rot (n)	кызыл	kızıl
Schwarz (n)	кара	kara
auf Rot setzen	кызылга коюу	kızılga kojʉu
auf Schwarz setzen	карага коюу	karaga kojʉu
Croupier (m)	крупье	krupje
das Rad drehen	барабанды айлантуу	barabandı ajlantuu
Spielregeln (pl)	оюн эрежеси	odʒʉn eredʒesi
Spielmarke (f)	фишка	fiʃka
gewinnen (vt)	утуу	utuu
Gewinn (m)	утуу	utuu

verlieren (vt)	жеңилүү	dʒeŋilyy
Verlust (m)	уткузуу	utkuzuu

Spieler (m)	оюнчу	ojʉntʃu
Blackjack (n)	блэк джек	blek dʒek
Würfelspiel (n)	сөөк оюну	søøk ojʉnu
Würfeln (pl)	сөөктөр	søøktør
Spielautomat (m)	оюн автоматы	ojʉn avtomatı

162. Erholung. Spiele. Verschiedenes

spazieren gehen (vi)	сейилдөө	sejildøø
Spaziergang (m)	жөө сейилдөө	dʒøø sejildøø
Fahrt (im Wagen)	саякат	sajakat
Abenteuer (n)	укмуштуу окуя	ukmuʃtuu okuja
Picknick (n)	пикник	piknik

Spiel (n)	оюн	ojʉn
Spieler (m)	оюнчу	ojʉntʃu
Partie (f)	партия	partija

Sammler (m)	жыйнакчы	dʒıjnaktʃı
sammeln (vt)	жыйноо	dʒıjnoo
Sammlung (f)	жыйнак	dʒıjnak

Kreuzworträtsel (n)	кроссворд	krossvord
Rennbahn (f)	ат майданы	at majdanı
Diskothek (f)	дискотека	diskoteka

Sauna (f)	сауна	sauna
Lotterie (f)	лотерея	lotereja

Wanderung (f)	жөө сапар	dʒøø sapar
Lager (n)	лагерь	lagerʲ
Zelt (n)	чатыр	tʃatır
Kompass (m)	компас	kompas
Tourist (m)	турист	turist

fernsehen (vi)	көрүү	køryy
Fernsehzuschauer (m)	телекөрүүчү	telekøryytʃy
Fernsehsendung (f)	теле көрсөтүү	tele kørsøtyy

163. Fotografie

Kamera (f)	фотоаппарат	fotoapparat
Foto (n)	фото	foto

Fotograf (m)	сүрөтчү	syrøttʃy
Fotostudio (n)	фотостудия	fotostudija
Fotoalbum (n)	фотоальбом	fotoalʲbom
Objektiv (n)	объектив	obʰjektiv
Teleobjektiv (n)	телеобъектив	teleobʰjektiv

| Filter (n) | фильтр | fil'tr |
| Linse (f) | линза | linza |

Optik (f)	оптика	optika
Blende (f)	диафрагма	diafragma
Belichtungszeit (f)	тушугуу	tuʃuguu
Sucher (m)	көрүнүш табуучу	kørynyʃ tabuutʃu

Digitalkamera (f)	санарип камерасы	sanarip kamerası
Stativ (n)	үч бут	ytʃ but
Blitzgerät (n)	жарк этүү	dʒark etyy

fotografieren (vt)	сүрөткө тартуу	syrøtkø tartuu
aufnehmen (vt)	тартуу	tartuu
sich fotografieren lassen	сүрөткө түшүү	syrøtkø tyʃyy

Fokus (m)	фокус	fokus
den Fokus einstellen	фокусту оңдоо	fokustu oŋdoo
scharf (~ abgebildet)	фокуста	fokusta
Schärfe (f)	дааналык	daanalık

| Kontrast (m) | контраст | kontrast |
| kontrastreich | контрасттагы | kontrasttagı |

Aufnahme (f)	сүрөт	syrøt
Negativ (n)	негатив	negativ
Rollfilm (m)	фотоплёнка	fotopl'onka
Einzelbild (n)	кадр	kadr
drucken (vt)	басып чыгаруу	basıp tʃıgaruu

164. Strand. Schwimmen

Strand (m)	суу жээги	suu dʒeegi
Sand (m)	кум	kum
menschenleer	ээн суу жээги	een suu dʒeegi

Bräune (f)	күнгө күйүү	kyngø kyjyy
sich bräunen	күнгө кактануу	kyngø kaktanuu
gebräunt	күнгө күйгөн	kyngø kyjgøn
Sonnencreme (f)	күнгө күйүш үчүн крем	kyngø kyjyʃ ytʃyn krem

Bikini (m)	бикини	bikini
Badeanzug (m)	купальник	kupal'nik
Badehose (f)	плавки	plavki

Schwimmbad (n)	бассейн	bassejn
schwimmen (vi)	сүзүү	syzyy
Dusche (f)	душ	duʃ
sich umkleiden	кийим алмаштыруу	kijim almaʃtıruu
Handtuch (n)	сүлгү	sylgy

Boot (n)	кайык	kajık
Motorboot (n)	катер	kater
Wasserski (m)	суу чаңгысы	suu tʃaŋgısı

Tretboot (n)	суу велосипеди	suu velosipedi
Surfen (n)	тактай тебүү	taktaj tebyy
Surfer (m)	тактай тебүүчү	taktaj tebyyʧy
Tauchgerät (n)	акваланг	akvalang
Schwimmflossen (pl)	ласты	lastı
Maske (f)	маска	maska
Taucher (m)	сууга сүңгүү	suuga syŋgyy
tauchen (vi)	сүңгүү	syŋgyy
unter Wasser	суу астында	suu astında
Sonnenschirm (m)	зонт	zont
Liege (f)	шезлонг	ʃezlong
Sonnenbrille (f)	көз айнек	køz ajnek
Schwimmmatratze (f)	сүзүү үчүн матрас	syzyy yʧyn matras
spielen (vi, vt)	ойноо	ojnoo
schwimmen gehen	сууга түшүү	suuga tyʃyy
Ball (m)	топ	top
aufblasen (vt)	үйлөө	yjløø
aufblasbar	үйлөнмө	yjlønmø
Welle (f)	толкун	tolkun
Boje (f)	буй	buj
ertrinken (vi)	чөгүү	ʧøgyy
retten (vt)	куткаруу	kutkaruu
Schwimmweste (f)	куткаруучу күрмө	kutkaruuʧu kyrmø
beobachten (vt)	байкоо	bajkoo
Bademeister (m)	куткаруучу	kutkaruuʧu

TECHNISCHES ZUBEHÖR. TRANSPORT

Technisches Zubehör

165. Computer

Computer (m)	компьютер	kompjuter
Laptop (m), Notebook (n)	ноутбук	noutbuk
einschalten (vt)	күйгүзүү	kyjgyzyy
abstellen (vt)	өчүрүү	øtʃyryy
Tastatur (f)	ариптакта	ariptakta
Taste (f)	баскыч	baskɪtʃ
Maus (f)	чычкан	tʃɪtʃkan
Mousepad (n)	килемче	kilemtʃe
Knopf (m)	баскыч	baskɪtʃ
Cursor (m)	курсор	kursor
Monitor (m)	монитор	monitor
Schirm (m)	экран	ekran
Festplatte (f)	катуу диск	katuu disk
Festplattengröße (f)	катуу дисктин көлөмү	katuu disktin kølømy
Speicher (m)	эс тутум	es tutum
Arbeitsspeicher (m)	оперативдик эс тутум	operativdik es tutum
Datei (f)	файл	fajl
Ordner (m)	папка	papka
öffnen (vt)	ачуу	atʃuu
schließen (vt)	жабуу	dʒabuu
speichern (vt)	сактоо	saktoo
löschen (vt)	жок кылуу	dʒok kɪluu
kopieren (vt)	көчүрүү	køtʃyryy
sortieren (vt)	иреттөө	irettøø
transferieren (vt)	өткөрүү	øtkøryy
Programm (n)	программа	programma
Software (f)	программалык	programmalık
Programmierer (m)	программист	programmist
programmieren (vt)	программалаштыруу	programmalaʃtıruu
Hacker (m)	хакер	χaker
Kennwort (n)	сырсөз	sırsøz
Virus (m, n)	вирус	virus
entdecken (vt)	издеп табуу	izdep tabuu
Byte (n)	байт	bajt

145

Megabyte (n)	мегабайт	megabajt
Daten (pl)	маалыматтар	maalımattar
Datenbank (f)	маалымат базасы	maalımat bazası

Kabel (n)	кабель	kabelʲ
trennen (vt)	ажыратуу	adʒıratuu
anschließen (vt)	туташтыруу	tutaʃtıruu

166. Internet. E-Mail

Internet (n)	интернет	internet
Browser (m)	браузер	brauzer
Suchmaschine (f)	издөө аспабы	izdøø aspabı
Provider (m)	провайдер	provajder

Webmaster (m)	веб-мастер	web-master
Website (f)	веб-сайт	web-sajt
Webseite (f)	веб-баракча	web-baraktʃa

| Adresse (f) | дарек | darek |
| Adressbuch (n) | дарек китепчеси | darek kiteptʃesi |

Mailbox (f)	почта ящиги	potʃta jaʃtʃigi
Post (f)	почта	potʃta
überfüllt (-er Briefkasten)	толуп калган	tolup kalgan

Mitteilung (f)	кабар	kabar
eingehenden Nachrichten	келген кабарлар	kelgen kabarlar
ausgehenden Nachrichten	жөнөтүлгөн кабарлар	dʒønøtylgøn kabarlar

Absender (m)	жөнөтүүчү	dʒønøtyytʃy
senden (vt)	жөнөтүү	dʒønøtyy
Absendung (f)	жөнөтүү	dʒønøtyy

| Empfänger (m) | алуучу | aluutʃu |
| empfangen (vt) | алуу | aluu |

| Briefwechsel (m) | жазышуу | dʒazıʃuu |
| im Briefwechsel stehen | жазышуу | dʒazıʃuu |

Datei (f)	файл	fajl
herunterladen (vt)	жүктөө	dʒyktøø
schaffen (vt)	жаратуу	dʒaratuu
löschen (vt)	жок кылуу	dʒok kıluu
gelöscht (Datei)	жок кылынган	dʒok kılıngan

Verbindung (f)	байланыш	bajlanıʃ
Geschwindigkeit (f)	ылдамдык	ıldamdık
Modem (n)	модем	modem
Zugang (m)	жеткирилүү	dʒetkirilyy
Port (m)	порт	port

| Anschluss (m) | туташуу | tutaʃuu |
| sich anschließen | … туташуу | … tutaʃuu |

| auswählen (vt) | тандоо | tandoo |
| suchen (vt) | ... издее | ... izdøø |

167. Elektrizität

Elektrizität (f)	электр кубаты	elektr kubatı
elektrisch	электрикалык	elektrikalık
Elektrizitätswerk (n)	электростанция	elektrostantsija
Energie (f)	энергия	energija
Strom (m)	электр кубаты	elektr kubatı

Glühbirne (f)	лампочка	lampotʃka
Taschenlampe (f)	шам	ʃam
Straßenlaterne (f)	шам	ʃam

Licht (n)	жарык	dʒarık
einschalten (vt)	күйгүзүү	kyjgyzyy
ausschalten (vt)	өчүрүү	øtʃyryy
das Licht ausschalten	жарыкты өчүрүү	dʒarıktı øtʃyryy

durchbrennen (vi)	күйүп кетүү	kyjyp ketyy
Kurzschluss (m)	кыска туташуу	kıska tutaʃuu
Riß (m)	үзүлүү	yzylyy
Kontakt (m)	контакт	kontakt

Schalter (m)	өчүргүч	øtʃyrgytʃ
Steckdose (f)	розетка	rozetka
Stecker (m)	сайгыч	sajgıtʃ
Verlängerung (f)	узарткыч	uzartkıtʃ

Sicherung (f)	эриме сактагыч	erime saktagıtʃ
Leitungsdraht (m)	зым	zım
Verdrahtung (f)	электр зымы	elektr zımı

Ampere (n)	ампер	amper
Stromstärke (f)	токтун күчү	toktun kytʃy
Volt (n)	вольт	volʲt
Voltspannung (f)	чыңалуу	tʃıŋaluu

| Elektrogerät (n) | электр алет | elektr alet |
| Indikator (m) | көрсөткүч | kørsøtkytʃ |

Elektriker (m)	электрик	elektrik
löten (vt)	кандоо	kandoo
Lötkolben (m)	кандагыч аспап	kandagıtʃ aspap
Strom (m)	электр тогу	elektr togu

168. Werkzeug

Werkzeug (n)	аспап	aspap
Werkzeuge (pl)	аспаптар	aspaptar
Ausrüstung (f)	жабдуу	dʒabduu

Hammer (m)	балка	balka
Schraubenzieher (m)	бурагыч	buragɪʧ
Axt (f)	балта	balta
Säge (f)	араа	araa
sägen (vt)	аралоо	araloo
Hobel (m)	тактай сүргүч	taktaj syrgyʧ
hobeln (vt)	сүрүү	syryy
Lötkolben (m)	кандагыч аспап	kaŋdagɪʧ aspap
löten (vt)	кандоо	kaŋdoo
Feile (f)	өгөө	øgøø
Kneifzange (f)	аттиш	attiʃ
Flachzange (f)	жалпак тиштүү кычкач	dʒalpak tiʃtyy kɪʧkaʧ
Stemmeisen (n)	тешкич	teʃkiʧ
Bohrer (m)	бургу	burgu
Bohrmaschine (f)	үшкү	yʃky
bohren (vt)	бургулап тешүү	burgulap teʃyy
Messer (n)	бычак	bɪʧak
Taschenmesser (n)	чөнтөк бычак	ʧøntøk bɪʧak
Klinge (f)	миз	miz
scharf (-e Messer usw.)	курч	kurʧ
stumpf	мокок	mokok
stumpf werden (vi)	мокотулуу	mokotuluu
schärfen (vt)	курчутуу	kurʧutuu
Bolzen (m)	буроо	buroo
Mutter (f)	бурама	burama
Gewinde (n)	бураманын сайы	buramanɪn sajɪ
Holzschraube (f)	буроо мык	buroo mɪk
Nagel (m)	мык	mɪk
Nagelkopf (m)	баш	baʃ
Lineal (n)	сызгыч	sɪzgɪʧ
Metermaß (n)	рулетка	ruletka
Wasserwaage (f)	деңгээл	deŋgeel
Lupe (f)	чоңойтуч	ʧoŋojtuʧ
Messinstrument (n)	ченөөчү аспап	ʧenøøʧy aspap
messen (vt)	ченөө	ʧenøø
Skala (f)	шкала	ʃkala
Ablesung (f)	көрсөтүү ченем	kørsøtyy ʧenem
Kompressor (m)	компрессор	kompressor
Mikroskop (n)	микроскоп	mikroskop
Pumpe (f)	соргу	sorgu
Roboter (m)	робот	robot
Laser (m)	лазер	lazer
Schraubenschlüssel (m)	гайка ачкычы	gajka aʧkɪʧɪ
Klebeband (n)	жабышкак тасма	dʒabɪʃkak tasma

Klebstoff (m)	желим	ʤelim
Sandpapier (n)	кум кагаз	kum kagaz
Sprungfeder (f)	серпилгич	serpilgiʧ
Magnet (m)	магнит	magnit
Handschuhe (pl)	колкап	kolkap

Leine (f)	аркан	arkan
Schnur (f)	жип	ʤip
Draht (m)	зым	zım
Kabel (n)	кабель	kabelʲ

schwerer Hammer (m)	барскан	barskan
Brecheisen (n)	лом	lom
Leiter (f)	шаты	ʃatı
Trittleiter (f)	кичинекей шаты	kiʧinekej ʃatı

zudrehen (vt)	бурап бекитүү	burap bekityy
abdrehen (vt)	бурап чыгаруу	burap ʧıgaruu
zusammendrücken (vt)	кысуу	kısuu
ankleben (vt)	жабыштыруу	ʤabıʃtıruu
schneiden (vt)	кесүү	kesyy

Störung (f)	бузулгандык	buzulgandık
Reparatur (f)	оңдоо	oŋdoo
reparieren (vt)	оңдоо	oŋdoo
einstellen (vt)	тууралоо	tuuraloo

prüfen (vt)	текшерүү	tekʃeryy
Prüfung (f)	текшерүү	tekʃeryy
Ablesung (f)	көрсөтүү ченем	kørsøtyy ʧenem

| sicher (zuverlässigen) | ишеничтүү | iʃeniʧtyy |
| kompliziert (Adj) | кыйын | kıjın |

verrosten (vi)	дат басуу	dat basuu
rostig	дат баскан	dat baskan
Rost (m)	дат	dat

Transport

169. Flugzeug

Flugzeug (n)	учак	uʧak
Flugticket (n)	авиабилет	aviabilet
Fluggesellschaft (f)	авиакомпания	aviakompanija
Flughafen (m)	аэропорт	aeroport
Überschall-	сверхзвуковой	sverχzvukovoj
Flugkapitän (m)	кеме командири	keme komandiri
Besatzung (f)	экипаж	ekipadʒ
Pilot (m)	учкуч	uʧkuʧ
Flugbegleiterin (f)	стюардесса	stɯardessa
Steuermann (m)	штурман	ʃturman
Flügel (pl)	канаттар	kanattar
Schwanz (m)	куйрук	kujruk
Kabine (f)	кабина	kabina
Motor (m)	кыймылдаткыч	kɪjmɪldatkɪʧ
Fahrgestell (n)	шасси	ʃassi
Turbine (f)	турбина	turbina
Propeller (m)	пропеллер	propeller
Flugschreiber (m)	кара куту	kara kutu
Steuerrad (n)	штурвал	ʃturval
Treibstoff (m)	күйүүчү май	kyjyyʧy may
Sicherheitskarte (f)	коопсуздук көрсөтмөсү	koopsuzduk kørsøtmøsy
Sauerstoffmaske (f)	кислород чүмбөтү	kislorod ʧymbøty
Uniform (f)	бир беткей кийим	bir betkey kijim
Rettungsweste (f)	куткаруучу кɯрмө	kutkaruuʧu kyrmø
Fallschirm (m)	парашют	paraʃɯt
Abflug, Start (m)	учуп көтөрүлүү	uʧup køtørylyy
starten (vi)	учуп көтөрүлүү	uʧup køtørylyy
Startbahn (f)	учуп чыгуу тилкеси	uʧup ʧɪguu tilkesi
Sicht (f)	көрүнүш	kørynyʃ
Flug (m)	учуу	uʧuu
Höhe (f)	бийиктик	bijiktik
Luftloch (n)	аба чүңкуру	aba ʧyŋkuru
Platz (m)	орун	orun
Kopfhörer (m)	кулакчын	kulakʧɪn
Klapptisch (m)	бүктөлмө стол	byktølmø stol
Bullauge (n)	иллюминатор	illɯminator
Durchgang (m)	өтмөк	øtmøk

170. Zug

Zug (m)	поезд	poezd
elektrischer Zug (m)	электричка	elektritʃka
Schnellzug (m)	бат жүрүүчү поезд	bat dʒyryytʃy poezd
Diesellok (f)	тепловоз	teplovoz
Dampflok (f)	паровоз	parovoz
Personenwagen (m)	вагон	vagon
Speisewagen (m)	вагон-ресторан	vagon-restoran
Schienen (pl)	рельсалар	relʲsalar
Eisenbahn (f)	темир жолу	temir dʒolu
Bahnschwelle (f)	шпала	ʃpala
Bahnsteig (m)	платформа	platforma
Gleis (n)	жол	dʒol
Eisenbahnsignal (n)	семафор	semafor
Station (f)	бекет	beket
Lokomotivführer (m)	машинист	maʃinist
Träger (m)	жук ташуучу	dʒuk taʃuutʃu
Schaffner (m)	проводник	provodnik
Fahrgast (m)	жүргүнчү	dʒyrgyntʃy
Fahrkartenkontrolleur (m)	текшерүүчү	tekʃeryytʃy
Flur (m)	коридор	koridor
Notbremse (f)	стоп-кран	stop-kran
Abteil (n)	купе	kupe
Liegeplatz (m), Schlafkoje (f)	текче	tektʃe
oberer Liegeplatz (m)	үстүңкү текче	ystyŋky tektʃe
unterer Liegeplatz (m)	ылдыйкы текче	ıldıjkı tektʃe
Bettwäsche (f)	жууркан-төшөк	dʒuurkan-tøʃøk
Fahrkarte (f)	билет	bilet
Fahrplan (m)	ырааттама	ıraattama
Anzeigetafel (f)	табло	tablo
abfahren (der Zug)	жөнөө	dʒønøø
Abfahrt (f)	жөнөө	dʒønøø
ankommen (der Zug)	келүү	kelyy
Ankunft (f)	келүү	kelyy
mit dem Zug kommen	поезд менен келүү	poezd menen kelyy
in den Zug einsteigen	поездге отуруу	poezdge oturuu
aus dem Zug aussteigen	поездден түшүү	poezdden tyʃyy
Zugunglück (n)	кыйроо	kıjroo
entgleisen (vi)	рельсадан чыгып кетүү	relʲsadan tʃıgıp ketyy
Dampflok (f)	паровоз	parovoz
Heizer (m)	от жагуучу	ot dʒaguutʃu
Feuerbüchse (f)	меш	meʃ
Kohle (f)	көмүр	kømyr

171. Schiff

Schiff (n)	кеме	keme
Fahrzeug (n)	кеме	keme
Dampfer (m)	пароход	paroxod
Motorschiff (n)	теплоход	teploxod
Kreuzfahrtschiff (n)	лайнер	lajner
Kreuzer (m)	крейсер	krejser
Jacht (f)	яхта	jaxta
Schlepper (m)	буксир	buksir
Lastkahn (m)	баржа	bardʒa
Fähre (f)	паром	parom
Segelschiff (n)	парус	parus
Brigantine (f)	бригантина	brigantina
Eisbrecher (m)	муз жаргыч кеме	muz dʒargıtʃ keme
U-Boot (n)	суу астында жүрүүчү кеме	suu astında dʒyryytʃy keme
Boot (n)	кайык	kajık
Dingi (n), Beiboot (n)	шлюпка	ʃlʉpka
Rettungsboot (n)	куткаруу шлюпкасы	kutkaruu ʃlʉpkası
Motorboot (n)	катер	kater
Kapitän (m)	капитан	kapitan
Matrose (m)	матрос	matros
Seemann (m)	деңизчи	deŋiztʃi
Besatzung (f)	экипаж	ekipadʒ
Bootsmann (m)	боцман	botsman
Schiffsjunge (m)	юнга	jʉnga
Schiffskoch (m)	кок	kok
Schiffsarzt (m)	кеме доктуру	keme dokturu
Deck (n)	палуба	paluba
Mast (m)	мачта	matʃta
Segel (n)	парус	parus
Schiffsraum (m)	трюм	trʉm
Bug (m)	тумшук	tumʃuk
Heck (n)	кеменин арткы бөлүгү	kemenin artkı bølygy
Ruder (n)	калак	kalak
Schraube (f)	винт	vint
Kajüte (f)	каюта	kajʉta
Messe (f)	кают-компания	kajʉt-kompanija
Maschinenraum (m)	машина бөлүгү	maʃina bølygy
Kommandobrücke (f)	капитан мостиги	kapitan mostigi
Funkraum (m)	радиорубка	radiorubka
Radiowelle (f)	толкун	tolkun
Schiffstagebuch (n)	кеме журналы	keme dʒurnalı
Fernrohr (n)	дүрбү	dyrby

| Glocke (f) | конгуроо | koŋguroo |
| Fahne (f) | байрак | bajrak |

| Seil (n) | аркан | arkan |
| Knoten (m) | түйүн | tyjyn |

| Geländer (n) | туткуч | tutkuʧ |
| Treppe (f) | трап | trap |

Anker (m)	кеме казык	keme kazık
den Anker lichten	кеме казыкты көтөрүү	keme kazıktı køtøryy
Anker werfen	кеме казыкты таштоо	keme kazıktı taʃtoo
Ankerkette (f)	казык чынжыры	kazık ʧınʤırı

Hafen (m)	порт	port
Anlegestelle (f)	причал	priʧal
anlegen (vi)	келип токтоо	kelip toktoo
abstoßen (vt)	жээктен алыстоо	ʤeekten alıstoo

Reise (f)	саякат	sajakat
Kreuzfahrt (f)	деңиз саякаты	deŋiz sajakatı
Kurs (m), Richtung (f)	курс	kurs
Reiseroute (f)	каттам	kattam

Fahrwasser (n)	фарватер	farvater
Untiefe (f)	тайыз жер	tajız ʤer
stranden (vi)	тайыз жерге отуруу	tajız ʤerge oturuu

Sturm (m)	бороон чапкын	boroon ʧapkın
Signal (n)	сигнал	signal
untergehen (vi)	чөгүү	ʧøgyy
Mann über Bord!	Сууда адам бар!	suuda adam bar!
SOS	SOS	sos
Rettungsring (m)	куткаруучу тегерек	kutkaruuʧu tegerek

172. Flughafen

Flughafen (m)	аэропорт	aeroport
Flugzeug (n)	учак	uʧak
Fluggesellschaft (f)	авиакомпания	aviakompanija
Fluglotse (m)	авиадиспетчер	aviadispetʧer

Abflug (m)	учуп кетүү	uʧup ketyy
Ankunft (f)	учуп келүү	uʧup kelyy
anfliegen (vi)	учуп келүү	uʧup kelyy

| Abflugzeit (f) | учуп кетүү убактысы | uʧup ketyy ubaktısı |
| Ankunftszeit (f) | учуп келүү убактысы | uʧup kelyy ubaktısı |

| sich verspäten | кармалуу | karmaluu |
| Abflugverspätung (f) | учуп кетүүнүн кечигиши | uʧup ketyynyn keʧigiʃi |

| Anzeigetafel (f) | маалымат таблосу | maalımat tablosu |
| Information (f) | маалымат | maalımat |

| ankündigen (vt) | кулактандыруу | kulaktandıruu |
| Flug (m) | рейс | rejs |

| Zollamt (n) | бажыкана | badʒıkana |
| Zollbeamter (m) | бажы кызматкери | badʒı kızmatkeri |

Zolldeklaration (f)	бажы декларациясы	badʒı deklaraisijası
ausfüllen (vt)	толтуруу	tolturuu
die Zollerklärung ausfüllen	декларация толтуруу	deklaraisija tolturuu
Passkontrolle (f)	паспорт текшерүү	pasport tekʃeryy

Gepäck (n)	жүк	dʒyk
Handgepäck (n)	кол жүгү	kol dʒygy
Kofferkuli (m)	араба	araba

Landung (f)	конуу	konuu
Landebahn (f)	конуу тилкеси	konuu tilkesi
landen (vi)	конуу	konuu
Fluggasttreppe (f)	трап	trap

Check-in (n)	катталуу	kattaluu
Check-in-Schalter (m)	каттоо стойкасы	kattoo stojkası
sich registrieren lassen	катталуу	kattaluu
Bordkarte (f)	отуруу үчүн талон	oturuu ytʃyn talon
Abfluggate (n)	чыгуу	tʃıguu

Transit (m)	транзит	tranzit
warten (vi)	күтүү	kytyy
Wartesaal (m)	күтүү залы	kutyy zalı
begleiten (vt)	узатуу	uzatuu
sich verabschieden	коштошуу	koʃtoʃuu

173. Fahrrad. Motorrad

Fahrrad (n)	велосипед	velosiped
Motorroller (m)	мотороллер	motoroller
Motorrad (n)	мотоцикл	mototsikl

Rad fahren	велосипедде жүрүү	velosipedde dʒyryy
Lenkstange (f)	руль	rulʲ
Pedal (n)	педаль	pedalʲ
Bremsen (pl)	тормоз	tormoz
Sattel (m)	отургуч	oturgutʃ

| Pumpe (f) | соркыскыч | sorkıskıtʃ |
| Gepäckträger (m) | багажник | bagadʒnik |

| Scheinwerfer (m) | фонарь | fonarʲ |
| Helm (m) | шлем | ʃlem |

Rad (n)	дөңгөлөк	døŋgøløk
Schutzblech (n)	калкан	kalkan
Felge (f)	дөңгөлөктүн алкагы	døŋgøløktyn alkagı
Speiche (f)	чабак	tʃabak

154

Autos

174. Autotypen

Auto (n)	автоунаа	avtounaa
Sportwagen (m)	спорттук автоунаа	sporttuk avtounaa
Limousine (f)	лимузин	limuzin
Geländewagen (m)	жолтандабас	dʒoltandabas
Kabriolett (n)	кабриолет	kabriolet
Kleinbus (m)	микроавтобус	mikroavtobus
Krankenwagen (m)	тез жардам	tez dʒardam
Schneepflug (m)	кар күрөөчү машина	kar kyrøøtʃy maʃina
Lastkraftwagen (m)	жүк ташуучу машина	dʒyk taʃuutʃu maʃina
Tankwagen (m)	бензовоз	benzovoz
Kastenwagen (m)	фургон	furgon
Sattelzug (m)	тягач	tʲagatʃ
Anhänger (m)	чиркегич	tʃirkegitʃ
komfortabel	жайлуу	dʒajluu
gebraucht	колдонулган	koldonulgan

175. Autos. Karosserie

Motorhaube (f)	капот	kapot
Kotflügel (m)	калкан	kalkan
Dach (n)	үстү	ysty
Windschutzscheibe (f)	шамалдан тоскон айнек	ʃamaldan toskon ajnek
Rückspiegel (m)	арткы күзгү	artkı kyzgy
Scheibenwaschanlage (f)	айнек жуугуч	ajnek dʒuugutʃ
Scheibenwischer (m)	щётка	ʃtʃʲotka
Seitenscheibe (f)	каптал айнек	kaptal ajnek
Fensterheber (m)	айнек көтөргүч	ajnek køtørgytʃ
Antenne (f)	антенна	antenna
Schiebedach (n)	люк	lʉk
Stoßstange (f)	бампер	bamper
Kofferraum (m)	жүк салгыч	dʒyk salgıtʃ
Dachgepäckträger (m)	жүк салгыч	dʒyk salgıtʃ
Wagenschlag (m)	эшик	eʃik
Türgriff (m)	кармагыч	karmagıtʃ
Türschloss (n)	кулпу	kulpu
Nummernschild (n)	номер	nomer
Auspufftopf (m)	глушитель	gluʃitelʲ

| Benzintank (m) | бензобак | benzobak |
| Auspuffrohr (n) | калдыктар түтүгү | kaldıktar tytygy |

Gas (n)	газ	gaz
Pedal (n)	педаль	pedalʲ
Gaspedal (n)	газ педали	gaz pedali

Bremse (f)	тормоз	tormoz
Bremspedal (n)	тормоздун педалы	tormozdun pedalı
bremsen (vi)	тормоз басуу	tormoz basuu
Handbremse (f)	токтомо тормозу	toktomo tormozu

Kupplung (f)	илиштирүү	iliʃtiryy
Kupplungspedal (n)	илиштирүү педали	iliʃtiryy pedali
Kupplungsscheibe (f)	илиштирүү диски	iliʃtiryy diski
Stoßdämpfer (m)	амортизатор	amortizator

Rad (n)	дөңгөлөк	døŋgøløk
Reserverad (n)	запас дөңгөлөгү	zapas døŋgøløgy
Reifen (m)	покрышка	pokrıʃka
Radkappe (f)	жапкыч	dʒapkıtʃ

Triebräder (pl)	салма дөңгөлөктөр	salma døŋgøløktør
mit Vorderantrieb	алдыңкы дөңгөлөк салмалуу	aldıŋkı døŋgøløk salmaluu
mit Hinterradantrieb	арткы дөңгөлөк салмалуу	artkı døŋgøløk salmaluu
mit Allradantrieb	бардык дөңгөлөк салмалуу	bardık døŋgøløk salmaluu

Getriebe (n)	бергилик куту	bergilik kutu
Automatik-	автоматтык	avtomattık
Schalt-	механикалуу	meҳanikaluu
Schalthebel (m)	бергилик кутунун жылышуусу	bergilik kutunun dʒılıʃuusu

| Scheinwerfer (m) | фара | fara |
| Scheinwerfer (pl) | фаралар | faralar |

Abblendlicht (n)	жакынкы чырак	dʒakınkı tʃırak
Fernlicht (n)	алыскы чырак	alıskı tʃırak
Stopplicht (n)	стоп-сигнал	stop-signal

Standlicht (n)	габарит чырактары	gabarit tʃıraktarı
Warnblinker (m)	авария чырактары	avarija tʃıraktarı
Nebelscheinwerfer (pl)	туманга каршы чырактар	tumanga karʃı tʃıraktar
Blinker (m)	бурулуш чырагы	buruluʃ tʃıragı
Rückfahrscheinwerfer (m)	арткы чырак	artkı tʃırak

176. Autos. Fahrgastraum

Wageninnere (n)	салон	salon
Leder-	тери	teri
aus Velours	велюр	velʉr
Polster (n)	каптоо	kaptoo

Instrument (n)	алет	alet
Armaturenbrett (n)	алет панели	alet paneli
Tachometer (m)	спидометр	spidometr
Nadel (f)	жебе	dʒebe

Kilometerzähler (m)	эсептегич	eseptegitʃ
Anzeige (Temperatur-)	көрсөткүч	kørsøtkytʃ
Pegel (m)	деңгээл	dengeel
Kontrollleuchte (f)	көрсөткүч	kørsøtkytʃ

Steuerrad (n)	руль	rulʲ
Hupe (f)	сигнал	signal
Knopf (m)	баскыч	baskıtʃ
Umschalter (m)	которгуч	kotorgutʃ

Sitz (m)	орун	orun
Rückenlehne (f)	жөлөнгүч	dʒøløngytʃ
Kopfstütze (f)	баш жөлөгүч	baʃ dʒøløgytʃ
Sicherheitsgurt (m)	орундук куру	orunduk kuru
sich anschnallen	курду тагынуу	kurdu tagınuu
Einstellung (f)	жөндөө	dʒøndøø

| Airbag (m) | аба жаздыкчасы | aba dʒazdıktʃası |
| Klimaanlage (f) | аба желдеткич | aba dʒeldetkitʃ |

Radio (n)	үналгы	ynalgı
CD-Spieler (m)	CD-ойноткуч	sidi-ojnotkutʃ
einschalten (vt)	жүргүзүү	dʒyrgyzyy
Antenne (f)	антенна	antenna
Handschuhfach (n)	колкап бөлүмү	kolkap bølymy
Aschenbecher (m)	күл салгыч	kyl salgıtʃ

177. Autos. Motor

Triebwerk (n)	кыймылдаткыч	kıjmıldatkıtʃ
Motor (m)	мотор	motor
Diesel-	дизель менен	dizelʲ menen
Benzin-	бензин менен	benzin menen

Hubraum (m)	кыймылдаткычтын көлөмү	kıjmıldatkıʃtın kølømy
Leistung (f)	кубатуулугу	kubatuulugu
Pferdestärke (f)	ат күчү	at kytʃy
Kolben (m)	бишкек	biʃkek
Zylinder (m)	цилиндр	tsılindr
Ventil (n)	сарпкапкак	sarpkapkak

Injektor (m)	бүрккүч	byrkkytʃ
Generator (m)	генератор	generator
Vergaser (m)	карбюратор	karbʉrator
Motoröl (n)	мотор майы	motor majı

| Kühler (m) | радиатор | radiator |
| Kühlflüssigkeit (f) | суутуучу суюктук | suutuutʃu sujʉktuk |

157

Ventilator (m)	желдеткич	dʒeldetkitʃ
Autobatterie (f)	аккумулятор	akkumulʲator
Anlasser (m)	стартер	starter
Zündung (f)	от алдыруу	ot aldıruu
Zündkerze (f)	от алдыруу шамы	ot aldıruu ʃamı

Klemme (f)	клемма	klemma
Pluspol (m)	плюс	plʉs
Minuspol (m)	минус	minus
Sicherung (f)	эриме сактагыч	erime saktagıtʃ

Luftfilter (m)	аба чыпкасы	aba tʃıpkası
Ölfilter (m)	май чыпкасы	maj tʃıpkası
Treibstofffilter (m)	күйгүчү май чыпкасы	kyjyytʃy may tʃıpkası

178. Autos. Unfall. Reparatur

Unfall (m)	авто урунушу	avto urunuʃu
Verkehrsunfall (m)	жол кырсыгы	dʒol kırsıgı
fahren gegen ...	урунуу	urunuu
verunglücken (vi)	талкалануу	talkalanuu
Schaden (m)	бузулуу	buzuluu
heil (Adj)	бүтүн	bytyn

Panne (f)	бузулуу	buzuluu
kaputtgehen (vi)	бузулуп калуу	buzulup kaluu
Abschleppseil (n)	сүйрөө арканы	syjrøø arkanı

Reifenpanne (f)	тешилип калуу	teʃilip kaluu
platt sein	желин чыгаруу	dʒelin tʃıgaruu
pumpen (vt)	үйлөтүү	yjløtyy
Reifendruck (m)	басым	basım
prüfen (vt)	текшерүү	tekʃeryy

Reparatur (f)	оңдоо	oŋdoo
Reparaturwerkstatt (f)	автосервис	avtoservis
Ersatzteil (n)	белен тетик	belen tetik
Einzelteil (n)	тетик	tetik

Bolzen (m)	буроо	buroo
Schraube (f)	буралма	buralma
Schraubenmutter (f)	бурама	burama
Scheibe (f)	эбелек	ebelek
Lager (n)	мунакжаздам	munakdʒazdam

Rohr (Abgas-)	түтүк	tytyk
Dichtung (f)	төшөм	tøʃøm
Draht (m)	зым	zım

Wagenheber (m)	домкрат	domkrat
Schraubenschlüssel (m)	гайка ачкычы	gajka atʃkıtʃı
Hammer (m)	балка	balka
Pumpe (f)	соркыскыч	sorkıskıtʃ
Schraubenzieher (m)	бурагыч	buragıtʃ

Feuerlöscher (m)	өрт өчүргүч	ørt øtʃyrgytʃ
Warndreieck (n)	эскертүү үчбурчтук	eskertyy ytʃburtʃtuk
abwürgen (Motor)	өчүп калуу	øtʃyp kaluu
Anhalten (~ des Motors)	иштебей калуу	iʃtebej kaluu
kaputt sein	бузулуп калуу	buzulup kaluu
überhitzt werden (Motor)	кайнап кетүү	kajnap ketyy
verstopft sein	тыгылуу	tɪgɪluu
einfrieren (Schloss, Rohr)	тоңуп калуу	toŋup kaluu
zerplatzen (vi)	жарылып кетүү	dʒarɪlɪp ketyy
Druck (m)	басым	basɪm
Pegel (m)	деңгээл	deŋgeel
schlaff (z.B. -e Riemen)	бош	boʃ
Delle (f)	кабырылуу	kabɪrɪluu
Klopfen (n)	такылдоо	takɪldoo
Riß (m)	жарака	dʒaraka
Kratzer (m)	чийилип калуу	tʃijilip kaluu

179. Autos. Straßen

Fahrbahn (f)	жол	dʒol
Schnellstraße (f)	кан жол	kan dʒol
Autobahn (f)	шоссе	ʃosse
Richtung (f)	багыт	bagɪt
Entfernung (f)	аралык	aralɪk
Brücke (f)	көпрө	køpyrø
Parkplatz (m)	унаа токтоочу жай	unaa toktootʃu dʒaj
Platz (m)	аянт	ajant
Autobahnkreuz (n)	баштан өйдө өткөн жол	baʃtan øjdø øtkøn dʒol
Tunnel (m)	тоннель	tonnelʲ
Tankstelle (f)	май куюучу станция	maj kujuutʃu stantsija
Parkplatz (m)	унаа токтоочу жай	unaa toktootʃu dʒaj
Zapfsäule (f)	колонка	kolonka
Reparaturwerkstatt (f)	автосервис	avtoservis
tanken (vt)	май куюу	maj kujuu
Treibstoff (m)	күйүүчү май	kyjyytʃy may
Kanister (m)	канистра	kanistra
Asphalt (m)	асфальт	asfalʲt
Markierung (f)	салынган тамга	salɪngan tamga
Bordstein (m)	бордюр	bordur
Leitplanke (f)	тосмо	tosmo
Graben (m)	арык	arɪk
Straßenrand (m)	жол чети	dʒol tʃeti
Straßenlaterne (f)	чырак мамы	tʃɪrak mamɪ
fahren (vt)	айдоо	ajdoo
abbiegen (nach links ~)	бурулуу	buruluu
umkehren (vi)	артка кайтуу	artka kajtuu

Rückwärtsgang (m)	артка айдоо	artka ajdoo
hupen (vi)	сигнал берүү	signal beryy
Hupe (f)	дабыш сигналы	dabıʃ signalı
stecken (im Schlamm ~)	тыгылып калуу	tıgılıp kaluu
durchdrehen (Räder)	сүйрөө	syjrøø
abstellen (Motor ~)	басаңдатуу	basaŋdatuu
Geschwindigkeit (f)	ылдамдык	ıldamdık
Geschwindigkeit überschreiten	ылдамдыктан ашуу	ıldamdıktan aʃuu
bestrafen (vt)	айып салуу	ajıp saluu
Ampel (f)	светофор	svetofor
Führerschein (m)	айдоочу күбөлүгү	ajdootʃu kybølygy
Bahnübergang (m)	кесип өтмө	kesip øtmø
Straßenkreuzung (f)	кесилиш	kesiliʃ
Fußgängerüberweg (m)	жөө жүрүүчүлөр жолу	dʒøø dʒyryytʃylør dʒolu
Kehre (f)	бурулуш	buruluʃ
Fußgängerzone (f)	жөө жүрүүчүлөр алкагы	dʒøø dʒyryytʃylør alkagı

180. Verkehrszeichen

Verkehrsregeln (pl)	жол эрежеси	dʒol eredʒesi
Verkehrszeichen (n)	белги	belgi
Überholen (n)	озуп өтүү	ozup øtyy
Kurve (f)	бурулуш	buruluʃ
Wende (f)	артка кайтуу	artka kajtuu
Kreisverkehr (m)	айланма кыймыл	ajlanma kıjmıl
Einfahrt verboten	кирүүгө болбойт	kiryygø bolbojt
Verkehr verboten	жол кыймылы жок	dʒol kıjmılı dʒok
Überholverbot	озуп өтүү жок	ozup øtyy dʒok
Parken verboten	унаа токтотуу жок	unaa toktotuu dʒok
Halteverbot	токтолуу жок	toktoluu dʒok
gefährliche Kurve (f)	кескин бурулуш	keskin buruluʃ
Gefälle (n)	тик эңкейиш	tik eŋkejiʃ
Einbahnstraße (f)	бир тараптуу	bir taraptuu
Fußgängerüberweg (m)	жөө жүрүүчүлөр жолу	dʒøø dʒyryytʃylør dʒolu
Schleudergefahr	тайгалак жол	tajgalak dʒol
Vorfahrt gewähren!	жолду бер	dʒoldu ber

MENSCHEN. LEBENSEREIGNISSE

Lebensereignisse

181. Feiertage. Ereignis

Fest (n)	майрам	majram
Nationalfeiertag (m)	улуттук	uluttuk
Feiertag (m)	майрам күнү	majram kyny
feiern (vt)	майрамдоо	majramdoo
Ereignis (n)	окуя	okuja
Veranstaltung (f)	иш-чара	iʃ-tʃara
Bankett (n)	банкет	banket
Empfang (m)	кабыл алуу	kabıl aluu
Festmahl (n)	той	toj
Jahrestag (m)	жылдык	dʒıldık
Jubiläumsfeier (f)	юбилей	jʉbilej
begehen (vt)	белгилөө	belgiløø
Neujahr (n)	Жаны жыл	dʒanı dʒıl
Frohes Neues Jahr!	Жаны Жылыңар менен!	dʒanı dʒılıŋar menen!
Weihnachtsmann (m)	Аяз ата, Санта Клаус	ajaz ata, santa klaus
Weihnachten (n)	Рождество	rodʒdestvo
Frohe Weihnachten!	Рождество майрамыңыз менен!	rodʒdestvo majramıŋız menen!
Tannenbaum (m)	Жаңы жылдык балаты	dʒaŋı dʒıldık balatı
Feuerwerk (n)	салют	salʉt
Hochzeit (f)	үйлөнүү той	yjlønyy toy
Bräutigam (m)	күйөө	kyjøø
Braut (f)	колукту	koluktu
einladen (vt)	чакыруу	tʃakıruu
Einladung (f)	чакыруу	tʃakıruu
Gast (m)	конок	konok
besuchen (vt)	конокко баруу	konokko baruu
Gäste empfangen	конок тосуу	konok tosuu
Geschenk (n)	белек	belek
schenken (vt)	белек берүү	belek beryy
Geschenke bekommen	белек алуу	belek aluu
Blumenstrauß (m)	десте	deste
Glückwunsch (m)	куттуктоо	kuttuktoo
gratulieren (vi)	куттуктоо	kuttuktoo

Glückwunschkarte (f)	куттуктоо ачык каты	kuttuktoo atʃık katı
eine Karte abschicken	ачык катты жөнөтүү	atʃık kattı dʒønøtyy
eine Karte erhalten	ачык катты алуу	atʃık kattı aluu

Trinkspruch (m)	каалоо тилек	kaaloo tilek
anbieten (vt)	ооз тийгизүү	ooz tijgizyy
Champagner (m)	шампан	ʃampan

sich amüsieren	көңүл ачуу	køŋyl atʃuu
Fröhlichkeit (f)	көңүлдүүлүк	køŋyldyylyk
Freude (f)	кубаныч	kubanıtʃ

| Tanz (m) | бий | bij |
| tanzen (vi, vt) | бийлөө | bijløø |

| Walzer (m) | вальс | valʲs |
| Tango (m) | танго | tango |

182. Bestattungen. Begräbnis

Friedhof (m)	мүрзө	myrzø
Grab (n)	мүрзө	myrzø
Kreuz (n)	крест	krest
Grabstein (m)	мүрзө үстүндөгү жазуу	myrzø ystyndøgy dʒazuu
Zaun (m)	тосмо	tosmo
Kapelle (f)	кичинекей чиркөө	kitʃinekej tʃirkøø

Tod (m)	өлүм	ølym
sterben (vi)	өлүү	ølyy
Verstorbene (m)	маркум	markum
Trauer (f)	аза	aza

begraben (vt)	көмүү	kømyy
Bestattungsinstitut (n)	ырасым бюросу	ırasım bʉrosu
Begräbnis (n)	сөөк узатуу жана көмүү	søøk uzatuu dʒana kømyy
Kranz (m)	гүлчамбар	gyltʃambar
Sarg (m)	табыт	tabıt
Katafalk (m)	катафалк	katafalk
Totenhemd (n)	кепин	kepin

Trauerzug (m)	узатуу жүрүшү	uzatuu dʒyryʃy
Urne (f)	сөөк күлдүн кутусу	søøk kyldyn kutusu
Krematorium (n)	крематорий	krematorij

Nachruf (m)	некролог	nekrolog
weinen (vi)	ыйлоо	ıjloo
schluchzen (vi)	боздоп ыйлоо	bozdop ıjloo

183. Krieg. Soldaten

| Zug (m) | взвод | vzvod |
| Kompanie (f) | рота | rota |

Regiment (n)	полк	polk
Armee (f)	армия	armija
Division (f)	дивизия	divizija
Abteilung (f)	отряд	otrʲad
Heer (n)	куралдуу аскер	kuralduu asker
Soldat (m)	аскер	asker
Offizier (m)	офицер	ofitser
Soldat (m)	катардагы жоокер	katardagı dʒooker
Feldwebel (m)	сержант	serdʒant
Leutnant (m)	лейтенант	lejtenant
Hauptmann (m)	капитан	kapitan
Major (m)	майор	major
Oberst (m)	полковник	polkovnik
General (m)	генерал	general
Matrose (m)	деңизчи	deŋiztʃi
Kapitän (m)	капитан	kapitan
Bootsmann (m)	боцман	botsman
Artillerist (m)	артиллерист	artillerist
Fallschirmjäger (m)	десантник	desantnik
Pilot (m)	учкуч	utʃkutʃ
Steuermann (m)	штурман	ʃturman
Mechaniker (m)	механик	meχanik
Pionier (m)	сапёр	sapʲor
Fallschirmspringer (m)	парашютист	paraʃutist
Aufklärer (m)	чалгынчы	tʃalgıntʃı
Scharfschütze (m)	көзатар	køzatar
Patrouille (f)	жол-күзөт	dʒol-kyzøt
patrouillieren (vi)	жол-күзөткө чыгуу	dʒol-kyzøtkø tʃıguu
Wache (f)	сакчы	saktʃı
Krieger (m)	жоокер	dʒooker
Patriot (m)	мекенчил	mekentʃil
Held (m)	баатыр	baatır
Heldin (f)	баатыр айым	baatır ajım
Verräter (m)	чыккынчы	tʃıkkıntʃı
verraten (vt)	кыянаттык кылуу	kıjanattık kıluu
Deserteur (m)	качкын	katʃkın
desertieren (vi)	качуу	katʃuu
Söldner (m)	жалданма	dʒaldanma
Rekrut (m)	жаңы алынган аскер	dʒaŋı alıngan asker
Freiwillige (m)	ыктыярчы	ıktıjartʃı
Getoetete (m)	өлтүрүлгөн	øltyrylgøn
Verwundete (m)	жарадар	dʒaradar
Kriegsgefangene (m)	туткун	tutkun

184. Krieg. Militärische Aktionen. Teil 1

Krieg (m)	согуш	soguʃ
Krieg führen	согушуу	soguʃuu
Bürgerkrieg (m)	жарандык согуш	dʒarandık soguʃ

heimtückisch (Adv)	жүзү каралык менен кол салуу	dʒyzy karalık menen kol saluu
Kriegserklärung (f)	согушту жарыялоо	soguʃtu dʒarıjaloo
erklären (den Krieg ~)	согуш жарыялоо	soguʃ dʒarıjaloo
Aggression (f)	агрессия	agressija
einfallen (Staat usw.)	кол салуу	kol saluu

einfallen (in ein Land ~)	басып алуу	basıp aluu
Invasoren (pl)	баскынчы	baskınʧı
Eroberer (m), Sieger (m)	басып алуучу	basıp aluuʧu

Verteidigung (f)	коргонуу	korgonuu
verteidigen (vt)	коргоо	korgoo
sich verteidigen	коргонуу	korgonuu

Feind (m)	душман	duʃman
Gegner (m)	каршылаш	karʃılaʃ
Feind-	душмандын	duʃmandın

Strategie (f)	стратегия	strategija
Taktik (f)	тактика	taktika

Befehl (m)	буйрук	bujruk
Anordnung (f)	команда	komanda
befehlen (vt)	буйрук берүү	bujruk beryy
Auftrag (m)	тапшырма	tapʃırma
geheim (Adj)	жашыруун	dʒaʃıruun

Gefecht (n)	салгылаш	salgılaʃ
Schlacht (f)	согуш	soguʃ
Kampf (m)	салгылаш	salgılaʃ

Angriff (m)	чабуул	ʧabuul
Sturm (m)	чабуул	ʧabuul
stürmen (vt)	чабуул жасоо	ʧabuul dʒasoo
Belagerung (f)	тегеректеп курчоо	tegerektep kurʧoo

Angriff (m)	чабуул	ʧabuul
angreifen (vt)	чабуул салуу	ʧabuul saluu

Rückzug (m)	чегинүү	ʧeginyy
sich zurückziehen	чегинүү	ʧeginyy

Einkesselung (f)	курчоо	kurʧoo
einkesseln (vt)	курчоого алуу	kurʧoogo aluu

Bombenangriff (m)	бомба жаадыруу	bomba dʒaadıruu
eine Bombe abwerfen	бомба таштоо	bomba taʃtoo
bombardieren (vt)	бомба жаадыруу	bomba dʒaadıruu

Explosion (f)	жарылуу	dʒarıluu
Schuss (m)	атылуу	atıluu
schießen (vt)	атуу	atuu
Schießerei (f)	атуу	atuu

zielen auf ...	мээлөө	meeløø
richten (die Waffe)	мээлөө	meeløø
treffen (ins Schwarze ~)	тийүү	tijyy

versenken (vt)	чөктүрүү	tʃøktyryy
Loch (im Schiffsrumpf)	тешик	teʃik
versinken (Schiff)	суу астына кетүү	suu astına ketyy

Front (f)	майдан	majdan
Evakuierung (f)	эвакуация	evakuatsija
evakuieren (vt)	эвакуациялоо	evakuatsijaloo

Schützengraben (m)	окоп	okop
Stacheldraht (m)	тикендүү зым	tikendyy zım
Sperre (z.B. Panzersperre)	тосмо	tosmo
Wachtturm (m)	мунара	munara

Lazarett (n)	госпиталь	gospitalʲ
verwunden (vt)	жарадар кылуу	dʒaradar kıluu
Wunde (f)	жара	dʒara
Verwundete (m)	жарадар	dʒaradar
verletzt sein	жаракат алуу	dʒarakat aluu
schwer (-e Verletzung)	оор жаракат	oor dʒarakat

185. Krieg. Militärische Aktionen. Teil 2

Gefangenschaft (f)	туткун	tutkun
gefangen nehmen (vt)	туткунга алуу	tutkunga aluu
in Gefangenschaft sein	туткунда болуу	tutkunda boluu
in Gefangenschaft geraten	туткунга түшүү	tutkunga tyʃyy

Konzentrationslager (n)	концлагерь	kontslagerʲ
Kriegsgefangene (m)	туткун	tutkun
fliehen (vi)	качуу	katʃuu

verraten (vt)	кыянаттык кылуу	kıjanattık kıluu
Verräter (m)	чыккынчы	tʃıkkıntʃı
Verrat (m)	чыккынчылык	tʃıkkıntʃılık

| erschießen (vt) | атып өлтүрүү | atıp øltyryy |
| Erschießung (f) | атып өлтүрүү | atıp øltyryy |

Ausrüstung (persönliche ~)	аскер кийими	asker kijimi
Schulterstück (n)	погон	pogon
Gasmaske (f)	противогаз	protivogaz

Funkgerät (n)	рация	ratsija
Chiffre (f)	шифр	ʃifr
Geheimhaltung (f)	жекеликте сактоо	dʒekelikte saktoo

Kennwort (n)	сырсөз	sırsøz
Mine (f)	мина	mina
Minen legen	миналоо	minaloo
Minenfeld (n)	мина талаасы	mina talaası

Luftalarm (m)	аба айгайы	aba ajgajı
Alarm (m)	айгай	ajgaj
Signal (n)	сигнал	signal
Signalrakete (f)	сигнал ракетасы	signal raketası

Hauptquartier (n)	штаб	ʃtab
Aufklärung (f)	чалгын	ʧalgın
Lage (f)	кырдаал	kırdaal
Bericht (m)	рапорт	raport
Hinterhalt (m)	буктурма	bukturma
Verstärkung (f)	кошумча күч	koʃumʧa kyʧ
Zielscheibe (f)	бута	buta
Schießplatz (m)	полигон	poligon
Manöver (n)	манервлер	manervler

Panik (f)	дүрбөлөң	dyrbøløŋ
Verwüstung (f)	кыйроо	kıjroo
Trümmer (pl)	кыйроо	kıjroo
zerstören (vt)	кыйратуу	kıjratuu

überleben (vi)	тирүү калуу	tiryy kaluu
entwaffnen (vt)	куралсыздандыруу	kuralsızdandıruu
handhaben (vt)	мамиле кылуу	mamile kıluu

| Stillgestanden! | Түз тур! | tyz tur! |
| Rühren! | Эркин! | erkin! |

Heldentat (f)	эрдик	erdik
Eid (m), Schwur (m)	ант	ant
schwören (vi, vt)	ант берүү	ant beryy

Lohn (Orden, Medaille)	сыйлык	sıjlık
auszeichnen (mit Orden)	сыйлоо	sıjloo
Medaille (f)	медаль	medalʲ
Orden (m)	орден	orden

Sieg (m)	жеңиш	ʤeŋiʃ
Niederlage (f)	жеңилүү	ʤeŋilyy
Waffenstillstand (m)	жарашуу	ʤaraʃuu

Fahne (f)	байрак	bajrak
Ruhm (m)	даңк	daŋk
Parade (f)	парад	parad
marschieren (vi)	маршта басуу	marʃta basuu

186. Waffen

| Waffe (f) | курал | kural |
| Schusswaffe (f) | курал жарак | kural ʤarak |

blanke Waffe (f)	атылбас курал	atılbas kural
chemischen Waffen (pl)	химиялык курал	χimijalık kural
Kern-, Atom-	ядерлүү	jaderlyy
Kernwaffe (f)	ядерлүү курал	jaderlyy kural
Bombe (f)	бомба	bomba
Atombombe (f)	атом бомбасы	atom bombası
Pistole (f)	тапанча	tapantʃa
Gewehr (n)	мылтык	mıltık
Maschinenpistole (f)	автомат	avtomat
Maschinengewehr (n)	пулемёт	pulemʲot
Mündung (f)	мылтыктын оозу	mıltıktın oozu
Lauf (Gewehr-)	ствол	stvol
Kaliber (n)	калибр	kalibr
Abzug (m)	курок	kurok
Visier (n)	кароолго алуу	karoolgo aluu
Magazin (n)	магазин	magazin
Kolben (m)	күндак	kyndak
Handgranate (f)	граната	granata
Sprengstoff (m)	жарылуучу зат	dʒarıluutʃu zat
Kugel (f)	ок	ok
Patrone (f)	патрон	patron
Ladung (f)	дүрмөк	dyrmøk
Munition (f)	ок-дары	ok-darı
Bomber (m)	бомбалоочу	bombalootʃu
Kampfflugzeug (n)	кыйраткыч учак	kıjratkıtʃ utʃak
Hubschrauber (m)	вертолёт	vertolʲot
Flugabwehrkanone (f)	зенитка	zenitka
Panzer (m)	танк	tank
Panzerkanone (f)	замбирек	zambirek
Artillerie (f)	артиллерия	artillerija
Kanone (f)	замбирек	zambirek
richten (die Waffe)	мээлөө	meeløø
Geschoß (n)	снаряд	snarʲad
Wurfgranate (f)	мина	mina
Granatwerfer (m)	миномёт	minomʲot
Splitter (m)	сыныктар	sınıktar
U-Boot (n)	суу астында жүрүүчү кеме	suu astında dʒyryytʃy keme
Torpedo (m)	торпеда	torpeda
Rakete (f)	ракета	raketa
laden (Gewehr)	октоо	oktoo
schießen (vi)	атуу	atuu
zielen auf ...	мээлөө	meeløø
Bajonett (n)	найза	najza

Degen (m)	шпага	ʃpaga
Säbel (m)	кылыч	kılıtʃ
Speer (m)	найза	najza
Bogen (m)	жаа	dʒaa
Pfeil (m)	жебе	dʒebe
Muskete (f)	мушкет	muʃket
Armbrust (f)	арбалет	arbalet

187. Menschen der Antike

vorzeitlich	алгачкы	algatʃkı
prähistorisch	тарыхтан илгери	tarıxtan ilgeri
alt (antik)	байыркы	bajırkı

Steinzeit (f)	Таш доору	taʃ dooru
Bronzezeit (f)	Коло доору	kolo dooru
Eiszeit (f)	Муз доору	muz dooru

Stamm (m)	уруу	uruu
Kannibale (m)	адам жегич	adam dʒegitʃ
Jäger (m)	аңчы	aŋtʃı
jagen (vi)	аңчылык кылуу	aŋtʃılık kıluu
Mammut (n)	мамонт	mamont

Höhle (f)	үңкүр	yŋkyr
Feuer (n)	от	ot
Lagerfeuer (n)	от	ot
Höhlenmalerei (f)	ташка чегерилген сүрөт	taʃka tʃegerilgen syrøt

Werkzeug (n)	эмгек куралы	emgek kuralı
Speer (m)	найза	najza
Steinbeil (n), Steinaxt (f)	таш балта	taʃ balta
Krieg führen	согушуу	soguʃuu
domestizieren (vt)	колго көндүрүү	kolgo køndyryy

Idol (n)	бут	but
anbeten (vt)	сыйынуу	sıjınuu
Aberglaube (m)	жок нерсеге ишенүү	dʒok nersege iʃenyy
Brauch (m), Ritus (m)	ырым-жырым	ırım-dʒırım

| Evolution (f) | эволюция | evolʉtsija |
| Entwicklung (f) | өнүгүү | ønygyy |

| Verschwinden (n) | жок болуу | dʒok boluu |
| sich anpassen | ылайыкташуу | ılajıktaʃuu |

Archäologie (f)	археология	arxeologija
Archäologe (m)	археолог	arxeolog
archäologisch	археологиялык	arxeologijalık

Ausgrabungsstätte (f)	казуу жери	kazuu dʒeri
Ausgrabungen (pl)	казуу иштери	kazuu iʃteri
Fund (m)	табылга	tabılga
Fragment (n)	фрагмент	fragment

188. Mittelalter

Volk (n)	эл	el
Völker (pl)	элдер	elder
Stamm (m)	уруу	uruu
Stämme (pl)	уруулар	uruular

Barbaren (pl)	варварлар	varvarlar
Gallier (pl)	галлдар	galldar
Goten (pl)	готтор	gottor
Slawen (pl)	славяндар	slavʲandar
Wikinger (pl)	викингдер	vikingder

| Römer (pl) | римдиктер | rimdikter |
| römisch | римдик | rimdik |

Byzantiner (pl)	византиялыктар	vizantijalıktar
Byzanz (n)	Византия	vizantija
byzantinisch	византиялык	vizantijalık

Kaiser (m)	император	imperator
Häuptling (m)	башчы	baʃʧı
mächtig (Kaiser usw.)	кудуреттүү	kudurettyy
König (m)	король, падыша	korolʲ, padıʃa
Herrscher (Monarch)	башкаруучу	baʃkaruutʃu

Ritter (m)	рыцарь	rıtsarʲ
Feudalherr (m)	феодал	feodal
feudal, Feudal-	феодалдуу	feodalduu
Vasall (m)	вассал	vassal

Herzog (m)	герцог	gertsog
Graf (m)	граф	graf
Baron (m)	барон	baron
Bischof (m)	епископ	episkop

Rüstung (f)	курал жана соот-шайман	kural dʒana soot-ʃajman
Schild (m)	калкан	kalkan
Schwert (n)	кылыч	kılıʧ
Visier (n)	туулганын бет калканы	tuulganın bet kalkanı
Panzerhemd (n)	зоот	zoot

| Kreuzzug (m) | крест астындагы черүү | krest astındagı ʧeryy |
| Kreuzritter (m) | черүүгө чыгуучу | ʧeryygø ʧıguutʃu |

Territorium (n)	аймак	ajmak
einfallen (vt)	кол салуу	kol saluu
erobern (vt)	ээ болуу	ee boluu
besetzen (Land usw.)	басып алуу	basıp aluu

Belagerung (f)	тегеректеп курчоо	tegerektep kurʧoo
belagert	курчалган	kurʧalgan
belagern (vt)	курчоого алуу	kurʧoogo aluu
Inquisition (f)	инквизиция	inkvizitsija
Inquisitor (m)	инквизитор	inkvizitor

Folter (f)	кыйноо	kıjnoo
grausam (-e Folter)	ырайымсыз	ırajımsız
Häretiker (m)	еретик	eretik
Häresie (f)	ересь	eresʲ

Seefahrt (f)	деңизде сүзүү	deŋizde syzyy
Seeräuber (m)	деңиз каракчысы	deŋiz karakʧısı
Seeräuberei (f)	деңиз каракчылыгы	deŋiz karakʧılıgı
Enterung (f)	абордаж	abordadʒ
Beute (f)	олжо	oldʒo
Schätze (pl)	казына	kazına

Entdeckung (f)	ачылыш	atʃılıʃ
entdecken (vt)	таап ачуу	taap atʃuu
Expedition (f)	экспедиция	ekspeditsija

Musketier (m)	мушкетёр	muʃketʲor
Kardinal (m)	кардинал	kardinal
Heraldik (f)	геральдика	geralʲdika
heraldisch	гералдык	geraldık

189. Führungspersonen. Chef. Behörden

König (m)	король, падыша	korolʲ, padıʃa
Königin (f)	ханыша	χanıʃa
königlich	падышалык	padıʃalık
Königreich (n)	падышалык	padıʃalık

| Prinz (m) | канзаада | kanzaada |
| Prinzessin (f) | ханбийке | χanbijke |

Präsident (m)	президент	prezident
Vizepräsident (m)	вице-президент	vitse-prezident
Senator (m)	сенатор	senator

Monarch (m)	монарх	monarχ
Herrscher (m)	башкаруучу	baʃkaruutʃu
Diktator (m)	диктатор	diktator
Tyrann (m)	зулум	zulum
Magnat (m)	магнат	magnat

Direktor (m)	директор	direktor
Chef (m)	башчы	baʃtʃı
Leiter (einer Abteilung)	башкаруучу	baʃkaruutʃu
Boss (m)	шеф	ʃef
Eigentümer (m)	кожоюн	kodʒodʒun

Führer (m)	алдыңкы катардагы	aldıŋkı katardagı
Leiter (Delegations-)	башчы	baʃtʃı
Behörden (pl)	бийликтер	bijlikter
Vorgesetzten (pl)	башчылар	baʃtʃılar

| Gouverneur (m) | губернатор | gubernator |
| Konsul (m) | консул | konsul |

Diplomat (m)	дипломат	diplomat
Bürgermeister (m)	мэр	mer
Sheriff (m)	шериф	ʃerif

Kaiser (m)	император	imperator
Zar (m)	падыша	padıʃa
Pharao (m)	фараон	faraon
Khan (m)	хан	χan

190. Straße. Weg. Richtungen

| Fahrbahn (f) | жол | ʤol |
| Weg (m) | жол | ʤol |

Autobahn (f)	шоссе	ʃosse
Schnellstraße (f)	кан жол	kan ʤol
Bundesstraße (f)	улуттук жол	uluttuk ʤol

| Hauptstraße (f) | негизги жол | negizgi ʤol |
| Feldweg (m) | кыштактар арасындагы жол | kıʃtaktar arasındagı ʤol |

| Pfad (m) | чыйыр жол | ʧıjır ʤol |
| Fußweg (m) | чыйыр жол | ʧıjır ʤol |

Wo?	Каерде?	kaerde?
Wohin?	Каяка?	kajaka?
Woher?	Каяктан?	kajaktan?

| Richtung (f) | багыт | bagıt |
| zeigen (vt) | көрсөтүү | kørsøtyy |

nach links	солго	solgo
nach rechts	оңго	oŋgo
geradeaus	түз	tyz
zurück	артка	artka

Kurve (f)	бурулуш	buruluʃ
abbiegen (nach links ~)	бурулуу	buruluu
umkehren (vi)	артка кайтуу	artka kajtuu

| sichtbar sein | көрүнүп туруу | kørynyp turuu |
| erscheinen (vi) | көрүнүү | kørynyy |

Aufenthalt (m)	токтоо	toktoo
sich erholen	эс алуу	es aluu
Erholung (f)	эс алуу	es aluu

sich verirren	адашып кетүү	adaʃıp ketyy
führen nach … (Straße usw.)	…га алып баруу	…ga alıp baruu
ankommen in …	…га чыгуу	…ga ʧıguu
Strecke (f)	жолдун бир бөлүгү	ʤoldun bir bølygy
Asphalt (m)	асфальт	asfalʲt
Bordstein (m)	бордюр	bordʉr

Graben (m)	**арык**	arık
Gully (m)	**люк**	luk
Straßenrand (m)	**жол чети**	ʤol ʧeti
Schlagloch (n)	**чуңкур**	ʧuŋkur
gehen (zu Fuß gehen)	**жөө басуу**	ʤøø basuu
überholen (vt)	**ашып кетүү**	aʃıp ketyy
Schritt (m)	**кадам**	kadam
zu Fuß	**жөө**	ʤøø
blockieren (Straße usw.)	**тосуу**	tosuu
Schlagbaum (m)	**шлагбаум**	ʃlagbaum
Sackgasse (f)	**туюк көчө**	tujuk køʧø

191. Gesetzesverstoß Verbrecher. Teil 1

Bandit (m)	**ууру-кески**	uuru-keski
Verbrechen (n)	**кылмыш**	kılmıʃ
Verbrecher (m)	**кылмышкер**	kılmıʃker
Dieb (m)	**ууру**	uuru
stehlen (vt)	**уурдоо**	uurdoo
Diebstahl (Aktivität)	**уруулук**	uruuluk
Stehlen (n)	**уурдоо**	uurdoo
kidnappen (vt)	**ала качуу**	ala katʃuu
Kidnapping (n)	**ала качуу**	ala katʃuu
Kidnapper (m)	**ала качуучу**	ala katʃuutʃu
Lösegeld (n)	**кутказуу акчасы**	kutkazuu aktʃası
Lösegeld verlangen	**кутказуу акчага талап коюу**	kutkazuu aktʃaga talap kojuu
rauben (vt)	**тоноо**	tonoo
Raub (m)	**тоноо**	tonoo
Räuber (m)	**тоноочу**	tonootʃu
erpressen (vt)	**опузалоо**	opuzaloo
Erpresser (m)	**опузалоочу**	opuzalootʃu
Erpressung (f)	**опуза**	opuza
morden (vt)	**өлтүрүү**	øltyryy
Mord (m)	**өлтүрүү**	øltyryy
Mörder (m)	**киши өлтүргүч**	kiʃi øltyrgytʃ
Schuss (m)	**атылуу**	atıluu
schießen (vt)	**атуу**	atuu
erschießen (vt)	**атып салуу**	atıp saluu
feuern (vi)	**атуу**	atuu
Schießerei (f)	**атышуу**	atıʃuu
Vorfall (m)	**окуя**	okuja
Schlägerei (f)	**уруш**	uruʃ

| Hilfe! | Жардамга! | dʒardamga! |
| Opfer (n) | жапа чеккен | dʒapa tʃekken |

beschädigen (vt)	зыян келтирүү	zıjan keltiryy
Schaden (m)	залал	zalal
Leiche (f)	өлүк	ølyk
schwer (-es Verbrechen)	оор	oor

angreifen (vt)	кол салуу	kol saluu
schlagen (vt)	уруу	uruu
verprügeln (vt)	ур-токмокко алуу	ur-tokmokko aluu
wegnehmen (vt)	тартып алуу	tartıp aluu
erstechen (vt)	союп өлтүрүү	sojɥp øltyryy
verstümmeln (vt)	майып кылуу	majıp kıluu
verwunden (vt)	жарадар кылуу	dʒaradar kıluu

Erpressung (f)	шантаж кылуу	ʃantadʒ kıluu
erpressen (vt)	шантаждоо	ʃantadʒdoo
Erpresser (m)	шантажист	ʃantadʒist

Schutzgelderpressung (f)	рэкет	reket
Erpresser (Racketeer)	рэкетир	reketir
Gangster (m)	гангстер	gangster
Mafia (f)	мафия	mafija

Taschendieb (m)	чөнтөк ууру	tʃøntøk uuru
Einbrecher (m)	бузуп алуучу ууру	buzup aluutʃu uuru
Schmuggel (m)	контрабанда	kontrabanda
Schmuggler (m)	контрабандачы	kontrabandatʃı

Fälschung (f)	окшотуп жасоо	okʃotup dʒasoo
fälschen (vt)	жасалмалоо	dʒasalmaloo
gefälscht	жасалма	dʒasalma

192. Gesetzesbruch. Verbrecher. Teil 2

Vergewaltigung (f)	зордуктоо	zorduktoo
vergewaltigen (vt)	зордуктоо	zorduktoo
Gewalttäter (m)	зордукчул	zorduktʃul
Besessene (m)	маньяк	manjak

Prostituierte (f)	сойку	sojku
Prostitution (f)	сойкучулук	sojkutʃuluk
Zuhälter (m)	жак бакты	dʒak baktı

| Drogenabhängiger (m) | баңги | baŋgi |
| Drogenhändler (m) | баңгизат сатуучу | baŋgizat satuutʃu |

sprengen (vt)	жардыруу	dʒardıruu
Explosion (f)	жарылуу	dʒarıluu
in Brand stecken	өрттөө	ørttøø
Brandstifter (m)	өрттөөчү	ørttøøtʃy
Terrorismus (m)	терроризм	terrorizm
Terrorist (m)	террорист	terrorist

Geisel (m, f)	заложник	zalodʒnik
betrügen (vt)	алдоо	aldoo
Betrug (m)	алдамчылык	aldamʧılık
Betrüger (m)	алдамчы	aldamʧı
bestechen (vt)	сатып алуу	satıp aluu
Bestechlichkeit (f)	сатып алуу	satıp aluu
Bestechungsgeld (n)	пара	para
Gift (n)	уу	uu
vergiften (vt)	ууландыруу	uulandıruu
sich vergiften	ууlanguu	uulanuu
Selbstmord (m)	жанын кыюу	dʒanın kıdʒuu
Selbstmörder (m)	жанын кыйгыч	dʒanın kıjgıʧ
drohen (vi)	коркутуу	korkutuu
Drohung (f)	коркунуч	korkunuʧ
versuchen (vt)	кол салуу	kol saluu
Attentat (n)	кол салуу	kol saluu
stehlen (Auto ~)	айдап кетүү	ajdap ketyy
entführen (Flugzeug ~)	ала качуу	ala kaʧuu
Rache (f)	кек	kek
sich rächen	өч алуу	øʧ aluu
foltern (vt)	кыйноо	kıjnoo
Folter (f)	кыйноо	kıjnoo
quälen (vt)	азапка салуу	azapka saluu
Seeräuber (m)	деңиз каракчысы	deŋiz karakʧısı
Rowdy (m)	бейбаш	bejbaʃ
bewaffnet	куралданган	kuraldangan
Gewalt (f)	зордук	zorduk
ungesetzlich	мыйзамдан тыш	mıjzamdan tıʃ
Spionage (f)	тыңчылык	tıŋʧılık
spionieren (vi)	тыңчылык кылуу	tıŋʧılık kıluu

193. Polizei Recht. Teil 1

Justiz (f)	адилеттүү сот	adilettyy sot
Gericht (n)	сот	sot
Richter (m)	сот	sot
Geschworenen (pl)	сот калыстары	sot kalıstarı
Geschworenengericht (n)	калыстар соту	sot
richten (vt)	сотко тартуу	sotko tartuu
Rechtsanwalt (m)	жактоочу	dʒaktooʧu
Angeklagte (m)	сот жообуна тартылган киши	sot dʒoobuna tartılgan kiʃi
Anklagebank (f)	соттуулар отуруучу орун	sottuular oturuuʧu orun

| Anklage (f) | айыптоо | ajıptoo |
| Beschuldigte (m) | айыпталуучу | ajıptaluutʃu |

| Urteil (n) | өкүм | økym |
| verurteilen (vt) | өкүм чыгаруу | økym tʃıgaruu |

Schuldige (m)	күнөөкөр	kynøøkør
bestrafen (vt)	жазалоо	dʒazaloo
Strafe (f)	жаза	dʒaza

Geldstrafe (f)	айып	ajıp
lebenslange Haft (f)	өмүр бою	ømyr bojʉ
Todesstrafe (f)	өлүм жазасы	ølym dʒazası

| elektrischer Stuhl (m) | электр столу | elektr stolu |
| Galgen (m) | дарга | darga |

| hinrichten (vt) | өлүм жазасын аткаруу | ølym dʒazasın atkaruu |
| Hinrichtung (f) | өлүм жазасын аткаруу | ølym dʒazasın atkaruu |

| Gefängnis (n) | түрмө | tyrmø |
| Zelle (f) | камера | kamera |

Eskorte (f)	конвой	konvoj
Gefängniswärter (m)	түрмө сакчысы	tyrmø saktʃısı
Gefangene (m)	камактагы адам	kamaktagı adam

| Handschellen (pl) | кишен | kiʃen |
| Handschellen anlegen | кишен кийгизүү | kiʃen kijgizyy |

Ausbruch (Flucht)	качуу	katʃuu
ausbrechen (vi)	качуу	katʃuu
verschwinden (vi)	жоголуп кетүү	dʒogolup ketyy

| aus ... entlassen | бошотуу | boʃotuu |
| Amnestie (f) | амнистия | amnistija |

Polizei (f)	полиция	politsija
Polizist (m)	полиция кызматкери	politsija kızmatkeri
Polizeiwache (f)	полиция бөлүмү	politsija bølymy

| Gummiknüppel (m) | резина союлчасы | rezina sojʉltʃası |
| Sprachrohr (n) | керней | kernej |

| Streifenwagen (m) | жол күзөт машинасы | dʒol kyzøt maʃinası |
| Sirene (f) | сирена | sirena |

| die Sirene einschalten | сирананы басуу | sirenanı basuu |
| Sirenengeheul (n) | сиренанын боздошу | sirenanın bozdoʃu |

Tatort (m)	кылмыш болгон жер	kılmıʃ bolgon dʒer
Zeuge (m)	күбө	kybø
Freiheit (f)	эркиндик	erkindik
Komplize (m)	шерик	ʃerik
verschwinden (vi)	из жашыруу	iz dʒaʃıruu
Spur (f)	из	iz

194. Polizei. Recht. Teil 2

Fahndung (f)	издөө	izdøø
suchen (vt)	... издөө	... izdøø
Verdacht (m)	шек	ʃek
verdächtig (Adj)	шектүү	ʃektyy
anhalten (Polizei)	токтотуу	toktotuu
verhaften (vt)	кармоо	karmoo

Fall (m), Klage (f)	иш	iʃ
Untersuchung (f)	териштирүү	teriʃtiryy
Detektiv (m)	аңдуучу	aŋduutʃu
Ermittlungsrichter (m)	тергөөчү	tergøøtʃy
Version (f)	жоромол	dʒoromol

Motiv (n)	себеп	sebep
Verhör (n)	сурак	surak
verhören (vt)	суракка алуу	surakka aluu
vernehmen (vt)	сураштыруу	suraʃtıruu
Kontrolle (Personen-)	текшерүү	tekʃeryy

Razzia (f)	тегеректөө	tegerektøø
Durchsuchung (f)	тинтүү	tintyy
Verfolgung (f)	куу	kuu
nachjagen (vi)	изине түшүү	izine tyʃyy
verfolgen (vt)	изине түшүү	izine tyʃyy

Verhaftung (f)	камак	kamak
verhaften (vt)	камакка алуу	kamakka aluu
fangen (vt)	кармоо	karmoo
Festnahme (f)	колго түшүрүү	kolgo tyʃyryy

Dokument (n)	документ	dokument
Beweis (m)	далил	dalil
beweisen (vt)	далилдөө	dalildøø
Fußspur (f)	из	iz
Fingerabdrücke (pl)	манжанын изи	mandʒanın izi
Beweisstück (n)	далил	dalil

Alibi (n)	алиби	alibi
unschuldig	бейкүнөө	bejkynøø
Ungerechtigkeit (f)	адилетсиздик	adiletsizdik
ungerecht	адилетсиз	adiletsiz

Kriminal-	кылмыштуу	kılmıʃtuu
beschlagnahmen (vt)	тартып алуу	tartıp aluu
Droge (f)	баңгизат	baŋgizat
Waffe (f)	курал	kural
entwaffnen (vt)	куралсыздандыруу	kuralsızdandıruu
befehlen (vt)	буйрук берүү	bujruk beryy
verschwinden (vi)	жоголуп кетүү	dʒogolup ketyy

Gesetz (n)	мыйзам	mıjzam
gesetzlich	мыйзамдуу	mıjzamduu
ungesetzlich	мыйзамдан тыш	mıjzamdan tıʃ

| Verantwortlichkeit (f) | жоопкерчилик | ʤoopkertʃilik |
| verantwortlich | жоопкерчиликтүү | ʤoopkertʃiliktyy |

NATUR

Die Erde. Teil 1

195. Weltall

Kosmos (m)	космос	kosmos
kosmisch, Raum-	космос	kosmos
Weltraum (m)	космос мейкиндиги	kosmos mejkindigi
All (n)	дүйнө	dyjnø
Universum (n)	аалам	aalam
Galaxie (f)	галактика	galaktika
Stern (m)	жылдыз	dʒıldız
Gestirn (n)	жылдыздар	dʒıldızdar
Planet (m)	планета	planeta
Satellit (m)	жолдош	dʒoldoʃ
Meteorit (m)	метеорит	meteorit
Komet (m)	комета	kometa
Asteroid (m)	астероид	asteroid
Umlaufbahn (f)	орбита	orbita
sich drehen	айлануу	ajlanuu
Atmosphäre (f)	атмосфера	atmosfera
Sonne (f)	күн	kyn
Sonnensystem (n)	күн системасы	kyn sisteması
Sonnenfinsternis (f)	күндүн тутулушу	kyndyn tutuluʃu
Erde (f)	Жер	dʒer
Mond (m)	Ай	aj
Mars (m)	Марс	mars
Venus (f)	Венера	venera
Jupiter (m)	Юпитер	jupiter
Saturn (m)	Сатурн	saturn
Merkur (m)	Меркурий	merkurij
Uran (m)	Уран	uran
Neptun (m)	Нептун	neptun
Pluto (m)	Плутон	pluton
Milchstraße (f)	Саманчынын жолу	samantʃının dʒolu
Der Große Bär	Чоң Жетиген	tʃoŋ dʒetigen
Polarstern (m)	Полярдык Жылдыз	polʲardık dʒıldız
Marsbewohner (m)	марсианин	marsianin
Außerirdischer (m)	инопланетянин	inoplanetʲanin

| außerirdisches Wesen (n) | келгин | kelgin |
| fliegende Untertasse (f) | учуучу табак | utʃuutʃu tabak |

Raumschiff (n)	космос кемеси	kosmos kemesi
Raumstation (f)	орбитадагы станция	orbitadagı stantsija
Raketenstart (m)	старт	start

Triebwerk (n)	кыймылдаткыч	kıjmıldatkıtʃ
Düse (f)	сопло	soplo
Treibstoff (m)	күйгүчү май	kyjyytʃy may

Kabine (f)	кабина	kabina
Antenne (f)	антенна	antenna
Bullauge (n)	иллюминатор	illuminator
Sonnenbatterie (f)	күн батареясы	kyn batarejası
Raumanzug (m)	скафандр	skafandr

| Schwerelosigkeit (f) | салмаксыздык | salmaksızdık |
| Sauerstoff (m) | кислород | kislorod |

| Ankopplung (f) | жалгаштыруу | dʒalgaʃtıruu |
| koppeln (vi) | жалгаштыруу | dʒalgaʃtıruu |

Observatorium (n)	обсерватория	observatorija
Teleskop (n)	телескоп	teleskop
beobachten (vt)	байкоо	bajkoo
erforschen (vt)	изилдее	izildøø

196. Die Erde

Erde (f)	Жер	dʒer
Erdkugel (f)	жер шары	dʒer ʃarı
Planet (m)	планета	planeta

Atmosphäre (f)	атмосфера	atmosfera
Geographie (f)	география	geografija
Natur (f)	табийгат	tabijgat

Globus (m)	глобус	globus
Landkarte (f)	карта	karta
Atlas (m)	атлас	atlas

| Europa (n) | Европа | evropa |
| Asien (n) | Азия | azija |

| Afrika (n) | Африка | afrika |
| Australien (n) | Австралия | avstralija |

Amerika (n)	Америка	amerika
Nordamerika (n)	Северная Америка	severnaja amerika
Südamerika (n)	Южная Америка	jʉdʒnaja amerika

| Antarktis (f) | Антарктида | antarktida |
| Arktis (f) | Арктика | arktika |

197. Himmelsrichtungen

Norden (m)	түндүк	tyndyk
nach Norden	түндүккө	tyndykkø
im Norden	түндүктө	tyndyktø
nördlich	түндүк	tyndyk
Süden (m)	түштүк	tyʃtyk
nach Süden	түштүккө	tyʃtykkø
im Süden	түштүктө	tyʃtyktø
südlich	түштүк	tyʃtyk
Westen (m)	батыш	batıʃ
nach Westen	батышка	batıʃka
im Westen	батышта	batıʃta
westlich, West-	батыш	batıʃ
Osten (m)	чыгыш	ʧıgıʃ
nach Osten	чыгышка	ʧıgıʃka
im Osten	чыгышта	ʧıgıʃta
östlich	чыгыш	ʧıgıʃ

198. Meer. Ozean

Meer (n), See (f)	деңиз	deŋiz
Ozean (m)	мухит	muχit
Golf (m)	булуң	buluŋ
Meerenge (f)	кысык	kısık
Festland (n)	жер	dʒer
Kontinent (m)	материк	materik
Insel (f)	арал	aral
Halbinsel (f)	жарым арал	dʒarım aral
Archipel (m)	архипелаг	arχipelag
Bucht (f)	булуң	buluŋ
Hafen (m)	гавань	gavanʲ
Lagune (f)	лагуна	laguna
Kap (n)	тумшук	tumʃuk
Atoll (n)	атолл	atoll
Riff (n)	риф	rif
Koralle (f)	маржан	mardʒan
Korallenriff (n)	маржан рифи	mardʒan rifi
tief (Adj)	терең	tereŋ
Tiefe (f)	терeңдик	tereŋdik
Abgrund (m)	түбү жок	tyby dʒok
Graben (m)	ойдуң	ojduŋ
Strom (m)	агым	agım
umspülen (vt)	курчап туруу	kurʧap turuu

Ufer (n)	жээк	dʒeek
Küste (f)	жээк	dʒeek
Flut (f)	суунун көтөрүлүшү	suunun køtørylyʃy
Ebbe (f)	суунун тартылуусу	suunun tartıluusu
Sandbank (f)	тайыздык	tajızdık
Boden (m)	суунун түбү	suunun tyby
Welle (f)	толкун	tolkun
Wellenkamm (m)	толкундун кыры	tolkundun kırı
Schaum (m)	көбүк	købyk
Sturm (m)	бороон чапкын	boroon tʃapkın
Orkan (m)	бороон	boroon
Tsunami (m)	цунами	tsunami
Windstille (f)	штиль	ʃtilʲ
ruhig	тынч	tıntʃ
Pol (m)	уюл	ujʉl
Polar-	полярдык	polʲardık
Breite (f)	кеңдик	keŋdik
Länge (f)	узундук	uzunduk
Breitenkreis (m)	параллель	parallelʲ
Äquator (m)	экватор	ekvator
Himmel (m)	асман	asman
Horizont (m)	горизонт	gorizont
Luft (f)	аба	aba
Leuchtturm (m)	маяк	majak
tauchen (vi)	сүңгүү	syŋgyy
versinken (vi)	чөгүп кетүү	tʃøgyp ketyy
Schätze (pl)	казына	kazına

199. Namen der Meere und Ozeane

Atlantischer Ozean (m)	Атлантика мухити	atlantika muχiti
Indischer Ozean (m)	Индия мухити	indija muχiti
Pazifischer Ozean (m)	Тынч мухити	tıntʃ muχiti
Arktischer Ozean (m)	Түндүк Муз мухити	tyndyk muz muχiti
Schwarzes Meer (n)	Кара деңиз	kara deŋiz
Rotes Meer (n)	Кызыл деңиз	kızıl deŋiz
Gelbes Meer (n)	Сары деңиз	sarı deŋiz
Weißes Meer (n)	Ак деңиз	ak deŋiz
Kaspisches Meer (n)	Каспий деңизи	kaspij deŋizi
Totes Meer (n)	Өлүк деңиз	ølyk deŋiz
Mittelmeer (n)	Жер Ортолук деңиз	dʒer ortoluk deŋiz
Ägäisches Meer (n)	Эгей деңизи	egej deŋizi
Adriatisches Meer (n)	Адриатика деңизи	adriatika deŋizi
Arabisches Meer (n)	Аравия деңизи	aravija deŋizi

Japanisches Meer (n)	Япон деңизи	japon deŋizi
Beringmeer (n)	Беринг деңизи	bering deŋizi
Südchinesisches Meer (n)	Түштүк-Кытай деңизи	tyʃtyk-kıtaj deŋizi

Korallenmeer (n)	Маржан деңизи	mardʒan deŋizi
Tasmansee (f)	Тасман деңизи	tasman deŋizi
Karibisches Meer (n)	Кариб деңизи	karib deŋizi

| Barentssee (f) | Баренц деңизи | barents deŋizi |
| Karasee (f) | Карск деңизи | karsk deŋizi |

Nordsee (f)	Түндүк деңиз	tyndyk deŋiz
Ostsee (f)	Балтика деңизи	baltika deŋizi
Nordmeer (n)	Норвегиялык деңизи	norvegijalık deŋizi

200. Berge

Berg (m)	тоо	too
Gebirgskette (f)	тоо тизмеги	too tizmegi
Bergrücken (m)	тоо кыркалары	too kırkaları

Gipfel (m)	чоку	tʃoku
Spitze (f)	чоку	tʃoku
Bergfuß (m)	тоо этеги	too etegi
Abhang (m)	эңкейиш	eŋkejiʃ

Vulkan (m)	вулкан	vulkan
tätiger Vulkan (m)	күйүп жаткан	kyjyp dʒatkan
schlafender Vulkan (m)	өчүп калган вулкан	øtʃyp kalgan vulkan

Ausbruch (m)	атырылып чыгуу	atırılıp tʃıguu
Krater (m)	кратер	krater
Magma (n)	магма	magma
Lava (f)	лава	lava
glühend heiß (-e Lava)	кызыган	kızıgan

Cañon (m)	каньон	kanʲon
Schlucht (f)	капчыгай	kaptʃıgaj
Spalte (f)	жарака	dʒaraka
Abgrund (m) (steiler ~)	жар	dʒar

Gebirgspass (m)	ашуу	aʃuu
Plateau (n)	дөңсөө	døŋsøø
Fels (m)	зоока	zooka
Hügel (m)	дөбө	døbø

Gletscher (m)	муз	muz
Wasserfall (m)	шаркыратма	ʃarkıratma
Geiser (m)	гейзер	gejzer
See (m)	көл	køl

Ebene (f)	түздүк	tyzdyk
Landschaft (f)	теребел	terebel
Echo (n)	жаңырык	dʒaŋırık

Bergsteiger (m)	альпинист	alʲpinist
Kletterer (m)	скалолаз	skalolaz
bezwingen (vt)	багындыруу	bagındıruu
Aufstieg (m)	тоонун чокусуна чыгуу	toonun ʧokusuna ʧıguu

201. Namen der Berge

Alpen (pl)	Альп тоолору	alʲp tooloru
Montblanc (m)	Монблан	monblan
Pyrenäen (pl)	Пиреней тоолору	pirenej tooloru
Karpaten (pl)	Карпат тоолору	karpat tooloru
Uralgebirge (n)	Урал тоолору	ural tooloru
Kaukasus (m)	Кавказ тоолору	kavkaz tooloru
Elbrus (m)	Эльбрус	elʲbrus
Altai (m)	Алтай тоолору	altaj tooloru
Tian Shan (m)	Тянь-Шань	tjanʲ-ʃanʲ
Pamir (m)	Памир тоолору	pamir tooloru
Himalaja (m)	Гималай тоолору	gimalaj tooloru
Everest (m)	Эверест	everest
Anden (pl)	Анд тоолору	and tooloru
Kilimandscharo (m)	Килиманджаро	kilimandʒaro

202. Flüsse

Fluss (m)	дарыя	darıja
Quelle (f)	булак	bulak
Flussbett (n)	сай	saj
Stromgebiet (n)	бассейн	bassejn
einmünden in ...	... куюу	... kujʉu
Nebenfluss (m)	куйма	kujma
Ufer (n)	жээк	dʒeek
Strom (m)	агым	agım
stromabwärts	агым боюнча	agım bojʉnʧa
stromaufwärts	агымга каршы	agımga karʃı
Überschwemmung (f)	ташкын	taʃkın
Hochwasser (n)	суу ташкыны	suu taʃkını
aus den Ufern treten	дайранын ташышы	dajranın taʃıʃı
überfluten (vt)	суу каптоо	suu kaptoo
Sandbank (f)	тайыздык	tajızdık
Stromschnelle (f)	босого	bosogo
Damm (m)	тогоон	togoon
Kanal (m)	канал	kanal
Stausee (m)	суу сактагыч	suu saktagıʧ
Schleuse (f)	шлюз	ʃlʉz

Gewässer (n)	көлмө	kølmø
Sumpf (m), Moor (n)	саз	saz
Marsch (f)	баткак	batkak
Strudel (m)	айлампа	ajlampa

Bach (m)	суу	suu
Trink- (z.B. Trinkwasser)	ичилчү суу	itʃiltʃy suu
Süß- (Wasser)	тузсуз	tuzsuz

| Eis (n) | муз | muz |
| zufrieren (vi) | тоңуп калуу | toŋup kaluu |

203. Namen der Flüsse

| Seine (f) | Сена | sena |
| Loire (f) | Луара | luara |

Themse (f)	Темза	temza
Rhein (m)	Рейн	rejn
Donau (f)	Дунай	dunaj

Wolga (f)	Волга	volga
Don (m)	Дон	don
Lena (f)	Лена	lena

Gelber Fluss (m)	Хуанхэ	χuanχe
Jangtse (m)	Янцзы	jantszı
Mekong (m)	Меконг	mekong
Ganges (m)	Ганг	gang

Nil (m)	Нил	nil
Kongo (m)	Конго	kongo
Okavango (m)	Окаванго	okavango
Sambesi (m)	Замбези	zambezi
Limpopo (m)	Лимпопо	limpopo
Mississippi (m)	Миссисипи	missisipi

204. Wald

| Wald (m) | токой | tokoj |
| Wald- | токойлуу | tokojluu |

Dickicht (n)	чытырман токой	tʃıtırman tokoj
Gehölz (n)	токойчо	tokojtʃo
Lichtung (f)	аянт	ajant

| Dickicht (n) | бадал | badal |
| Gebüsch (n) | бадал | badal |

Fußweg (m)	чыйыр жол	tʃıjır dʒol
Erosionsrinne (f)	жар	dʒar
Baum (m)	дарак	darak

| Blatt (n) | жалбырак | ʤalbırak |
| Laub (n) | жалбырак | ʤalbırak |

Laubfall (m)	жалбырак түшүү мезгили	ʤalbırak tyʃyy mezgili
fallen (Blätter)	түшүү	tyʃyy
Wipfel (m)	чоку	tʃoku

Zweig (m)	бутак	butak
Ast (m)	бутак	butak
Knospe (f)	бүчүр	bytʃyr
Nadel (f)	ийне	ijne
Zapfen (m)	тобурчак	toburtʃak

Höhlung (f)	көңдөй	køŋdøj
Nest (n)	уя	uja
Höhle (f)	ийин	ijin

Stamm (m)	сөңгөк	søŋgøk
Wurzel (f)	тамыр	tamır
Rinde (f)	кыртыш	kırtıʃ
Moos (n)	мох	moχ

entwurzeln (vt)	дүмүрүн казуу	dymyryn kazuu
fällen (vt)	кыюу	kıjʉu
abholzen (vt)	токойду кыюу	tokojdu kıjʉu
Baumstumpf (m)	дүмүр	dymyr

Lagerfeuer (n)	от	ot
Waldbrand (m)	өрт	ørt
löschen (vt)	өчүрүү	øtʃyryy

Förster (m)	токойчу	tokojtʃu
Schutz (m)	өсүмдүктөрдү коргоо	øsymdyktørdy korgoo
beschützen (vt)	сактоо	saktoo
Wilddieb (m)	браконьер	brakonjer
Falle (f)	капкан	kapkan

sammeln (Pilze ~)	терүү	teryy
pflücken (Beeren ~)	терүү	teryy
sich verirren	адашып кетүү	adaʃıp ketyy

205. natürliche Lebensgrundlagen

Naturressourcen (pl)	жаратылыш байлыктары	ʤaratılıʃ bajlıktarı
Bodenschätze (pl)	пайдалуу кендер	pajdaluu kender
Vorkommen (n)	кен	ken
Feld (Ölfeld usw.)	кендүү жер	kendyy ʤer

gewinnen (vt)	казуу	kazuu
Gewinnung (f)	казуу	kazuu
Erz (n)	кен	ken
Bergwerk (n)	шахта	ʃaχta
Schacht (m)	шахта	ʃaχta
Bergarbeiter (m)	кенчи	kentʃi

| Erdgas (n) | газ | gaz |
| Gasleitung (f) | газопровод | gazoprovod |

Erdöl (n)	мунайзат	munajzat
Erdölleitung (f)	мунайзар түтүгү	munajzar tytygy
Ölquelle (f)	мунайзат скважинасы	munajzat skvadʒinası
Bohrturm (m)	мунайзат мунарасы	munajzat munarası
Tanker (m)	танкер	tanker

Sand (m)	кум	kum
Kalkstein (m)	акиташ	akitaʃ
Kies (m)	шагыл	ʃagıl
Torf (m)	торф	torf
Ton (m)	ылай	ılaj
Kohle (f)	көмүр	kømyr

Eisen (n)	темир	temir
Gold (n)	алтын	altın
Silber (n)	күмүш	kymyʃ
Nickel (n)	никель	nikelʲ
Kupfer (n)	жез	dʒez

Zink (n)	цинк	tsınk
Mangan (n)	марганец	marganets
Quecksilber (n)	сымап	sımap
Blei (n)	коргошун	korgoʃun

Mineral (n)	минерал	mineral
Kristall (m)	кристалл	kristall
Marmor (m)	мрамор	mramor
Uran (n)	уран	uran

Die Erde. Teil 2

206. Wetter

Wetter (n)	аба-ырайы	aba-ırajı
Wetterbericht (m)	аба-ырайы боюнча маалымат	aba-ırajı bojunʧa maalımat
Temperatur (f)	температура	temperatura
Thermometer (n)	термометр	termometr
Barometer (n)	барометр	barometr
feucht	нымдуу	nımduu
Feuchtigkeit (f)	ным	nım
Hitze (f)	ысык	ısık
glutheiß	кыйын ысык	kıjın ısık
ist heiß	ысык	ısık
ist warm	жылуу	ʤıluu
warm (Adj)	жылуу	ʤıluu
ist kalt	суук	suuk
kalt (Adj)	суук	suuk
Sonne (f)	күн	kyn
scheinen (vi)	күн тийүү	kyn tijyy
sonnig (Adj)	күн ачык	kyn aʧık
aufgehen (vi)	чыгуу	ʧıguu
untergehen (vi)	батуу	batuu
Wolke (f)	булут	bulut
bewölkt, wolkig	булуттуу	buluttuu
Regenwolke (f)	булут	bulut
trüb (-er Tag)	күн бүркөк	kyn byrkøk
Regen (m)	жамгыр	ʤamgır
Es regnet	жамгыр жаап жатат	ʤamgır ʤaap ʤatat
regnerisch (-er Tag)	жаандуу	ʤaanduu
nieseln (vi)	дыбыратуу	dıbıratuu
strömender Regen (m)	нөшөрлөгөн жаан	nøʃørløgøn ʤaan
Regenschauer (m)	нөшөр	nøʃør
stark (-er Regen)	катуу	katuu
Pfütze (f)	көлчүк	kølʧyk
nass werden (vi)	суу болуу	suu boluu
Nebel (m)	туман	tuman
neblig (-er Tag)	тумандуу	tumanduu
Schnee (m)	кар	kar
Es schneit	кар жаап жатат	kar ʤaap ʤatat

207. Unwetter Naturkatastrophen

Gewitter (n)	чагылгандуу жаан	ʧagılganduu ʤaan
Blitz (m)	чагылган	ʧagılgan
blitzen (vi)	жарк этүү	ʤark etyy
Donner (m)	күн күркүрөө	kyn kyrkyrøø
donnern (vi)	күн күркүрөө	kyn kyrkyrøø
Es donnert	күн күркүрөп жатат	kyn kyrkyrøp ʤatat
Hagel (m)	мөндүр	møndyr
Es hagelt	мөндүр түшүп жатат	møndyr tyʃyp ʤatat
überfluten (vt)	суу каптоо	suu kaptoo
Überschwemmung (f)	ташкын	taʃkın
Erdbeben (n)	жер титирөө	ʤer titirøø
Erschütterung (f)	жердин силкиниши	ʤerdin silkiniʃi
Epizentrum (n)	эпицентр	epiʦentr
Ausbruch (m)	атырылып чыгуу	atırılıp ʧıguu
Lava (f)	лава	lava
Wirbelsturm (m)	куюн	kujʉn
Tornado (m)	торнадо	tornado
Taifun (m)	тайфун	tajfun
Orkan (m)	бороон	boroon
Sturm (m)	бороон чапкын	boroon ʧapkın
Tsunami (m)	цунами	ʦunami
Zyklon (m)	циклон	ʦıklon
Unwetter (n)	жаан-чачындуу күн	ʤaan-ʧaʧınduu kyn
Brand (m)	өрт	ørt
Katastrophe (f)	кыйроо	kıjroo
Meteorit (m)	метеорит	meteorit
Lawine (f)	көчкү	køʧky
Schneelawine (f)	кар көчкүсү	kar køʧkysy
Schneegestöber (n)	кар бороону	kar boroonu
Schneesturm (m)	бурганак	burganak

208. Geräusche. Klänge

Stille (f)	жымжырттык	ʤımʤırttık
Laut (m)	добуш	dobuʃ
Lärm (m)	ызы-чуу	ızı-ʧuu
lärmen (vi)	чуулдоо	ʧuuldoo
lärmend (Adj)	дуулдаган	duuldagan
laut (in lautemTon)	катуу	katuu
laut (eine laute Stimme)	катуу	katuu
ständig (Adj)	үзгүлтүксүз	yzgyltyksyz

Schrei (m)	кыйкырык	kıjkırık
schreien (vi)	кыйкыруу	kıjkıruu
Flüstern (n)	шыбыр	ʃıbır
flüstern (vt)	шыбырап айтуу	ʃıbırap ajtuu
Gebell (n)	үрүү	yryy
bellen (vi)	үрүү	yryy
Stöhnen (n)	онтоо	ontoo
stöhnen (vi)	онтоо	ontoo
Husten (m)	жөтөл	dʒøtøl
husten (vi)	жөтөлүү	dʒøtølyy
Pfiff (m)	ышкырык	ıʃkırık
pfeifen (vi)	ышкыруу	ıʃkıruu
Klopfen (n)	такылдатуу	takıldatuu
klopfen (vi)	такылдатуу	takıldatuu
krachen (Laut)	чыртылдоо	tʃırtıldoo
Krachen (n)	чыртылдоо	tʃırtıldoo
Sirene (f)	сирена	sirena
Pfeife (Zug usw.)	гудок	gudok
pfeifen (vi)	гудок чалуу	gudok tʃaluu
Hupe (f)	сигнал	signal
hupen (vi)	сигнал басуу	signal basuu

209. Winter

Winter (m)	кыш	kıʃ
Winter-	кышкы	kıʃkı
im Winter	кышында	kıʃında
Schnee (m)	кар	kar
Es schneit	кар жаап жатат	kar dʒaap dʒatat
Schneefall (m)	кар жаашы	kar dʒaaʃı
Schneewehe (f)	күрткү	kyrtky
Schneeflocke (f)	кар учкуну	kar utʃkunu
Schneeball (m)	томолоктолгон кар	tomoloktolgon kar
Schneemann (m)	кар адам	kar adam
Eiszapfen (m)	тоңгон муз	toŋgon muz
Dezember (m)	декабрь	dekabrʲ
Januar (m)	январь	janvarʲ
Februar (m)	февраль	fevralʲ
Frost (m)	аяз	ajaz
frostig, Frost-	аяздуу	ajazduu
unter Null	нольдон төмөн	nolʲdon tømøn
leichter Frost (m)	үшүк	yʃyk
Reif (m)	кыроо	kıroo
Kälte (f)	суук	suuk

Es ist kalt	суук	suuk
Pelzmantel (m)	тон	ton
Fausthandschuhe (pl)	мээлей	meelej

erkranken (vi)	ооруп калуу	oorup kaluu
Erkältung (f)	суук тийүү	suuk tijyy
sich erkälten	суук тийгизип алуу	suuk tijgizip aluu

Eis (n)	муз	muz
Glatteis (n)	кара тоңголок	kara toŋgolok
zufrieren (vi)	тоңуп калуу	toŋup kaluu
Eisscholle (f)	муздун чоң сыныгы	muzdun ʧoŋ sınıgı

Ski (pl)	чаңгы	ʧaŋgı
Skiläufer (m)	чаңычы	ʧaŋıʧı
Ski laufen	чаңгы тебүү	ʧaŋgı tebyy
Schlittschuh laufen	коньки тебүү	konʲki tebyy

Fauna

210. Säugetiere. Raubtiere

Raubtier (n)	жырткыч	ʤırtkıʧ
Tiger (m)	жолборс	ʤolbors
Löwe (m)	арстан	arstan
Wolf (m)	карышкыр	karıʃkır
Fuchs (m)	түлкү	tylky
Jaguar (m)	ягуар	jaguar
Leopard (m)	леопард	leopard
Gepard (m)	гепард	gepard
Panther (m)	пантера	pantera
Puma (m)	пума	puma
Schneeleopard (m)	илбирс	ilbirs
Luchs (m)	сүлөөсүн	syløøsyn
Kojote (m)	койот	kojot
Schakal (m)	чөө	ʧøø
Hyäne (f)	гиена	giena

211. Tiere in freier Wildbahn

Tier (n)	жаныбар	ʤanıbar
Bestie (f)	жапайы жаныбар	ʤapajı ʤanıbar
Eichhörnchen (n)	тыйын чычкан	tijın ʧıʧkan
Igel (m)	кирпичечен	kirpiʧetʃen
Hase (m)	коен	koen
Kaninchen (n)	коен	koen
Dachs (m)	кашкулак	kaʃkulak
Waschbär (m)	енот	enot
Hamster (m)	хомяк	χomʲak
Murmeltier (n)	суур	suur
Maulwurf (m)	момолой	momoloj
Maus (f)	чычкан	ʧıʧkan
Ratte (f)	келемиш	kelemiʃ
Fledermaus (f)	жарганат	ʤarganat
Hermelin (n)	арс чычкан	ars ʧıʧkan
Zobel (m)	киш	kiʃ
Marder (m)	суусар	suusar
Wiesel (n)	ласка	laska
Nerz (m)	норка	norka

| Biber (m) | кемчет | kemtʃet |
| Fischotter (m) | кундуз | kunduz |

Pferd (n)	жылкы	ʤılkı
Elch (m)	багыш	bagıʃ
Hirsch (m)	бугу	bugu
Kamel (n)	төө	tøø

Bison (m)	бизон	bizon
Wisent (m)	зубр	zubr
Büffel (m)	буйвол	bujvol

Zebra (n)	зебра	zebra
Antilope (f)	антилопа	antilopa
Reh (n)	элик	elik
Damhirsch (m)	лань	lanʲ
Gämse (f)	жейрен	ʤejren
Wildschwein (n)	каман	kaman

Wal (m)	кит	kit
Seehund (m)	тюлень	tʉlenʲ
Walroß (n)	морж	morʤ
Seebär (m)	деңиз мышыгы	deŋiz mıʃıgı
Delfin (m)	дельфин	delʲfin

Bär (m)	аюу	ajʉu
Eisbär (m)	ак аюу	ak ajʉu
Panda (m)	панда	panda

Affe (m)	маймыл	majmıl
Schimpanse (m)	шимпанзе	ʃimpanze
Orang-Utan (m)	орангутанг	orangutang
Gorilla (m)	горилла	gorilla
Makak (m)	макака	makaka
Gibbon (m)	гиббон	gibbon

Elefant (m)	пил	pil
Nashorn (n)	керик	kerik
Giraffe (f)	жираф	ʤiraf
Flusspferd (n)	бегемот	begemot

| Känguru (n) | кенгуру | kenguru |
| Koala (m) | коала | koala |

Manguste (f)	мангуст	mangust
Chinchilla (n)	шиншилла	ʃinʃilla
Stinktier (n)	скунс	skuns
Stachelschwein (n)	чүткөр	ʧytkør

212. Haustiere

Katze (f)	ургаачы мышык	urgaaʧı mıʃık
Kater (m)	эркек мышык	erkek mıʃık
Hund (m)	ит	it

Pferd (n)	жылкы	dʒılkı
Hengst (m)	айгыр	ajgır
Stute (f)	бээ	bee

Kuh (f)	уй	uj
Stier (m)	бука	buka
Ochse (m)	өгүз	øgyz

Schaf (n)	кой	koj
Widder (m)	кочкор	kotʃkor
Ziege (f)	эчки	etʃki
Ziegenbock (m)	теке	teke

| Esel (m) | эшек | eʃek |
| Maultier (n) | качыр | katʃır |

Schwein (n)	чочко	tʃotʃko
Ferkel (n)	торопой	toropoj
Kaninchen (n)	коен	koen

| Huhn (n) | тоок | took |
| Hahn (m) | короз | koroz |

Ente (f)	өрдөк	ørdøk
Enterich (m)	эркек өрдөк	erkek ørdøk
Gans (f)	каз	kaz

| Puter (m) | күрп | kyrp |
| Pute (f) | ургаачы күрп | urgaatʃı kyrp |

Haustiere (pl)	үй жаныбарлары	yj dʒanıbarları
zahm	колго үйрөтүлгөн	kolgo yjrøtylgøn
zähmen (vt)	колго үйрөтүү	kolgo yjrøtyy
züchten (vt)	өстүрүү	østyryy

Farm (f)	ферма	ferma
Geflügel (n)	үй канаттулары	yj kanattuları
Vieh (n)	мал	mal
Herde (f)	бада	bada

Pferdestall (m)	аткана	atkana
Schweinestall (m)	чочкокана	tʃotʃkokana
Kuhstall (m)	уйкана	ujkana
Kaninchenstall (m)	коенкана	koenkana
Hühnerstall (m)	тоокана	tookana

213. Hunde. Hunderassen

Hund (m)	ит	it
Schäferhund (m)	овчарка	ovtʃarka
Deutsche Schäferhund (m)	немис овчаркасы	nemis ovtʃarkası
Pudel (m)	пудель	pudelʲ
Dachshund (m)	такса	taksa
Bulldogge (f)	бульдог	bulʲdog

Boxer (m)	боксёр	boksʲor
Mastiff (m)	мастиф	mastif
Rottweiler (m)	ротвейлер	rotvejler
Dobermann (m)	доберман	doberman

Basset (m)	бассет	basset
Bobtail (m)	бобтейл	bobtejl
Dalmatiner (m)	далматинец	dalmatinets
Cocker-Spaniel (m)	кокер-спаниэль	koker-spanielʲ

| Neufundländer (m) | ньюфаундленд | njʉfaundlend |
| Bernhardiner (m) | сенбернар | senbernar |

Eskimohund (m)	хаски	χaski
Chow-Chow (m)	чау-чау	ʧau-ʧau
Spitz (m)	шпиц	ʃpits
Mops (m)	мопс	mops

214. Tierlaute

Gebell (n)	үрүү	yryy
bellen (vi)	үрүү	yryy
miauen (vi)	миёлоо	mijoloo
schnurren (Katze)	мырылдоо	mırıldoo

muhen (vi)	маароо	maaroo
brüllen (Stier)	өкүрүү	økyryy
knurren (Hund usw.)	ырылдоо	ırıldoo

Heulen (n)	уулуу	uuluu
heulen (vi)	уулуу	uuluu
winseln (vi)	кыңшылоо	kıŋʃıloo

meckern (Ziege)	маароо	maaroo
grunzen (vi)	коркулдоо	korkuldoo
kreischen (vi)	чаңыруу	ʧaŋıruu

quaken (vi)	чардоо	ʧardoo
summen (Insekt)	зыңылдоо	zıŋıldoo
zirpen (vi)	чырылдоо	ʧırıldoo

215. Jungtiere

Tierkind (n)	жаныбарлардын баласы	dʒanıbarlardın balası
Kätzchen (n)	мышыктын баласы	mıʃıktın balası
Mausjunge (n)	чычкандын баласы	ʧıʧkandın balası
Hündchen (n), Welpe (m)	күчүк	kyʧyk

Häschen (n)	бөжөк	bødʒøk
Kaninchenjunge (n)	бөжөк	bødʒøk
Wolfsjunge (n)	бөлтүрүк	bøltyryk
Fuchsjunge (n)	түлкү баласы	tylky balası

Bärenjunge (n)	мамалак	mamalak
Löwenjunge (n)	арстан баласы	arstan balası
junger Tiger (m)	жолборс баласы	dʒolbors balası
Elefantenjunge (n)	пилдин баласы	pildin balası

Ferkel (n)	торопой	toropoj
Kalb (junge Kuh)	музоо	muzoo
Ziegenkitz (n)	улак	ulak
Lamm (n)	козу	kozu
Hirschkalb (n)	бугунун музоосу	bugunun muzoosu
Kamelfohlen (n)	бото	boto

| junge Schlange (f) | жылан баласы | dʒılan balası |
| Fröschlein (n) | бака баласы | baka balası |

junger Vogel (m)	балапан	balapan
Küken (n)	балапан	balapan
Entlein (n)	өрдөктүн баласы	ørdøktyn balası

216. Vögel

Vogel (m)	куш	kuʃ
Taube (f)	көгүчкөн	køgytʃkøn
Spatz (m)	таранчы	tarantʃı
Meise (f)	синица	sinitsa
Elster (f)	сагызган	sagızgan

Rabe (m)	кузгун	kuzgun
Krähe (f)	карга	karga
Dohle (f)	таан	taan
Saatkrähe (f)	чаркарга	tʃarkarga

Ente (f)	өрдөк	ørdøk
Gans (f)	каз	kaz
Fasan (m)	кыргоол	kırgool

Adler (m)	бүркүт	byrkyt
Habicht (m)	ителги	itelgi
Falke (m)	шумкар	ʃumkar
Greif (m)	жору	dʒoru
Kondor (m)	кондор	kondor

Schwan (m)	аккуу	akkuu
Kranich (m)	турна	turna
Storch (m)	илегилек	ilegilek

Papagei (m)	тотукуш	totukuʃ
Kolibri (m)	колибри	kolibri
Pfau (m)	тоос	toos

Strauß (m)	төө куш	tøø kuʃ
Reiher (m)	көк кытан	køk kıtan
Flamingo (m)	фламинго	flamingo
Pelikan (m)	биргазан	birgazan

| Nachtigall (f) | булбул | bulbul |
| Schwalbe (f) | чабалекей | ʧabalekej |

Drossel (f)	таркылдак	tarkıldak
Singdrossel (f)	сайрагыч таркылдак	sajragıʧ tarkıldak
Amsel (f)	кара таңдай таркылдак	kara taŋdaj tarkıldak

Segler (m)	кардыгач	kardıgaʧ
Lerche (f)	торгой	torgoj
Wachtel (f)	бөдөнө	bødønø

Specht (m)	тоңкулдак	toŋkuldak
Kuckuck (m)	күкүк	kykyk
Eule (f)	мыкый үкү	mıkıj yky
Uhu (m)	үкү	yky
Auerhahn (m)	керең кур	kereŋ kur
Birkhahn (m)	кара кур	kara kur
Rebhuhn (n)	кекилик	kekilik

Star (m)	чыйырчык	ʧıjırʧık
Kanarienvogel (m)	канарейка	kanarejka
Haselhuhn (n)	токой чили	tokoj ʧili
Buchfink (m)	зяблик	zʲablik
Gimpel (m)	снегирь	snegirʲ

Möwe (f)	ак чардак	ak ʧardak
Albatros (m)	альбатрос	alʲbatros
Pinguin (m)	пингвин	pingvin

217. Vögel. Gesang und Laute

singen (vt)	сайроо	sajroo
schreien (vi)	кыйкыруу	kıjkıruu
kikeriki schreien	"күкирикү" деп кыйкыруу	kykiriky' dep kıjkıruu
kikeriki	күкирикү	kykiriky

gackern (vi)	какылдоо	kakıldoo
krächzen (vi)	каркылдоо	karkıldoo
schnattern (Ente)	бакылдоо	bakıldoo
piepsen (vi)	чыйылдоо	ʧıjıldoo
zwitschern (vi)	чырылдоо	ʧırıldoo

218. Fische. Meerestiere

Brachse (f)	лещ	leʃʧ
Karpfen (m)	карп	karp
Barsch (m)	окунь	okunʲ
Wels (m)	жаян	dʒajan
Hecht (m)	чортон	ʧorton

| Lachs (m) | лосось | lososʲ |
| Stör (m) | осётр | osʲotr |

Hering (m)	сельдь	selʲdʲ
atlantische Lachs (m)	сёмга	sʲomga
Makrele (f)	скумбрия	skumbrija
Scholle (f)	камбала	kambala

Zander (m)	судак	sudak
Dorsch (m)	треска	treska
Tunfisch (m)	тунец	tunets
Forelle (f)	форель	forelʲ

Aal (m)	угорь	ugorʲ
Zitterrochen (m)	скат	skat
Muräne (f)	мурена	murena
Piranha (m)	пиранья	piranja

Hai (m)	акула	akula
Delfin (m)	дельфин	delʲfin
Wal (m)	кит	kit

Krabbe (f)	краб	krab
Meduse (f)	медуза	meduza
Krake (m)	сегиз бут	segiz but

Seestern (m)	деңиз жылдызы	deŋiz dʒıldızı
Seeigel (m)	деңиз кирписи	deŋiz kirpisi
Seepferdchen (n)	деңиз тайы	deŋiz tajı

Auster (f)	устрица	ustritsa
Garnele (f)	креветка	krevetka
Hummer (m)	омар	omar
Languste (f)	лангуст	langust

219. Amphibien Reptilien

| Schlange (f) | жылан | dʒılan |
| Gift-, giftig | уулуу | uuluu |

Viper (f)	кара чаар жылан	kara tʃaar dʒılan
Kobra (f)	кобра	kobra
Python (m)	питон	piton
Boa (f)	удав	udav

Ringelnatter (f)	сары жылан	sarı dʒılan
Klapperschlange (f)	шакылдак жылан	ʃakıldak dʒılan
Anakonda (f)	анаконда	anakonda

Eidechse (f)	кескелдирик	keskeldirik
Leguan (m)	игуана	iguana
Waran (m)	эчкемер	etʃkemer
Salamander (m)	саламандра	salamandra
Chamäleon (n)	хамелеон	χameleon
Skorpion (m)	чаян	tʃajan
Schildkröte (f)	ташбака	taʃbaka
Frosch (m)	бака	baka

| Kröte (f) | курбака | kurbaka |
| Krokodil (n) | крокодил | krokodil |

220. Insekten

Insekt (n)	курт-кумурска	kurt-kumurska
Schmetterling (m)	көпөлөк	køpøløk
Ameise (f)	кумурска	kumurska
Fliege (f)	чымын	ʧımın
Mücke (f)	чиркей	ʧirkej
Käfer (m)	коңуз	koŋuz

Wespe (f)	аары	aarı
Biene (f)	бал аары	bal aarı
Hummel (f)	жапан аары	dʒapan aarı
Bremse (f)	көгөөн	køgøøn

| Spinne (f) | жөргөмүш | dʒørgømyʃ |
| Spinnennetz (n) | желе | dʒele |

Libelle (f)	ийнелик	ijnelik
Grashüpfer (m)	чегиртке	ʧegirtke
Schmetterling (m)	көпөлөк	køpøløk

Schabe (f)	таракан	tarakan
Zecke (f)	кене	kene
Floh (m)	бүргө	byrgø
Kriebelmücke (f)	майда чымын	majda ʧımın

Heuschrecke (f)	чегиртке	ʧegirtke
Schnecke (f)	улуул	ylyl
Heimchen (n)	кара чегиртке	kara ʧegirtke
Leuchtkäfer (m)	жалтырак коңуз	dʒaltırak koŋuz
Marienkäfer (m)	айланкөчөк	ajlankøʧøk
Maikäfer (m)	саратан коңуз	saratan koŋuz

Blutegel (m)	сүлүк	sylyk
Raupe (f)	каз таман	kaz taman
Wurm (m)	жер курту	dʒer kurtu
Larve (f)	курт	kurt

221. Tiere. Körperteile

Schnabel (m)	тумшук	tumʃuk
Flügel (pl)	канаттар	kanattar
Fuß (m)	чеңгел	ʧeŋgel
Gefieder (n)	куштун жүнү	kuʃtun dʒyny
Feder (f)	канат	kanat
Haube (f)	көкүлчө	køkylʧø

| Kiemen (pl) | бакалоор | bakaloor |
| Laich (m) | балык уругу | balık urugu |

Larve (f)	курт	kurt
Flosse (f)	сүзгүч	syzgytʃ
Schuppe (f)	кабырчык	kabırtʃik

Stoßzahn (m)	азуу тиш	azuu tiʃ
Pfote (f)	таман	taman
Schnauze (f)	тумшук	tumʃuk
Rachen (m)	ооз	ooz
Schwanz (m)	куйрук	kujruk
Barthaar (n)	мурут	murut

| Huf (m) | туяк | tujak |
| Horn (n) | мүйүз | myjyz |

Panzer (m)	калканч	kalkantʃ
Muschel (f)	үлүл кабыгы	ylyl kabıgı
Schale (f)	кабык	kabık

| Fell (n) | жүн | dʒyn |
| Haut (f) | тери | teri |

222. Tierverhalten

| fliegen (vi) | учуу | utʃuu |
| herumfliegen (vi) | айлануу | ajlanuu |

| wegfliegen (vi) | учуп кетүү | utʃup ketyy |
| schlagen (mit den Flügeln ~) | канаттарын кагуу | kanattarın kaguu |

| picken (vt) | чукуу | tʃukuu |
| bebrüten (vt) | жумуртка басуу | dʒumurtka basuu |

| ausschlüpfen (vi) | жумурткадан чыгуу | dʒumurtkadan tʃiguu |
| ein Nest bauen | уя токуу | uja tokuu |

kriechen (vi)	сойлоо	sojloo
stechen (Insekt)	чагуу	tʃaguu
beißen (vt)	каап алуу	kaap aluu

schnüffeln (vt)	жыттоо	dʒıttoo
bellen (vi)	үрүү	yryy
zischen (vi)	ышкыруу	ıʃkıruu

| erschrecken (vt) | коркутуу | korkutuu |
| angreifen (vt) | тап берүү | tap beryy |

nagen (vi)	кемирүү	kemiryy
kratzen (vt)	тытуу	tıtuu
sich verstecken	жашынуу	dʒaʃınuu

spielen (vi)	ойноо	ojnoo
jagen (vi)	аңчылык кылуу	aŋtʃilık kıluu
Winterschlaf halten	чээнге кирүү	tʃeenge kiryy
aussterben (vi)	кырылуу	kırıluu

223. Tiere. Lebensräume

Lebensraum (f)	жашоо чөйрөсү	dʒaʃoo ʧøjrøsy
Wanderung (f)	миграция	migraʦija
Berg (m)	тоо	too
Riff (n)	риф	rif
Fels (m)	зоока	zooka
Wald (m)	токой	tokoj
Dschungel (m, n)	джунгли	dʒungli
Savanne (f)	саванна	savanna
Tundra (f)	тундра	tundra
Steppe (f)	талаа	talaa
Wüste (f)	чөл	ʧøl
Oase (f)	оазис	oazis
Meer (n), See (f)	деңиз	deŋiz
See (m)	көл	køl
Ozean (m)	мухит	muχit
Sumpf (m)	саз	saz
Süßwasser-	тузсуз суулу көл	tuzsuz suulu køl
Teich (m)	жасалма көлмө	dʒasalma kølmø
Fluss (m)	дарыя	darɪja
Höhle (f), Bau (m)	ийин	ijin
Nest (n)	уя	uja
Höhlung (f)	көңдөй	køŋdøj
Loch (z.B. Wurmloch)	ийин	ijin
Ameisenhaufen (m)	кумурска уюгу	kumurska ujʉgu

224. Tierpflege

Zoo (m)	зоопарк	zoopark
Schutzgebiet (n)	корук	koruk
Zucht (z.B. Hunde~)	питомник	pitomnik
Freigehege (n)	вольер	voljer
Käfig (m)	капас	kapas
Hundehütte (f)	иттин кепеси	ittin kepesi
Taubenschlag (m)	кептеркана	kepterkana
Aquarium (n)	аквариум	akvarium
Delphinarium (n)	дельфинарий	delʲfinarij
züchten (vt)	багуу	baguu
Wurf (m)	тукум	tukum
zähmen (vt)	колго үйрөтүү	kolgo yjrøtyy
dressieren (vt)	үйрөтүү	yjrøtyy
Futter (n)	жем, чөп	dʒem, ʧøp
füttern (vt)	жем берүү	dʒem beryy

Zoohandlung (f)	зоодүкөн	zoodykøn
Maulkorb (m)	тумшук кап	tumʃuk kap
Halsband (n)	ит каргысы	it kargısı
Rufname (m)	лакап ат	lakap at
Stammbaum (m)	мал теги	mal tegi

225. Tiere. Verschiedenes

Rudel (Wölfen)	үйүр	yjyr
Vogelschwarm (m)	топ	top
Schwarm (~ Heringe usw.)	топ	top
Pferdeherde (f)	үйүр	yjyr
Männchen (n)	эркек	erkek
Weibchen (n)	ургаачы	urgaatʃı
hungrig	ачка	atʃka
wild	жапайы	dʒapajı
gefährlich	коркунучтуу	korkunutʃtuu

226. Pferde

Pferd (n)	жылкы	dʒılkı
Rasse (f)	тукум	tukum
Fohlen (n)	кулун	kulun
Stute (f)	бээ	bee
Mustang (m)	мустанг	mustang
Pony (n)	пони	poni
schweres Zugpferd (n)	жүк ташуучу ат	dʒyk taʃuutʃu at
Mähne (f)	жал	dʒal
Schwanz (m)	куйрук	kujruk
Huf (m)	туяк	tujak
Hufeisen (n)	така	taka
beschlagen (vt)	такалоо	takaloo
Schmied (m)	темирчи	temirtʃi
Sattel (m)	ээр	eer
Steigbügel (m)	үзөнгү	yzøngy
Zaum (m)	жүгөн	dʒygøn
Zügel (pl)	тизгин	tizgin
Peitsche (f)	камчы	kamtʃı
Reiter (m)	чабандес	tʃabandes
satteln (vt)	ээр токуу	eer tokuu
besteigen (vt)	ээрге отуруу	eerge oturuu
Galopp (m)	текирең-таскак	tekireŋ-taskak
galoppieren (vi)	таскактатуу	taskaktatuu

Trab (m)	таскак	taskak
im Trab	таскактап	taskaktap
traben (vi)	таскактатуу	taskaktatuu

| Rennpferd (n) | күлүк ат | kylyk at |
| Rennen (n) | ат чабыш | at tʃabıʃ |

Pferdestall (m)	аткана	atkana
füttern (vt)	жем берүү	dʒem beryy
Heu (n)	чөп	tʃøp
tränken (vt)	сугаруу	sugaruu
striegeln (vt)	тазалоо	tazaloo

Pferdewagen (m)	араба	araba
weiden (vi)	оттоо	ottoo
wiehern (vi)	кишенөө	kiʃenøø
ausschlagen (Pferd)	тээп жиберүү	teep dʒiberyy

Flora

227. Bäume

Baum (m)	дарак	darak
Laub-	жалбырактуу	dʒalbıraktuu
Nadel-	ийне жалбырактуулар	ijne dʒalbıraktuular
immergrün	дайым жашыл	dajım dʒaʃıl
Apfelbaum (m)	алма бак	alma bak
Birnbaum (m)	алмурут бак	almurut bak
Süßkirschbaum (m)	гилас	gilas
Sauerkirschbaum (m)	алча	altʃa
Pflaumenbaum (m)	кара өрүк	kara øryk
Birke (f)	ак кайың	ak kajıŋ
Eiche (f)	эмен	emen
Linde (f)	жөкө дарак	dʒøkø darak
Espe (f)	бай терек	baj terek
Ahorn (m)	клён	klʲon
Fichte (f)	кара карагай	kara karagaj
Kiefer (f)	карагай	karagaj
Lärche (f)	лиственница	listvennitsa
Tanne (f)	пихта	piχta
Zeder (f)	кедр	kedr
Pappel (f)	терек	terek
Vogelbeerbaum (m)	четин	tʃetin
Weide (f)	мажүрүм тал	madʒyrym tal
Erle (f)	ольха	olʲχa
Buche (f)	бук	buk
Ulme (f)	кара жыгач	kara dʒıgatʃ
Esche (f)	ясень	jasenʲ
Kastanie (f)	каштан	kaʃtan
Magnolie (f)	магнолия	magnolija
Palme (f)	пальма	palʲma
Zypresse (f)	кипарис	kiparis
Mangrovenbaum (m)	мангро дарагы	mangro daragı
Baobab (m)	баобаб	baobab
Eukalyptus (m)	эвкалипт	evkalipt
Mammutbaum (m)	секвойя	sekvoja

228. Büsche

Strauch (m)	бадал	badal
Gebüsch (n)	бадал	badal

Weinstock (m)	жүзүм	dʒyzym
Weinberg (m)	жүзүмдүк	dʒyzymdyk

Himbeerstrauch (m)	дан куурай	dan kuuraj
schwarze Johannisbeere (f)	кара карагат	kara karagat
rote Johannisbeere (f)	кызыл карагат	kızıl karagat
Stachelbeerstrauch (m)	крыжовник	krıdʒovnik

Akazie (f)	акация	akatsija
Berberitze (f)	бөрү карагат	børy karagat
Jasmin (m)	жасмин	dʒasmin

Wacholder (m)	кара арча	kara artʃa
Rosenstrauch (m)	роза бадалы	roza badalı
Heckenrose (f)	ит мурун	it murun

229. Pilze

Pilz (m)	козу карын	kozu karın
essbarer Pilz (m)	желе турган козу карын	dʒele turgan kozu karın
Giftpilz (m)	уулуу козу карын	uuluu kozu karın
Hut (m)	козу карындын телпеги	kozu karındın telpegi
Stiel (m)	аякчасы	ajaktʃası

Steinpilz (m)	ак козу карын	ak kozu karın
Rotkappe (f)	подосиновик	podosinovik
Birkenpilz (m)	подберёзовик	podberʲozovik
Pfifferling (m)	лисичка	lisitʃka
Täubling (m)	сыроежка	sıroedʒka

Morchel (f)	сморчок	smortʃok
Fliegenpilz (m)	мухомор	muxomor
Grüner Knollenblätterpilz	поганка	poganka

230. Obst. Beeren

Frucht (f)	мөмө-жемиш	mømø-dʒemiʃ
Früchte (pl)	мөмө-жемиш	mømø-dʒemiʃ

Apfel (m)	алма	alma
Birne (f)	алмурут	almurut
Pflaume (f)	кара өрүк	kara øryk

Erdbeere (f)	кулпунай	kulpunaj
Sauerkirsche (f)	алча	altʃa
Süßkirsche (f)	гилас	gilas
Weintrauben (pl)	жүзүм	dʒyzym

Himbeere (f)	дан куурай	dan kuuraj
schwarze Johannisbeere (f)	кара карагат	kara karagat
rote Johannisbeere (f)	кызыл карагат	kızıl karagat
Stachelbeere (f)	крыжовник	krıdʒovnik

Moosbeere (f)	клюква	klʉkva
Apfelsine (f)	апельсин	apelʲsin
Mandarine (f)	мандарин	mandarin
Ananas (f)	ананас	ananas
Banane (f)	банан	banan
Dattel (f)	курма	kurma

Zitrone (f)	лимон	limon
Aprikose (f)	өрүк	øryk
Pfirsich (m)	шабдаалы	ʃabdaalɪ
Kiwi (f)	киви	kivi
Grapefruit (f)	грейпфрут	grejpfrut

Beere (f)	жер жемиш	dʒer dʒemiʃ
Beeren (pl)	жер жемиштер	dʒer dʒemiʃter
Preiselbeere (f)	брусника	brusnika
Walderdbeere (f)	кызылгат	kɪzɪlgat
Heidelbeere (f)	кара моюл	kara mojʉl

231. Blumen. Pflanzen

| Blume (f) | гүл | gyl |
| Blumenstrauß (m) | десте | deste |

Rose (f)	роза	roza
Tulpe (f)	жоогазын	dʒoogazɪn
Nelke (f)	гвоздика	gvozdika
Gladiole (f)	гладиолус	gladiolus

Kornblume (f)	ботокөз	botokøz
Glockenblume (f)	коңгуроо гүл	koŋguroo gyl
Löwenzahn (m)	каакым-кукум	kaakɪm-kukum
Kamille (f)	ромашка	romaʃka

Aloe (f)	алоэ	aloe
Kaktus (m)	кактус	kaktus
Gummibaum (m)	фикус	fikus

Lilie (f)	лилия	lilija
Geranie (f)	герань	geranʲ
Hyazinthe (f)	гиацинт	giatsint

Mimose (f)	мимоза	mimoza
Narzisse (f)	нарцисс	nartsiss
Kapuzinerkresse (f)	настурция	nasturtsija

Orchidee (f)	орхидея	orχideja
Pfingstrose (f)	пион	pion
Veilchen (n)	бинапша	binapʃa

Stiefmütterchen (n)	алагүл	alagyl
Vergissmeinnicht (n)	незабудка	nezabudka
Gänseblümchen (n)	маргаритка	margaritka
Mohn (m)	кызгалдак	kɪzgaldak

| Hanf (m) | наша | naʃa |
| Minze (f) | жалбыз | dʒalbız |

| Maiglöckchen (n) | ландыш | landıʃ |
| Schneeglöckchen (n) | байчечекей | bajtʃetʃekej |

Brennnessel (f)	чалкан	tʃalkan
Sauerampfer (m)	ат кулак	at kulak
Seerose (f)	чемүч баш	tʃømytʃ baʃ
Farn (m)	папоротник	paporotnik
Flechte (f)	лишайник	liʃajnik

Gewächshaus (n)	күнөскана	kynøskana
Rasen (m)	газон	gazon
Blumenbeet (n)	клумба	klumba

Pflanze (f)	өсүмдүк	øsymdyk
Gras (n)	чөп	tʃøp
Grashalm (m)	бир тал чөп	bir tal tʃøp

Blatt (n)	жалбырак	dʒalbırak
Blütenblatt (n)	гүлдүн желекчеси	gyldyn dʒelektʃesi
Stiel (m)	сабак	sabak
Knolle (f)	жемиш тамыр	dʒemiʃ tamır

| Jungpflanze (f) | өсмө | øsmø |
| Dorn (m) | тикен | tiken |

blühen (vi)	гүлдөө	gyldøø
welken (vi)	соолуу	sooluu
Geruch (m)	жыт	dʒıt
abschneiden (vt)	кесүү	kesyy
pflücken (vt)	үзүү	yzyy

232. Getreide, Körner

Getreide (n)	дан	dan
Getreidepflanzen (pl)	дан эгиндери	dan eginderi
Ähre (f)	машак	maʃak

Weizen (m)	буудай	buudaj
Roggen (m)	кара буудай	kara buudaj
Hafer (m)	сулу	sulu
Hirse (f)	таруу	taruu
Gerste (f)	арпа	arpa
Mais (m)	жүгөрү	dʒygøry
Reis (m)	күрүч	kyrytʃ
Buchweizen (m)	гречиха	gretʃixa

Erbse (f)	нокот	nokot
weiße Bohne (f)	төө буурчак	tøø buurtʃak
Sojabohne (f)	соя	soja
Linse (f)	жасмык	dʒasmık
Bohnen (pl)	буурчак	buurtʃak

233. Gemüse. Grünzeug

Gemüse (n)	жашылча	ʤaʃɪltʃa
grünes Gemüse (pl)	көк чөп	køk tʃøp
Tomate (f)	помидор	pomidor
Gurke (f)	бадыраӊ	badɪraŋ
Karotte (f)	сабиз	sabiz
Kartoffel (f)	картошка	kartoʃka
Zwiebel (f)	пияз	pijaz
Knoblauch (m)	сарымсак	sarɪmsak
Kohl (m)	капуста	kapusta
Blumenkohl (m)	гүлдүү капуста	gyldyy kapusta
Rosenkohl (m)	брюссель капустасы	brʉselʲ kapustasɪ
Brokkoli (m)	брокколи капустасы	brokkoli kapustasɪ
Rote Bete (f)	кызылча	kɪzɪltʃa
Aubergine (f)	баклажан	baklaʤan
Zucchini (f)	кабачок	kabatʃok
Kürbis (m)	ашкабак	aʃkabak
Rübe (f)	шалгам	ʃalgam
Petersilie (f)	петрушка	petruʃka
Dill (m)	укроп	ukrop
Kopf Salat (m)	салат	salat
Sellerie (m)	сельдерей	selʲderej
Spargel (m)	спаржа	sparʤa
Spinat (m)	шпинат	ʃpinat
Erbse (f)	нокот	nokot
Bohnen (pl)	буурчак	buurtʃak
Mais (m)	жүгөрү	ʤygøry
weiße Bohne (f)	төө буурчак	tøø buurtʃak
Pfeffer (m)	калемпир	kalempir
Radieschen (n)	шалгам	ʃalgam
Artischocke (f)	артишок	artiʃok

REGIONALE GEOGRAPHIE

Länder. Nationalitäten

234. Westeuropa

Europa (n)	Европа	evropa
Europäische Union (f)	Европа Биримдиги	evropa birimdigi
Europäer (m)	европалык	evropalık
europäisch	европалык	evropalık
Österreich	Австрия	avstrija
Österreicher (m)	австриялык	avstrijalık
Österreicherin (f)	австриялык аял	avstrijalık ajal
österreichisch	австриялык	avstrijalık
Großbritannien	Улуу Британия	uluu britanija
England	Англия	anglija
Brite (m)	англичан	anglitʃan
Britin (f)	англичан аял	anglitʃan ajal
englisch	англиялык	anglijalık
Belgien	Бельгия	belʲgija
Belgier (m)	бельгиялык	belʲgijalık
Belgierin (f)	бельгиялык аял	belʲgijalık ajal
belgisch	бельгиялык	belʲgijalık
Deutschland	Германия	germanija
Deutsche (m)	немис	nemis
Deutsche (f)	немис аял	nemis ajal
deutsch	Германиялык	germanijalık
Niederlande (f)	Нидерланддар	niderlanddar
Holland (n)	Голландия	gollandija
Holländer (m)	голландиялык	gollandijalık
Holländerin (f)	голландиялык аял	gollandijalık ajal
holländisch	голландиялык	gollandijalık
Griechenland	Греция	gretsija
Grieche (m)	грек	grek
Griechin (f)	грек аял	grek ajal
griechisch	грециялык	gretsijalık
Dänemark	Дания	danija
Däne (m)	даниялык	danijalık
Dänin (f)	даниялык аял	danijalık ajal
dänisch	даниялык	danijalık
Irland	Ирландия	irlandija
Ire (m)	ирландиялык	irlandijalık

| Irin (f) | ирланд аял | irland ajal |
| irisch | ирландиялык | irlandijalık |

Island	Исландия	islandija
Isländer (m)	исландиялык	islandijalık
Isländerin (f)	исланд аял	island ajal
isländisch	исландиялык	islandijalık

Spanien	Испания	ispanija
Spanier (m)	испаниялык	ispanijalık
Spanierin (f)	испан аял	ispan ajal
spanisch	испаниялык	ispanijalık

Italien	Италия	italija
Italiener (m)	итальялык	italjalık
Italienerin (f)	итальялык аял	italjalık ajal
italienisch	итальялык	italjalık

Zypern	Кипр	kipr
Zypriot (m)	киприк	kiprlik
Zypriotin (f)	киприк аял	kiprlik ajal
zyprisch	киприк	kiprlik

Malta	Мальта	malʲta
Malteser (m)	мальталык	malʲtalık
Malteserin (f)	мальталык аял	malʲtalık ajal
maltesisch	мальталык	malʲtalık

Norwegen	Норвегия	norvegija
Norweger (m)	норвегиялык	norvegijalık
Norwegerin (f)	норвегиялык аял	norvegijalık ajal
norwegisch	норвегиялык	norvegijalık

Portugal	Португалия	portugalija
Portugiese (m)	португал	portugal
Portugiesin (f)	португал аял	portugal ajal
portugiesisch	португалиялык	portugalijalık

Finnland	Финляндия	finlʲandija
Finne (m)	финн	finn
Finnin (f)	финн аял	finn ajal
finnisch	финляндиялык	finlʲandijalık

Frankreich	Франция	frantsija
Franzose (m)	француз	frantsuz
Französin (f)	француз аял	frantsuz ajal
französisch	француз	frantsuz

Schweden	Швеция	ʃvetsija
Schwede (m)	швед	ʃved
Schwedin (f)	швед аял	ʃved ajal
schwedisch	швед	ʃved

Schweiz (f)	Швейцария	ʃvejtsarija
Schweizer (m)	швейцариялык	ʃvejtsarijalık
Schweizerin (f)	швейцар аял	ʃvejtsar ajal

schweizerisch	швейцариялык	ʃvejtsarijalık
Schottland	Шотландия	ʃotlandija
Schotte (m)	шотландиялык	ʃotlandijalık
Schottin (f)	шотланд аял	ʃotland ajal
schottisch	шотландиялык	ʃotlandijalık

Vatikan (m)	Ватикан	vatikan
Liechtenstein	Лихтенштейн	liχtenʃtejn
Luxemburg	Люксембург	lʉksemburg
Monaco	Монако	monako

235. Mittel- und Osteuropa

Albanien	Албания	albanija
Albaner (m)	албан	alban
Albanerin (f)	албаниялык аял	albanijalık ajal
albanisch	албаниялык	albanijalık

Bulgarien	Болгария	bolgarija
Bulgare (m)	болгар	bolgar
Bulgarin (f)	болгар аял	bolgar ajal
bulgarisch	болгар	bolgar

Ungarn	Венгрия	vengrija
Ungar (m)	венгр	vengr
Ungarin (f)	венгр аял	vengr ajal
ungarisch	венгр	vengr

Lettland	Латвия	latvija
Lette (m)	латыш	latıʃ
Lettin (f)	латыш аял	latıʃ ajal
lettisch	латвиялык	latvijalık

Litauen	Литва	litva
Litauer (m)	литвалык	litvalık
Litauerin (f)	литвалык аял	litvalık ajal
litauisch	литвалык	litvalık

Polen	Польша	polʲʃa
Pole (m)	поляк	polʲak
Polin (f)	поляк аял	polʲak ajal
polnisch	польшалык	polʲʃalık

Rumänien	Румыния	rumınija
Rumäne (m)	румын	rumın
Rumänin (f)	румын аял	rumın ajal
rumänisch	румын	rumın

Serbien	Сербия	serbija
Serbe (m)	серб	serb
Serbin (f)	серб аял	serb ajal
serbisch	сербиялык	serbijalık
Slowakei (f)	Словакия	slovakija
Slowake (m)	словак	slovak

| Slowakin (f) | словак аял | slovak ajal |
| slowakisch | словакиялык | slovakijalık |

Kroatien	Хорватия	χorvatija
Kroate (m)	хорват	χorvat
Kroatin (f)	хорват аял	χorvat ajal
kroatisch	хорватиялык	χorvatijalık

Tschechien	Чехия	ʧeχija
Tscheche (m)	чех	ʧeχ
Tschechin (f)	чех аял	ʧeχ ajal
tschechisch	чех	ʧeχ

Estland	Эстония	estonija
Este (m)	эстон	eston
Estin (f)	эстон аял	eston ajal
estnisch	эстониялык	estonijalık

Bosnien und Herzegowina	Босния жана	bosnija dʒana
Makedonien	Македония	makedonija
Slowenien	Словения	slovenija
Montenegro	Черногория	ʧernogorija

236. Frühere UdSSR Republiken

Aserbaidschan	Азербайжан	azerbajdʒan
Aserbaidschaner (m)	азербайжан	azerbajdʒan
Aserbaidschanerin (f)	азербайжан аял	azerbajdʒan ajal
aserbaidschanisch	азербайжан	azerbajdʒan

Armenien	Армения	armenija
Armenier (m)	армян	armian
Armenierin (f)	армян аял	armian ajal
armenisch	армениялык	armenijalık

Weißrussland	Беларусь	belarusi
Weißrusse (m)	белорус	belorus
Weißrussin (f)	белорус аял	belorus ajal
weißrussisch	белорус	belorus

Georgien	Грузия	gruzija
Georgier (m)	грузин	gruzin
Georgierin (f)	грузин аял	gruzin ajal
georgisch	грузин	gruzin

Kasachstan	Казакстан	kazakstan
Kasache (m)	казак	kazak
Kasachin (f)	казак аял	kazak ajal
kasachisch	казак	kazak

Kirgisien	Кыргызстан	kırgızstan
Kirgise (m)	кыргыз	kırgız
Kirgisin (f)	кыргыз аял	kırgız ajal
kirgisisch	кыргыз	kırgız

Moldawien	Молдова	moldova
Moldauer (m)	молдаван	moldavan
Moldauerin (f)	молдаван аял	moldavan ajal
moldauisch	молдовалык	moldovalık

Russland	Россия	rossija
Russe (m)	орус	orus
Russin (f)	орус аял	orus ajal
russisch	орус	orus

Tadschikistan	Тажикистан	tadʒikistan
Tadschike (m)	тажик	tadʒik
Tadschikin (f)	тажик аял	tadʒik ajal
tadschikisch	тажик	tadʒik

Turkmenistan	Туркмения	turkmenija
Turkmene (m)	түркмөн	tyrkmøn
Turkmenin (f)	түркмөн аял	tyrkmøn ajal
turkmenisch	түркмөн	tyrkmøn

Usbekistan	Өзбекистан	øzbekistan
Usbeke (m)	өзбек	øzbek
Usbekin (f)	өзбек аял	øzbek ajal
usbekisch	өзбек	øzbek

Ukraine (f)	Украина	ukraina
Ukrainer (m)	украин	ukrain
Ukrainerin (f)	украин аял	ukrain ajal
ukrainisch	украиналык	ukrainalık

237. Asien

| Asien | Азия | azija |
| asiatisch | азиаттык | aziattık |

Vietnam	Вьетнам	vjetnam
Vietnamese (m)	вьетнамдык	vjetnamdık
Vietnamesin (f)	вьетнам аял	vjetnam ajal
vietnamesisch	вьетнамдык	vjetnamdık

Indien	Индия	indija
Inder (m)	индиялык	indijalık
Inderin (f)	индиялык аял	indijalık ajal
indisch	индиялык	indijalık

Israel	Израиль	izrailʲ
Israeli (m)	израильдик	izrailʲdik
Israeli (f)	израильдик аял	izrailʲdik ajal
israelisch	израильдик	izrailʲdik

Jude (m)	еврей	evrej
Jüdin (f)	еврей аял	evrej ajal
jüdisch	еврей	evrej
China	Кытай	kıtaj

Chinese (m)	кытай	kıtaj
Chinesin (f)	кытай аял	kıtaj ajal
chinesisch	кытай	kıtaj

Koreaner (m)	кореялык	korejalık
Koreanerin (f)	кореялык аял	korejalık ajal
koreanisch	кореялык	korejalık

Libanon (m)	Ливан	livan
Libanese (m)	ливан	livan
Libanesin (f)	ливан аял	livan ajal
libanesisch	ливандык	livandık

Mongolei (f)	Монголия	mongolija
Mongole (m)	монгол	mongol
Mongolin (f)	монгол аял	mongol ajal
mongolisch	монгол	mongol

Malaysia	Малазия	malazija
Malaie (m)	малазиялык	malazijalık
Malaiin (f)	малазиялык аял	malazijalık ajal
malaiisch	малазиялык	malazijalık

Pakistan	Пакистан	pakistan
Pakistaner (m)	пакистандык	pakistandık
Pakistanerin (f)	пакистан аял	pakistan ajal
pakistanisch	пакистан	pakistan

Saudi-Arabien	Сауд Аравиясы	saud aravijası
Araber (m)	араб	arab
Araberin (f)	араб аял	arab ajal
arabisch	араб	arab

Thailand	Таиланд	tailand
Thailänder (m)	таиландык	tailandık
Thailänderin (f)	таиландык аял	tailandık ajal
thailändisch	таиланд	tailand

Taiwan	Тайвань	tajvanʲ
Taiwaner (m)	тайвандык	tajvandık
Taiwanerin (f)	тайвандык аял	tajvandık ajal
taiwanisch	тайван	tajvan

Türkei (f)	Туркия	tyrkija
Türke (m)	турк	tyrk
Türkin (f)	турк аял	tyrk ajal
türkisch	турк	tyrk

Japan	Япония	japonija
Japaner (m)	япондук	japonduk
Japanerin (f)	япондук аял	japonduk ajal
japanisch	япондук	japonduk

Afghanistan	Ооганстан	ooganstan
Bangladesch	Бангладеш	bangladeʃ
Indonesien	Индонезия	indonezija

Jordanien	Иордания	iordanija
Irak	Ирак	irak
Iran	Иран	iran
Kambodscha	Камбожа	kambodʒa
Kuwait	Кувейт	kuvejt

Laos	Лаос	laos
Myanmar	Мьянма	mjanma
Nepal	Непал	nepal
Vereinigten Arabischen	Бириккен Араб	birikken arab
Emirate	Эмираттары	emirattarı

Syrien	Сирия	sirija
Palästina	Палестина	palestina
Südkorea	Түштүк Корея	tyʃtyk koreja
Nordkorea	Түндүк Корея	tundyk koreja

238. Nordamerika

Die Vereinigten Staaten	Америка Кошмо Штаттары	amerika koʃmo ʃtattarı
Amerikaner (m)	америкалык	amerikalık
Amerikanerin (f)	америкалык аял	amerikalık ajal
amerikanisch	америкалык	amerikalık

Kanada	Канада	kanada
Kanadier (m)	канадалык	kanadalık
Kanadierin (f)	канадалык аял	kanadalık ajal
kanadisch	канадалык	kanadalık

Mexiko	Мексика	meksika
Mexikaner (m)	мексикалык	meksikalık
Mexikanerin (f)	мексикалык аял	meksikalık ajal
mexikanisch	мексикалык	meksikalık

239. Mittel- und Südamerika

Argentinien	Аргентина	argentina
Argentinier (m)	аргенталык	argentinalık
Argentinierin (f)	аргенталык аял	argentinalık ajal
argentinisch	аргенталык	argentinalık

Brasilien	Бразилия	brazilija
Brasilianer (m)	бразилиялык	brazilijalık
Brasilianerin (f)	бразилиялык аял	brazilijalık ajal
brasilianisch	бразилиялык	brazilijalık

Kolumbien	Колумбия	kolumbija
Kolumbianer (m)	колумбиялык	kolumbijalık
Kolumbianerin (f)	колумбиялык аял	kolumbijalık ajal
kolumbianisch	колумбиялык	kolumbijalık
Kuba	Куба	kuba

Kubaner (m)	кубалык	kubalık
Kubanerin (f)	кубалык аял	kubalık ajal
kubanisch	кубалык	kubalık

Chile	Чили	tʃili
Chilene (m)	чилилик	tʃililik
Chilenin (f)	чилилик аял	tʃililik ajal
chilenisch	чилилик	tʃililik

Bolivien	Боливия	bolivija
Venezuela	Венесуэла	venesuela
Paraguay	Парагвай	paragvaj
Peru	Перу	peru

Suriname	Суринам	surinam
Uruguay	Уругвай	urugvaj
Ecuador	Эквадор	ekvador

Die Bahamas	Багам аралдары	bagam araldarı
Haiti	Гаити	gaiti
Dominikanische Republik	Доминикан Республикасы	dominikan respublikası
Panama	Панама	panama
Jamaika	Ямайка	jamajka

240. Afrika

Ägypten	Египет	egipet
Ägypter (m)	египтик мырза	egiptik mırza
Ägypterin (f)	египтик аял	egiptik ajal
ägyptisch	египеттик	egipettik

Marokko	Марокко	marokko
Marokkaner (m)	марокколук	marokkoluk
Marokkanerin (f)	марокколук аял	marokkoluk ajal
marokkanisch	марокколук	marokkoluk

Tunesien	Тунис	tunis
Tunesier (m)	тунистик	tunistik
Tunesierin (f)	тунистик аял	tunistik ajal
tunesisch	тунистик	tunistik
Ghana	Гана	gana
Sansibar	Занзибар	zanzibar
Kenia	Кения	kenija
Libyen	Ливия	livija
Madagaskar	Мадагаскар	madagaskar

Namibia	Намибия	namibija
Senegal	Сенегал	senegal
Tansania	Танзания	tanzanija
Republik Südafrika	ТАР	tar

Afrikaner (m)	африкалык	afrikalık
Afrikanerin (f)	африкалык аял	afrikalık ajal
afrikanisch	африкалык	afrikalık

241. Australien. Ozeanien

Australien	Австралия	avstralija
Australier (m)	австралиялык	avstralijalık
Australierin (f)	австралиялык аял	avstralijalık ajal
australisch	австралиялык	avstralijalık
Neuseeland	Жаңы Зеландия	dʒaŋı zelandija
Neuseeländer (m)	жаңы зеландиялык	dʒaŋı zelandijalık
Neuseeländerin (f)	жаңы зеландиялык аял	dʒaŋı zelandijalık ajal
neuseeländisch	жаңы зеландиялык	dʒaŋı zelandijalık
Tasmanien	Тасмания	tasmanija
Französisch-Polynesien	Француз Полинезиясы	frantsuz polinezijası

242. Städte

Amsterdam	Амстердам	amsterdam
Ankara	Анкара	ankara
Athen	Афина	afina
Bagdad	Багдад	bagdad
Bangkok	Бангкок	bangkok
Barcelona	Барселона	barselona
Beirut	Бейрут	bejrut
Berlin	Берлин	berlin
Bombay	Бомбей	bombej
Bonn	Бонн	bonn
Bordeaux	Бордо	bordo
Bratislava	Братислава	bratislava
Brüssel	Брюссель	brüsselʲ
Budapest	Будапешт	budapeʃt
Bukarest	Бухарест	buχarest
Chicago	Чикаго	tʃikago
Daressalam	Дар-эс-Салам	dar-es-salam
Delhi	Дели	deli
Den Haag	Гаага	gaaga
Dubai	Дубай	dubaj
Dublin	Дублин	dublin
Düsseldorf	Дюссельдорф	düsselʲdorf
Florenz	Флоренция	florentsija
Frankfurt	Франкфурт	frankfurt
Genf	Женева	dʒeneva
Hamburg	Гамбург	gamburg
Hanoi	Ханой	χanoj
Havanna	Гавана	gavana
Helsinki	Хельсинки	χelʲsinki
Hiroshima	Хиросима	χirosima
Hongkong	Гонконг	gonkong

| Istanbul | Стамбул | stambul |
| Jerusalem | Иерусалим | ierusalim |

Kairo	Каир	kair
Kalkutta	Калькутта	kalʲkutta
Kiew	Киев	kiev
Kopenhagen	Копенгаген	kopengagen
Kuala Lumpur	Куала-Лумпур	kuala-lumpur
Lissabon	Лиссабон	lissabon
London	Лондон	london
Los Angeles	Лос-Анджелес	los-andʒeles
Lyon	Лион	lion

Madrid	Мадрид	madrid
Marseille	Марсель	marselʲ
Mexiko-Stadt	Мехико	meҳiko
Miami	Майями	majami
Montreal	Монреаль	monrealʲ
Moskau	Москва	moskva
München	Мюнхен	mʏnҳen

Nairobi	Найроби	najrobi
Neapel	Неаполь	neapolʲ
New York	Нью-Йорк	nju-jork
Nizza	Ницца	nitstsa
Oslo	Осло	oslo
Ottawa	Оттава	ottava

Paris	Париж	paridʒ
Peking	Пекин	pekin
Prag	Прага	praga
Rio de Janeiro	Рио-де-Жанейро	rio-de-dʒanejro
Rom	Рим	rim

Sankt Petersburg	Санкт-Петербург	sankt-peterburg
Schanghai	Шанхай	ʃanҳaj
Seoul	Сеул	seul
Singapur	Сингапур	singapur
Stockholm	Стокгольм	stokgolʲm
Sydney	Сидней	sidnej

Taipeh	Тайпей	tajpej
Tokio	Токио	tokio
Toronto	Торонто	toronto

Venedig	Венеция	venetsija
Warschau	Варшава	varʃava
Washington	Вашингтон	waʃington
Wien	Вена	vena

243. Politik. Regierung. Teil 1

| Politik (f) | саясат | sajasat |
| politisch | саясий | sajasij |

Politiker (m)	саясатчы	sajasattʃı
Staat (m)	мамлекет	mamleket
Bürger (m)	жаран	dʒaran
Staatsbürgerschaft (f)	жарандык	dʒarandık

| Staatswappen (n) | улуттук герб | uluttuk gerb |
| Nationalhymne (f) | мамлекеттик гимн | mamlekettik gimn |

Regierung (f)	өкмөт	økmøt
Staatschef (m)	мамлекет башчысы	mamleket baʃtʃısı
Parlament (n)	парламент	parlament
Partei (f)	партия	partija

| Kapitalismus (m) | капитализм | kapitalizm |
| kapitalistisch | капиталистик | kapitalistik |

| Sozialismus (m) | социализм | sotsializm |
| sozialistisch | социалистик | sotsialistik |

Kommunismus (m)	коммунизм	kommunizm
kommunistisch	коммунистик	kommunistik
Kommunist (m)	коммунист	kommunist

Demokratie (f)	демократия	demokratija
Demokrat (m)	демократ	demokrat
demokratisch	демократиялык	demokratijalık
demokratische Partei (f)	демократиялык партия	demokratijalık partija

| Liberale (m) | либерал | liberal |
| liberal | либералдык | liberaldık |

| Konservative (m) | консерватор | konservator |
| konservativ | консервативдик | konservativdik |

Republik (f)	республика	respublika
Republikaner (m)	республикачы	respublikatʃı
Republikanische Partei (f)	республикалык	respublikalık

Wahlen (pl)	шайлоо	ʃajloo
wählen (vt)	шайлоо	ʃajloo
Wähler (m)	шайлоочу	ʃajlootʃu
Wahlkampagne (f)	шайлоо кампаниясы	ʃajloo kampanijası

Abstimmung (f)	добуш	dobuʃ
abstimmen (vi)	добуш берүү	dobuʃ beryy
Abstimmungsrecht (n)	добуш берүү укугу	dobuʃ beryy ukugu

Kandidat (m)	талапкер	talapker
kandidieren (vi)	талапкерлигин көрсөтүү	talapkerligin kørsøtyy
Kampagne (f)	кампания	kampanija

| Oppositions- | оппозициялык | oppozitsijalık |
| Opposition (f) | оппозиция | oppozitsija |

| Besuch (m) | визит | vizit |
| Staatsbesuch (m) | расмий визит | rasmij vizit |

international	эл аралык	el aralık
Verhandlungen (pl)	сүйлөшүүлөр	syjløʃyylør
verhandeln (vi)	сүйлөшүүлөр жүргүзүү	syjløʃyylør dʒyrgyzyy

244. Politik. Regierung. Teil 2

Gesellschaft (f)	коом	koom
Verfassung (f)	конституция	konstitutsija
Macht (f)	бийлик	bijlik
Korruption (f)	коррупция	korruptsija

Gesetz (n)	мыйзам	mıjzam
gesetzlich (Adj)	мыйзамдуу	mıjzamduu

Gerechtigkeit (f)	адилеттик	adilettik
gerecht	адилеттүү	adilettyy

Komitee (n)	комитет	komitet
Gesetzentwurf (m)	мыйзам долбоору	mıjzam dolbooru
Budget (n)	бюджет	budʒet
Politik (f)	саясат	sajasat
Reform (f)	реформа	reforma
radikal	радикалдуу	radikalduu

Macht (f)	күч	kytʃ
mächtig (Adj)	кудуреттүү	kudurettyy
Anhänger (m)	жактоочу	dʒaktootʃu
Einfluss (m)	таасир	taasir

Regime (n)	түзүм	tyzym
Konflikt (m)	чыр-чатак	tʃır-tʃatak
Verschwörung (f)	заговор	zagovor
Provokation (f)	айгак аракети	ajgak araketi

stürzen (vt)	кулатуу	kulatuu
Sturz (m)	кулатуу	kulatuu
Revolution (f)	ыңкылап	ıŋkılap

Staatsstreich (m)	төңкөрүш	tøŋkøryʃ
Militärputsch (m)	аскердик төңкөрүш	askerdik tøŋkøryʃ

Krise (f)	каатчылык	kaattʃılık
Rezession (f)	экономикалык төмөндөө	ekonomikalık tømøndøø
Demonstrant (m)	демонстрант	demonstrant
Demonstration (f)	демонстрация	demonstratsija
Ausnahmezustand (m)	согуш абалында	soguʃ abalında
Militärbasis (f)	аскер базасы	asker bazası

Stabilität (f)	туруктуулук	turuktuuluk
stabil	туруктуу	turuktuu

Ausbeutung (f)	эзүү	ezyy
ausbeuten (vt)	эзүү	ezyy
Rassismus (m)	расизм	rasizm

Rassist (m)	расист	rasist
Faschismus (m)	фашизм	faʃizm
Faschist (m)	фашист	faʃist

245. Länder. Verschiedenes

Ausländer (m)	чет өлкөлүк	ʧet ølkølyk
ausländisch	чет өлкөлүк	ʧet ølkølyk
im Ausland	чет өлкөдө	ʧet ølkødø
Auswanderer (m)	эмигрант	emigrant
Auswanderung (f)	эмиграция	emigratsija
auswandern (vi)	башка өлкөгө көчүү	baʃka ølkøgø køʧyy
Westen (m)	Батыш	batıʃ
Osten (m)	Чыгыш	ʧıgıʃ
Ferner Osten (m)	Алыскы Чыгыш	alıskı ʧıgıʃ
Zivilisation (f)	цивилизация	tsıvilizatsija
Menschheit (f)	адамзат	adamzat
Welt (f)	аалам	aalam
Frieden (m)	тынчтык	tınʧtık
Welt-	дүйнөлүк	dyjnølyk
Heimat (f)	мекен	meken
Volk (n)	эл	el
Bevölkerung (f)	калк	kalk
Leute (pl)	адамдар	adamdar
Nation (f)	улут	ulut
Generation (f)	муун	muun
Territorium (n)	аймак	ajmak
Region (f)	регион	region
Staat (z.B. ~ Alaska)	штат	ʃtat
Tradition (f)	салт	salt
Brauch (m)	урп-адат	yrp-adat
Ökologie (f)	экология	ekologija
Indianer (m)	индеец	indeets
Zigeuner (m)	цыган	tsıgan
Zigeunerin (f)	цыган аял	tsıgan ajal
Zigeuner-	цыгандык	tsıgandık
Reich (n)	империя	imperija
Kolonie (f)	колония	kolonija
Sklaverei (f)	кулчулук	kulʧuluk
Einfall (m)	басып келүү	basıp kelyy
Hunger (m)	ачарчылык	atʃarʧılık

246. Wichtige Religionsgruppen. Konfessionen

Religion (f)	дин	din
religiös	диний	dinij

Glaube (m)	диний ишеним	dinij iʃenim
glauben (vt)	ишенүү	iʃenyy
Gläubige (m)	динчил	dintʃil

| Atheismus (m) | атеизм | ateizm |
| Atheist (m) | атеист | ateist |

Christentum (n)	Христианчылык	χristiantʃılık
Christ (m)	христиан	χristian
christlich	христиандык	χristiandık

Katholizismus (m)	Католицизм	katolitsizm
Katholik (m)	католик	katolik
katholisch	католиктер	katolikter

Protestantismus (m)	Протестантизм	protestantizm
Protestantische Kirche (f)	Протестанттык чиркөө	protestanttık tʃirkøø
Protestant (m)	протестанттар	protestanttar

Orthodoxes Christentum (n)	Православие	pravoslavie
Orthodoxe Kirche (f)	Православдык чиркөө	pravoslavdık tʃirkøø
orthodoxer Christ (m)	православдык	pravoslavdık

Presbyterianismus (m)	Пресвитерианчылык	presviteriantʃılık
Presbyterianische Kirche (f)	Пресвитериандык чиркөө	presviteriandık tʃirkøø
Presbyterianer (m)	пресвитериандык	presviteriandık

| Lutherische Kirche (f) | Лютерандык чиркөө | lʉterandık tʃirkøø |
| Lutheraner (m) | лютерандык | lʉterandık |

| Baptismus (m) | Баптизм | baptizm |
| Baptist (m) | баптист | baptist |

| Anglikanische Kirche (f) | Англикан чиркөөсү | anglikan tʃirkøøsy |
| Anglikaner (m) | англикан | anglikan |

| Mormonismus (m) | Мормондук | mormonduk |
| Mormone (m) | мормон | mormon |

| Judentum (n) | Иудаизм | iudaizm |
| Jude (m) | иудей | iudej |

| Buddhismus (m) | Буддизм | buddizm |
| Buddhist (m) | буддист | buddist |

| Hinduismus (m) | Индуизм | induizm |
| Hindu (m) | индуист | induist |

Islam (m)	Ислам	islam
Moslem (m)	мусулман	musulman
moslemisch	мусулмандык	musulmandık

Schiismus (m)	Шиизм	ʃiizm
Schiit (m)	шиит	ʃiit
Sunnismus (m)	Суннизм	sunnizm
Sunnit (m)	суннит	sunnit

247. Religionen. Priester

Priester (m)	поп	pop
Papst (m)	Рим Папасы	rim papası
Mönch (m)	кечил	ketʃil
Nonne (f)	кечил аял	ketʃil ajal
Pfarrer (m)	пастор	pastor
Abt (m)	аббат	abbat
Vikar (m)	викарий	vikarij
Bischof (m)	епископ	episkop
Kardinal (m)	кардинал	kardinal
Prediger (m)	диний үгүттөөчү	dinij ygyttøøtʃy
Predigt (f)	үгүт	ygyt
Gemeinde (f)	чиркөө коомунун мүчөлөрү	tʃirkøø koomunun mytʃøløry
Gläubige (m)	динчил	dintʃil
Atheist (m)	атеист	ateist

248. Glauben. Christentum. Islam

Adam	Адам ата	adam ata
Eva	Обо эне	obo ene
Gott (m)	Кудай	kudaj
Herr (m)	Алла талаа	alla talaa
Der Allmächtige	Кудуреттүү	kudurettyy
Sünde (f)	күнөө	kynøø
sündigen (vi)	күнөө кылуу	kynøø kıluu
Sünder (m)	күнөөкөр	kynøøkør
Sünderin (f)	күнөөкөр аял	kynøøkør ajal
Hölle (f)	тозок	tozok
Paradies (n)	бейиш	bejiʃ
Jesus	Иса	isa
Jesus Christus	Иса Пайгамбар	isa pajgambar
der Heiliger Geist	Ыйык Рух	ıjık ruχ
der Erlöser	Куткаруучу	kutkaruutʃu
die Jungfrau Maria	Бүбү Мариям	byby marijam
Teufel (m)	Шайтан	ʃajtan
teuflisch	шайтан	ʃajtan
Satan (m)	Шайтан	ʃajtan
satanisch	шайтандык	ʃajtandık
Engel (m)	periʃte	периште
Schutzengel (m)	сактагыч периште	saktagıtʃ periʃte

Deutsch	Kirgisisch	Lautschrift
Engel(s)-	периште	periʃte
Apostel (m)	апостол	apostol
Erzengel (m)	архангель	arχangelʲ
Antichrist (m)	антихрист	antiχrist
Kirche (f)	Чиркөө	ʧirkøø
Bibel (f)	библия	biblija
biblisch	библиялык	biblijalık
Altes Testament (n)	Эзелки осуят	ezelki osujat
Neues Testament (n)	Жаңы осуят	dʒaŋı osujat
Evangelium (n)	Евангелие	evangelie
Heilige Schrift (f)	Ыйык	ijık
Himmelreich (n)	Жаннат	dʒannat
Gebot (n)	парз	parz
Prophet (m)	пайгамбар	pajgambar
Prophezeiung (f)	пайгамбар сөзү	pajgambar søzy
Allah	Аллах	allaχ
Mohammed	Мухаммед	muχammed
Koran (m)	Куран	kuran
Moschee (f)	мечит	meʧit
Mullah (m)	мулла	mulla
Gebet (n)	дуба	duba
beten (vi)	дуба кылуу	duba kıluu
Wallfahrt (f)	зыярат	zıjarat
Pilger (m)	зыяратчы	zıjaratʧı
Mekka (n)	Мекке	mekke
Kirche (f)	чиркөө	ʧirkøø
Tempel (m)	ибадаткана	ibadatkana
Kathedrale (f)	чоң чиркөө	ʧoŋ ʧirkøø
gotisch	готикалуу	gotikaluu
Synagoge (f)	синагога	sinagoga
Moschee (f)	мечит	meʧit
Kapelle (f)	кичинекей чиркөө	kiʧinekej ʧirkøø
Abtei (f)	аббаттык	abbattık
Kloster (n), Konvent (m)	монастырь	monastırʲ
Glocke (f)	коңгуроо	koŋguroo
Glockenturm (m)	коңгуроо мунарасы	koŋguroo munarası
läuten (Glocken)	коңгуроо кагуу	koŋguroo kaguu
Kreuz (n)	крест	krest
Kuppel (f)	купол	kupol
Ikone (f)	икона	ikona
Seele (f)	жан	dʒan
Schicksal (n)	тагдыр	tagdır
das Böse	жамандык	dʒamandık
Gute (n)	жакшылык	dʒakʃılık
Vampir (m)	кан соргуч	kan sorguʧ

Hexe (f)	жез тумшук	dʒez tumʃuk
Dämon (m)	шайтан	ʃajtan
Geist (m)	арбак	arbak

Sühne (f)	күнөөнү жуу	kynøøny dʒuu
sühnen (vt)	күнөөнү жуу	kynøøny dʒuu

Gottesdienst (m)	ибадат	ibadat
die Messe lesen	ибадат кылуу	ibadat kıluu
Beichte (f)	сыр төгүү	sır tøgyy
beichten (vi)	сыр төгүү	sır tøgyy

Heilige (m)	ыйык	ıjık
heilig	ыйык	ıjık
Weihwasser (n)	ыйык суу	ıjık suu

Ritual (n)	диний ырым-жырым	dinij ırım-dʒırım
rituell	диний ырым-жырым	dinij ırım-dʒırım
Opfer (n)	курмандык	kurmandık

Aberglaube (m)	ырым-жырым	ırım-dʒırım
abergläubisch	ырымчыл	ırımtʃıl
Nachleben (n)	тиги дүйнө	tigi dyjnø
ewiges Leben (n)	түбөлүк жашоо	tybølyk dʒaʃoo

VERSCHIEDENES

249. Verschiedene nützliche Wörter

Anfang (m)	башталыш	baʃtalıʃ
Anstrengung (f)	күч аракет	kytʃ araket
Anteil (m)	бөлүгү	bølygy
Art (Typ, Sorte)	түр	tyr
Auswahl (f)	тандоо	tandoo
Barriere (f)	тоскоолдук	toskoolduk
Basis (f)	түп	typ
Beispiel (n)	мисал	misal
bequem (gemütlich)	ыңгайлуу	ıngajluu
Bilanz (f)	теңдем	teŋdem
Ding (n)	буюм	bujʉm
dringend (Adj)	шашылыш	ʃaʃılıʃ
dringend (Adv)	шашылыш	ʃaʃılıʃ
Effekt (m)	таасир	taasir
Eigenschaft (Werkstoff~)	касиет	kasiet
Element (n)	элемент	element
Ende (n)	бүтүү	bytyy
Entwicklung (f)	өнүгүү	ønygyy
Fachwort (n)	атоо	atoo
Fehler (m)	ката	kata
Form (z.B. Kugel-)	тариз	tariz
Fortschritt (m)	өнүгүү	ønygyy
Gegenstand (m)	объект	obʰjekt
Geheimnis (n)	сыр	sır
Grad (Ausmaß)	даража	daradʒa
Halt (m), Pause (f)	токтотуу	toktotuu
häufig (Adj)	бат-бат	bat-bat
Hilfe (f)	жардам	dʒardam
Hindernis (n)	тоскоолдук	toskoolduk
Hintergrund (m)	фон	fon
Ideal (n)	идеал	ideal
Kategorie (f)	категория	kategorija
Kompensation (f)	ордун толтуруу	ordun tolturuu
Labyrinth (n)	лабиринт	labirint
Lösung (Problem usw.)	чечүү	tʃetʃyy
Moment (m)	учур	utʃur
Nutzen (m)	пайда	pajda
Original (Schriftstück)	түпнуска	typnuska
Pause (kleine ~)	тыныгуу	tınıguu

225

Position (f)	позиция	pozitsija
Prinzip (n)	усул	usul
Problem (n)	көйгөй	køjgøj
Prozess (m)	жараян	dʒarajan

Reaktion (f)	реакция	reaktsija
Reihe (Sie sind an der ~)	кезек	kezek
Risiko (n)	тобокел	tobokel
Serie (f)	катар	katar

Situation (f)	кырдаал	kırdaal
Standard-	стандарттуу	standarttuu
Standard (m)	стандарт	standart
Stil (m)	стиль	stilʲ

System (n)	тутум	tutum
Tabelle (f)	жадыбал	dʒadıbal
Tatsache (f)	далил	dalil
Teilchen (n)	бөлүкчө	bølyktʃø
Tempo (n)	темп	temp

Typ (m)	түр	tyr
Unterschied (m)	айырма	ajırma
Ursache (z.B. Todes-)	себеп	sebep
Variante (f)	вариант	variant
Vergleich (m)	салыштырма	salıʃtırma

Wachstum (n)	өсүү	øsyy
Wahrheit (f)	чындык	tʃındık
Weise (Weg, Methode)	ыкма	ıkma
Zone (f)	алкак	alkak
Zufall (m)	дал келгендик	dal kelgendik

250. Bestimmungswörter. Adjektive. Teil 1

abgemagert	арык	arık
ähnlich	окшош	okʃoʃ
alt (z.B. die -en Griechen)	байыркы	bajırkı
alt, betagt	эски	eski
andauernd	узак	uzak

angenehm	жагымдуу	dʒagımduu
arm	кедей	kedej
ausgezeichnet	сонун	sonun
ausländisch, Fremd-	чет өлкөлүк	tʃet ølkølyk
Außen-, äußer	тышкы	tıʃkı

bedeutend	маанилүү	maanilyy
begrenzt	чектелген	tʃektelgen
beständig	туруктуу	turuktuu
billig	арзан	arzan

| bitter | ачуу | atʃuu |
| blind | сокур | sokur |

brauchbar	жарактуу	dʒaraktuu
breit (Straße usw.)	кең	keŋ
bürgerlich	жарандык	dʒarandık
dankbar	ыраазы	ıraazı
das wichtigste	эң маанилүү	eŋ maanilyy
der letzte	акыркы	akırkı
dicht (-er Nebel)	коюу	kojʉu
dick (-e Mauer usw.)	калың	kalıŋ
dick (-er Nebel)	коюу	kojʉu
dumm	акылсыз	akılsız
dunkel (Raum usw.)	караңгы	karaŋgı
dunkelhäutig	кара тору	kara toru
durchsichtig	тунук	tunuk
düster	караңгы	karaŋgı
einfach	жөнөкөй	dʒønøkøj
einfach (Problem usw.)	женил	dʒenil
einzigartig (einmalig)	окшоштугу жок	okʃoʃtugu dʒok
eng, schmal (Straße usw.)	кууш	kuuʃ
ergänzend	кошумча	koʃumtʃa
ermüdend (Arbeit usw.)	чарчатуучу	tʃartʃatuutʃu
feindlich	кастык	kastık
fern (weit entfernt)	алыс	alıs
fern (weit)	алыс	alıs
fett (-es Essen)	майлуу	majluu
feucht	нымдуу	nımduu
flüssig	суюк	sujʉk
frei (-er Eintritt)	эркин	erkin
frisch (Brot usw.)	жаңы	dʒaŋı
froh	куунак	kuunak
fruchtbar (-er Böden)	түшүмдүү	tyʃymdyy
früher (-e Besitzer)	мурунку	murunku
ganz (komplett)	бүтүн	bytyn
gebraucht	мурдагы	murdagı
gebräunt (sonnen-)	күнгө күйгөн	kyngø kyjgøn
gedämpft, matt (Licht)	күңүрт	kyŋyrt
gefährlich	коркунучтуу	korkunutʃtuu
gegensätzlich	карама-каршы	karama-karʃı
gegenwärtig	учурда	utʃurda
gemeinsam	бирге	birge
genau, pünktlich	так	tak
gerade, direkt	түз	tyz
geräumig (Raum)	кең	keŋ
geschlossen	жабык	dʒabık
gesetzlich	мыйзамдуу	mıjzamduu
gewöhnlich	жөнөкөй	dʒønøkøj
glatt (z.B. poliert)	жылма	dʒılma
glatt, eben	тегиз	tegiz

gleich (z.B. ~ groß)	окшош	okʃoʃ
glücklich	бактылуу	baktıluu
groß	чоң	ʧoŋ
gut (das Buch ist ~)	жакшы	dʒakʃı
gut (gütig)	боорукер	booruker
hart (harter Stahl)	катуу	katuu
Haupt-	негизги	negizgi
hauptsächlich	негизги	negizgi
Heimat-	өз	øz
heiß	ысык	ısık
Hinter-	арткы	artkı
höchst	жогорку	dʒogorku
höflich	сылык	sılık
hungrig	ачка	atʃka
in Armut lebend	кедей	kedej
innen-	ички	itʃki
jung	жаш	dʒaʃ
kalt (Getränk usw.)	муздак, суук	muzdak, suuk
Kinder-	балдар	baldar
klar (deutlich)	түшүнүктүү	tyʃynyktyy
klein	кичине	kitʃine
klug, clever	акылдуу	akılduu
knapp (Kleider, zu eng)	тар	tar
kompatibel	сыйышкыч	sıjıʃkıʧ
kostenlos, gratis	акысыз	akısız
krank	оорулуу	ooruluu
kühl (-en morgen)	салкын	salkın
künstlich	жасалма	dʒasalma
kurz (räumlich)	кыска	kıska
kurz (zeitlich)	кыска мөөнөттүү	kıska møønøttyy
kurzsichtig	алыстан көрө албоо	alıstan kørø alboo

251. Bestimmungswörter. Adjektive. Teil 2

lang (langwierig)	узак	uzak
laut (-e Stimme)	катуу	katuu
lecker	даамдуу	daamduu
leer (kein Inhalt)	бош	boʃ
leicht (wenig Gewicht)	жеңил	dʒeŋil
leise (~ sprechen)	акырын	akırın
licht (Farbe)	ачык	atʃık
link (-e Seite)	сол	sol
mager, dünn	арык	arık
matt (Lack usw.)	жалтырабаган	dʒaltırabagan
möglich	мүмкүн	mymkyn
müde (erschöpft)	чарчаңкы	ʧarʧaŋkı

Nachbar-	коңшу	konʃu
nachlässig	шалаакы	ʃalaakı
nächst	эң жакынкы	eŋ dʒakınkı
nächst (am -en Tag)	кийинки	kijinki
nah	жакын	dʒakın
nass (-e Kleider)	суу	suu
negativ	терс	ters
nervös	тынчы кеткен	tıntʃı ketken
nett (freundlich)	сүйкүмдүү	syjkymdyy
neu	жаңы	dʒaŋı
nicht groß	анчейин эмес	antʃejin emes
nicht schwierig	анчейин оор эмес	antʃejin oor emes
normal	кадимки	kadimki
nötig	керектүү	kerektyy
notwendig	керектүү	kerektyy
obligatorisch, Pflicht-	милдеттүү	mildettyy
offen	ачык	atʃık
öffentlich	коомдук	koomduk
original (außergewöhnlich)	бөтөнчө	bøtøntʃø
persönlich	жекелик	dʒekelik
platt (flach)	жалпак	dʒalpak
privat (in Privatbesitz)	жеке	dʒeke
pünktlich (Ich bin gerne ~)	так	tak
rätselhaft	сырдуу	sırduu
recht (-e Hand)	оң	oŋ
reif (Frucht usw.)	бышкан	bıʃkan
richtig	туура	tuura
riesig	зор	zor
riskant	тобокелдүү	tobokeldyy
roh (nicht gekocht)	чийки	tʃijki
ruhig	тынч	tıntʃ
salzig	туздуу	tuzduu
sauber (rein)	таза	taza
sauer	кычкыл	kıtʃkıl
scharf (-e Messer usw.)	курч	kurtʃ
schlecht	жаман	dʒaman
schmutzig	кир	kir
schnell	тез	tez
schön (-es Mädchen)	сулуу	suluu
schön (-es Schloß usw.)	укмуштай	ukmuʃtaj
schwer (~ an Gewicht)	оор	oor
schwierig	оор	oor
schwierig (-es Problem)	кыйын	kıjın
seicht (nicht tief)	тайыз	tajız
selten	сейрек	sejrek
sicher (nicht gefährlich)	коопсуз	koopsuz

| sonnig | күн ачык | kyn atʃık |
| sorgfältig | тыкан | tıkan |

sorgsam	камкор	kamkor
speziell, Spezial-	атайын	atajın
stark (-e Konstruktion)	бекем	bekem
stark (kräftig)	күчтүү	kytʃtyy
still, ruhig	тынч	tıntʃ

süß	таттуу	tattuu
Süß- (Wasser)	тузсуз	tuzsuz
teuer	кымбат	kımbat
tiefgekühlt	тоңдурулган	toŋdurulgan
tot	өлүк	ølyk

traurig	муңдуу	muŋduu
traurig, unglücklich	кайгылуу	kajgıluu
trocken (Klima)	кургак	kurgak
übermäßig	ашыкча	aʃıktʃa

unbedeutend	арзыбаган	arzıbagan
unbeweglich	кыймылсыз	kıjmılsız
undeutlich	ачык эмес	atʃık emes
unerfahren	тажрыйбасыз	tadʒrıjbasız
unmöglich	мүмкүн эмес	mymkyn emes

Untergrund- (geheim)	жашыруун	dʒaʃıruun
unterschiedlich	ар кандай	ar kandaj
ununterbrochen	үзгүлтүксүз	yzgyltyksyz
unverständlich	түшүнүксүз	tyʃynyksyz
vergangen	өтүп кеткен	øtyp ketken

verschieden	түрлүү	tyrlyy
voll (gefüllt)	толо	tolo
vorig (in der -en Woche)	мурунку	murunku
vorzüglich	мыкты	mıktı
wahrscheinlich	ыктымал	ıktımal

warm (mäßig heiß)	жылуу	dʒıluu
weich (-e Wolle)	жумшак	dʒumʃak
wichtig	маанилүү	maanilyy
wolkenlos	булутсуз	bulutsuz
zärtlich	назик	nazik

zentral (in der Mitte)	борбордук	borborduk
zerbrechlich (Porzellan usw.)	морт	mort
zufrieden	курсант	kursant
zufrieden (glücklich und ~)	ыраазы	ıraazı

500 WICHTIGE VERBEN

252. Verben A-D

abbiegen (vi)	бурулуу	buruluu
abhacken (vt)	чаап таштоо	tʃaap taʃtoo
abhängen von …	… көзүн кароо	… køzyn karoo
ablegen (Schiff)	жөнөө	dʒønøø
abnehmen (vt)	алып таштоо	alıp taʃtoo
abreißen (vt)	үзүп алуу	yzyp aluu
absagen (vt)	баш тартуу	baʃ tartuu
abschicken (vt)	жөнөтүү	dʒønøtyy
abschneiden (vt)	кесип алуу	kesip aluu
adressieren (an …)	кайрылуу	kajrıluu
ähnlich sein	окшош болуу	okʃoʃ boluu
amputieren (vt)	кесип таштоо	kesip taʃtoo
amüsieren (vt)	көңүл көтөрүү	køŋyl køtøryy
anbinden (vt)	байлоо	bajloo
ändern (vt)	өзгөртүү	øzgørtyy
andeuten (vt)	кыйытып айтуу	kıjıtıp aytuu
anerkennen (vt)	таануу	taanuu
anflehen (vt)	өтүнүү	øtynyy
Angst haben (vor …)	коркуу	korkuu
anklagen (vt)	айыптоо	ajıptoo
anklopfen (vi)	такылдатуу	takıldatuu
ankommen (der Zug)	келүү	kelyy
anlegen (Schiff)	келип токтоо	kelip toktoo
anstecken (~ mit …)	жуктуруу	dʒukturuu
anstreben (vt)	умтулуу	umtuluu
antworten (vi)	жооп берүү	dʒoop beryy
anzünden (vt)	от жагуу	ot dʒaguu
applaudieren (vi)	кол чабуу	kol tʃabuu
arbeiten (vi)	иштөө	iʃtøø
ärgern (vt)	ачуусун келтирүү	atʃuusun keltiryy
assistieren (vi)	жардам берүү	dʒardam beryy
atmen (vi)	дем алуу	dem aluu
attackieren (vt)	кол салуу	kol saluu
auf … zählen	… ишенүү	… iʃenyy
auf jmdn böse sein	ачуулануу	atʃuulanuu
aufbringen (vt)	кыжырын келтирүү	kıdʒırın keltiryy
aufräumen (vt)	жыйнаштыруу	dʒıjnaʃtıruu
aufschreiben (vt)	кагазга түшүрүү	kagazga tyʃyryy

aufseufzen (vi)	дем алуу	dem aluu
aufstehen (vi)	туруу	turuu
auftauchen (U-Boot)	калкып чыгуу	kalkıp ʧıguu

ausdrücken (vt)	сөз менен айтып берүү	søz menen ajtıp beryy
ausgehen (vi)	чыгуу	ʧıguu
aushalten (vt)	чыдоо	ʧıdoo
ausradieren (vt)	өчүрүү	øʧyryy

ausreichen (vi)	жетиштүү болуу	dʒetiʃtyy boluu
ausschalten (vt)	өчүрүү	øʧyryy
ausschließen (vt)	чыгаруу	ʧıgaruu
aussprechen (vt)	айтуу	ajtuu

austeilen (vt)	таркатуу	tarkatuu
auswählen (vt)	ылгоо	ılgoo
auszeichnen (mit Orden)	сыйлоо	sıjloo
baden (vt)	сууга түшүрүү	suuga tyʃyryy
bedauern (vt)	өкүнүү	økynyy

bedeuten (bezeichnen)	маанини билдирүү	maanini bildiryy
bedienen (vt)	тейлөө	tejløø
beeinflussen (vt)	таасир этүү	taasir etyy
beenden (vt)	бүтүрүү	bytyryy
befehlen (vt)	буйрук кылуу	bujruk kıluu

befestigen (vt)	чындоо	ʧındoo
befreien (vt)	бошотуу	boʃotuu
befriedigen (vt)	жактыруу	dʒaktıruu
begießen (vt)	сугаруу	sugaruu

beginnen (vt)	баштоо	baʃtoo
begleiten (vt)	жолдоо	dʒoldoo
begrenzen (vt)	чектөө	ʧektøø
begrüßen (vt)	саламдашуу	salamdaʃuu

behalten (alte Briefe)	сактоо	saktoo
behandeln (vt)	дарылоо	darıloo
behaupten (vt)	сөзүнө туруу	søzynø turuu
bekannt machen	тааныштыруу	taanıʃtıruu
belauschen (Gespräch)	аңдып тыңшоо	aŋdıp tıŋʃoo

beleidigen (vt)	көңүлгө тийүү	køŋylgø tijyy
beleuchten (vt)	жарык кылуу	dʒarık kıluu
bemerken (vt)	байкоо	bajkoo
beneiden (vt)	көрө албоо	kørø alboo

benennen (vt)	атоо	atoo
benutzen (vt)	пайдалануу	pajdalanuu
beobachten (vt)	байкоо	bajkoo
berichten (vt)	билдирүү	bildiryy

bersten (vi)	жарака кетүү	dʒaraka ketyy
beruhen auf ...	негиз кылуу	negiz kıluu
beruhigen (vt)	тынчтандыруу	tınʧtandıruu
berühren (vt)	тийүү	tijyy

232

beseitigen (vt)	жок кылуу	dʒok kıluu
besitzen (vt)	ээ болуу	ee boluu
besprechen (vt)	талкуулоо	talkuuloo
bestehen auf	көшөрүү	køʃøryy
bestellen (im Restaurant)	буйрутма кылуу	bujrutma kıluu

bestrafen (vt)	жазалоо	dʒazaloo
beten (vi)	дуба кылуу	duba kıluu
beunruhigen (vt)	көңүлүн бөлүү	køŋylyn bølyy
bewachen (vt)	коргоо	korgoo

bewahren (vt)	сактоо	saktoo
beweisen (vt)	далилдөө	dalildøø
bewundern (vt)	суктануу	suktanuu
bezeichnen (bedeuten)	билдирүү	bildiryy
bilden (vt)	түзүү	tyzyy

binden (vt)	байлоо	bajloo
bitten (jmdn um etwas ~)	суроо	suroo
blenden (vt)	көздү уялтуу	køzdy ujaltuu
brechen (vt)	сындыруу	sındıruu
bügeln (vt)	үтүктөө	ytyktøø

253. Verben E-H

danken (vi)	ыраазычылык билдирүү	ıraazıtʃılık bildiryy
denken (vi, vt)	ойлонуу	ojlonuu
denunzieren (vt)	чагым кылуу	tʃagım kıluu
dividieren (vt)	бөлүү	bølyy

dressieren (vt)	үйрөтүү	yjrøtyy
drohen (vi)	коркутуу	korkutuu
eindringen (vi)	жылжып кирүү	dʒıldʒıp kiryy
einen Fehler machen	ката кетирүү	kata ketiryy
einen Schluss ziehen	тыянак чыгаруу	tıjanak tʃıgaruu

einladen (zum Essen ~)	чакыруу	tʃakıruu
einpacken (vt)	ороо	oroo
einrichten (vt)	жабдуу	dʒabduu
einschalten (vt)	жүргүзүү	dʒyrgyzyy

einschreiben (vt)	жазып коюу	dʒazıp kodʒuu
einsetzen (vt)	коюу	kojuu
einstellen (Personal ~)	жалдоо	dʒaldoo
einstellen (vt)	токтотуу	toktotuu

einwenden (vt)	каршы болуу	karʃı boluu
empfehlen (vt)	сунуштоо	sunuʃtoo
entdecken (Land usw.)	таап ачуу	taap atʃuu
entfernen (Flecken ~)	кетирүү	ketiryy

entscheiden (vt)	чечүү	tʃetʃyy
entschuldigen (vt)	кечирүү	ketʃiryy
entzücken (vt)	өзүнө тартуу	øzynø tartuu

erben (vt)	мураска ээ болуу	muraska ee boluu
erblicken (vt)	байкоо	bajkoo
erfinden (das Rad neu ~)	ойлоп табуу	ojlop tabuu
erinnern (vt)	... эстетүү	... estetyy
erklären (vt)	түшүндүрүү	tyʃyndyryy

erlauben (jemandem etwas)	уруксат берүү	uruksat beryy
erlauben, gestatten (vt)	уруксат берүү	uruksat beryy
erleichtern (vt)	жеңилдентүү	dʒeŋildentyy
ermorden (vt)	өлтүрүү	øltyryy

ermüden (vt)	чарчатуу	tʃartʃatuu
ermutigen (vt)	шыктандыруу	ʃiktandıruu
ernennen (vt)	дайындоо	dajındoo
erörtern (vt)	карап чыгуу	karap tʃıguu

erraten (vt)	жандырмагын табуу	dʒandırmagın tabuu
erreichen (Nordpol usw.)	жетүү	dʒetyy
erröten (vi)	кызаруу	kızaruu
erscheinen (am Horizont ~)	көрүнүү	kørynyy

erscheinen (Buch usw.)	жарык көрүү	dʒarık køryy
erschweren (vt)	татаалдантуу	tataaldantuu
erstaunen (vt)	таң калтыруу	taŋ kaltıruu
erstellen (einer Liste ~)	түзүү	tyzyy
ertrinken (vi)	чөгүү	tʃøgyy

erwähnen (vt)	айтып өтүү	ajtıp øtyy
erwarten (vt)	күтүү	kytyy
erzählen (vt)	айтып берүү	ajtıp beryy
erzielen (Ergebnis usw.)	жетүү	dʒetyy

essen (vi, vt)	тамактануу	tamaktanuu
existieren (vi)	чыгуу	tʃıguu
fahren (mit 90 km/h ~)	жүрүү	dʒyryy
fallen lassen	түшүрүп алуу	tyʃyryp aluu

fangen (vt)	кармоо	karmoo
finden (vt)	таап алуу	taap aluu
fischen (vt)	балык улоо	balık uloo
fliegen (vi)	учуу	utʃuu
folgen (vi)	... ээрчүү	... eertʃyy

fortbringen (vt)	алып кетүү	alıp ketyy
fortsetzen (vt)	улантуу	ulantuu
fotografieren (vt)	сүрөткө тартуу	syrøtkø tartuu
frühstücken (vi)	эртең менен тамактануу	erteŋ menen tamaktanuu
fühlen (vt)	сезүү	sezyy

führen (vt)	баш болуу	baʃ boluu
füllen (mit Wasse usw.)	толтуруу	tolturuu
füttern (vt)	тамак берүү	tamak beryy
garantieren (vt)	кепилдик берүү	kepildik beryy

geben (sein Bestes ~)	берүү	beryy
gebrauchen (vt)	пайдалануу	pajdalanuu

| gefallen (vi) | жактыруу | dʒaktıruu |
| gehen (zu Fuß gehen) | басуу | basuu |

gehorchen (vi)	баш ийүү	baʃ ijyy
gehören (vi)	таандык болуу	taandık boluu
gelegen sein	жатуу	dʒatuu
genesen (vi)	сакаюу	sakajʉu

gereizt sein	кыжырлануу	kıdʒırlanuu
gernhaben (vt)	сүйүү	syjyy
gestehen (Verbrecher)	моюнга алуу	mojʉnga aluu
gießen (Wasser ~)	куюу	kujʉu

glänzen (vi)	жаркырап туруу	dʒarkırap turuu
glauben (Er glaubt, dass …)	ойлоо	ojloo
graben (vt)	казуу	kazuu
gratulieren (vi)	куттуктоо	kuttuktoo

gucken (spionieren)	шыкалоо	ʃıkaloo
haben (vt)	бар болуу	bar boluu
handeln (in Aktion treten)	аракет кылуу	araket kıluu
hängen (an der Wand usw.)	илүү	ilyy

heiraten (vi)	аял алуу	ajal aluu
helfen (vi)	жардам берүү	dʒardam beryy
herabsteigen (vi)	ылдый түшүү	ıldıj tyʃyy
hereinkommen (vi)	кирүү	kiryy
herunterlassen (vt)	түшүрүү	tyʃyryy

hinzufügen (vt)	кошуу	koʃuu
hoffen (vi)	үмүттөнүү	ymyttønyy
hören (Geräusch ~)	угуу	uguu
hören (jmdm zuhören)	угуу	uguu

254. Verben I-R

imitieren (vt)	тууроо	tuuroo
impfen (vt)	эмдөө	emdøø
importieren (vt)	импорттоо	importtoo
in Gedanken versinken	ойлонуу	ojlonuu

in Ordnung bringen	иретке келтирүү	iretke keltiryy
informieren (vt)	маалымат берүү	maalımat beryy
instruieren (vt)	үйрөтүү	yjrøtyy
interessieren (vt)	кызыктыруу	kızıktıruu

isolieren (vt)	бөлүп коюу	bølyp kojʉu
jagen (vi)	аңчылык кылуу	aŋtʃılık kıluu
kämpfen (~ gegen)	согушуу	soguʃuu
kämpfen (sich schlagen)	согушуу	soguʃuu
kaufen (vt)	сатып алуу	satıp aluu

| kennen (vt) | таануу | taanuu |
| kennenlernen (vt) | таанышуу | taanıʃuu |

235

| klagen (vi) | арыздануу | arızdanuu |
| kompensieren (vt) | ордун толтуруу | ordun tolturuu |

komponieren (vt)	чыгаруу	ʧıgaruu
kompromittieren (vt)	беделин түшүрүү	bedelin tyʃyryy
konkurrieren (vi)	атаандашуу	ataandaʃuu
können (v mod)	жасай алуу	ʤasaj aluu

kontrollieren (vt)	көзөмөлдөө	køzømøldøø
koordinieren (vt)	ыңтайга келтирүү	ıŋtajga keltiryy
korrigieren (vt)	түзөтүү	tyzøtyy
kosten (vt)	туруу	turuu

kränken (vt)	кордоо	kordoo
kratzen (vt)	тытуу	tıtuu
Krieg führen	согушуу	soguʃuu
lächeln (vi)	жылмаюу	ʤılmaʤʉu

lachen (vi)	күлүү	kylyy
laden (Ein Gewehr ~)	октоо	oktoo
laden (LKW usw.)	жүктөө	ʤyktøø
lancieren (starten)	жандыруу	ʤandıruu

laufen (vi)	чуркоо	ʧurkoo
leben (vi)	жашоо	ʤaʃoo
lehren (vt)	окутуу	okutuu
leiden (vi)	кайгыруу	kajgıruu

leihen (Geld ~)	карызга акча алуу	karızga akʧa aluu
leiten (Betrieb usw.)	башкаруу	baʃkaruu
lenken (ein Auto ~)	айдоо	ajdoo
lernen (vt)	окуу	okuu
lesen (vi, vt)	окуу	okuu

lieben (vt)	сүйүү	syjyy
liegen (im Bett usw.)	жатуу	ʤatuu
losbinden (vt)	чечип алуу	ʧeʧip aluu
löschen (Feuer)	өчүрүү	øʧyryy

lösen (Aufgabe usw.)	чечүү	ʧeʧyy
loswerden (jmdm. od etwas)	... кутулуу	... kutuluu
lügen (vi)	калп айтуу	kalp ajtuu
machen (vt)	жасоо	ʤasoo
markieren (vt)	белгилөө	belgiløø

meinen (glauben)	ишенүү	iʃenyy
memorieren (vt)	эстеп калуу	estep kaluu
mieten (ein Boot ~)	жалдап алуу	ʤaldap aluu
mieten (Haus usw.)	батирге алуу	batirge aluu

mischen (vt)	аралаштыруу	aralaʃtıruu
mitbringen (vt)	алып келүү	alıp kelyy
mitteilen (vt)	билдирүү	bildiryy
müde werden	чарчоо	ʧarʧoo
multiplizieren (vt)	көбөйтүү	købøjtyy
müssen (v mod)	тийиш	tijiʃ

| nachgeben (vi) | жол берүү | dʒol beryy |
| nehmen (jmdm. etwas ~) | ажыратуу | adʒıratuu |

nehmen (vt)	алуу	aluu
noch einmal sagen	кайталоо	kajtaloo
nochmals tun (vt)	кайра жасатуу	kajra dʒasatuu
notieren (vt)	белгилөө	belgiløø

nötig sein	керек болуу	kerek boluu
notwendig sein	зарыл болуу	zarıl boluu
öffnen (vt)	ачуу	atʃuu
passen (Schuhe, Kleid)	ылайык келүү	ılajık kelyy
pflücken (Blumen)	үзүү	yzyy

planen (vt)	пландаштыруу	plandaʃtıruu
prahlen (vi)	мактануу	maktanuu
projektieren (vt)	түзүлүшүн берүү	tyzylyʃyn beryy
protestieren (vi)	нааразычылык билдирүү	naarazıtʃılık bildiryy

provozieren (vt)	көкүтүү	køkytyy
putzen (vt)	тазалоо	tazaloo
raten (zu etwas ~)	кеңеш берүү	keŋeʃ beryy
rechnen (vt)	эсептөө	eseptøø

regeln (vt)	чечүү	tʃetʃyy
reinigen (vt)	тазалоо	tazaloo
reparieren (vt)	оңдоо	oŋdoo
reservieren (vt)	камдык буйрутмалоо	kamdık bujrutmaloo

retten (vt)	куткаруу	kutkaruu
richten (den Weg zeigen)	багыттоо	bagıttoo
riechen (an etwas ~)	жыттоо	dʒıttoo
riechen (gut ~)	жыттануу	dʒıttanuu

ringen (Sport)	күрөшүү	kyrøʃyy
riskieren (vt)	тобокелге салуу	tobokelge saluu
rufen (seinen Hund ~)	чакыруу	tʃakıruu
rufen (um Hilfe ~)	чакыруу	tʃakıruu

255. Verben S-U

säen (vt)	себүү	sebyy
sagen (vt)	айтуу	ajtuu
schaffen (Etwas Neues zu ~)	жаратуу	dʒaratuu
schelten (vt)	урушуу	uruʃuu

schieben (drängen)	түртүү	tyrtyy
schießen (vi)	атуу	atuu
schlafen gehen	уйкуга кетүү	ujkuga ketyy
schlagen (mit ...)	мушташуу	muʃtaʃuu

schlagen (vt)	уруу	uruu
schließen (vt)	жабуу	dʒabuu
schmeicheln (vi)	жасакерденүү	dʒasakerdenyy

schmücken (vt)	кооздоо	koozdoo
schreiben (vi, vt)	жазуу	dʒazuu
schreien (vi)	кыйкыруу	kıjkıruu
schütteln (vt)	силкилдетүү	silkildetyy
schweigen (vi)	унчукпоо	untʃukpoo
schwimmen (vi)	сүзүү	syzyy
schwimmen gehen	сууга түшүү	suuga tyʃyy
sehen (vt)	көрүү	køryy
sein (vi)	болуу	boluu
sich abwenden	жүз буруу	dʒyz buruu
sich amüsieren	көңүл ачуу	køŋyl atʃuu
sich anschließen	кошулуу	koʃuluu
sich anstecken	жуктуруп алуу	dʒukturup aluu
sich aufregen	толкундануу	tolkundanuu
sich ausruhen	эс алуу	es aluu
sich beeilen	шашуу	ʃaʃuu
sich benehmen	алып жүрүү	alıp dʒyryy
sich beschmutzen	булгап алуу	bulgap aluu
sich datieren	күн боюнча	kyn bojɵntʃa
sich einmischen	кийлигишүү	kijligiʃyy
sich empören	нааразы болуу	naarazı boluu
sich entschuldigen	кечирим суроо	ketʃirim suroo
sich erhalten	сакталуу	saktaluu
sich erinnern	унутпоо	unutpoo
sich interessieren	... кызыгуу	... kızıguu
sich kämmen	тарануу	taranuu
sich konsultieren mit ...	кеңешүү	keŋeʃyy
sich konzentrieren	оюн топтоо	ojɵn toptoo
sich langweilen	зеригүү	zerigyy
sich nach ... erkundigen	билүү	bilyy
sich nähern	жакындоо	dʒakındoo
sich rächen	өч алуу	øtʃ aluu
sich rasieren	кырынуу	kırınuu
sich setzen	отуруу	oturuu
sich Sorgen machen	сарсанаа болуу	sarsanaa boluu
sich überzeugen	катуу ишенген	katuu iʃengen
sich unterscheiden	айырмалануу	ajırmalanuu
sich vergrößern	көбөйүү	købøjyy
sich verlieben	сүйүп калуу	syjyp kaluu
sich verteidigen	коргонуу	korgonuu
sich vorstellen	элестетүү	elestetyy
sich waschen	жуунуу	dʒuunuu
sitzen (vi)	отуруу	oturuu
spielen (Ball ~)	ойноо	ojnoo
spielen (eine Rolle ~)	ойноо	ojnoo

| spotten (vi) | шылдыңдоо | ʃildıŋdoo |
| sprechen mit ... | ... менен сүйлешүү | ... menen syjløʃyy |

spucken (vi)	түкүрүү	tykyryy
starten (Flugzeug)	учуп чыгуу	utʃup tʃıguu
stehlen (vt)	уурдоо	uurdoo

stellen (ins Regal ~)	жайгаштыруу	dʒajgaʃtıruu
stimmen (vi)	добуш берүү	dobuʃ beryy
stoppen (haltmachen)	токтоо	toktoo
stören (nicht ~!)	тынчын алуу	tıntʃın aluu

streicheln (vt)	сылоо	sıloo
suchen (vt)	... издөө	... izdøø
sündigen (vi)	күнөө кылуу	kynøø kıluu
tauchen (vi)	сүңгүү	syŋgyy

tauschen (vt)	өзгөртүү	øzgørtyy
täuschen (vt)	алдоо	aldoo
teilnehmen (vi)	катышуу	katıʃuu
trainieren (vi)	машыгуу	maʃıguu

trainieren (vt)	машыктыруу	maʃıktıruu
transformieren (vt)	башка түргө айлантуу	baʃka tyrgø ajlantuu
träumen (im Schlaf)	түш көрүү	tyʃ køryy
träumen (wünschen)	кыялдануу	kıjaldanuu

trinken (vt)	ичүү	itʃyy
trocknen (vt)	кургатуу	kurgatuu
überragen (Schloss, Berg)	көтөрүлүү	køtørylyy
überrascht sein	таң калуу	taŋ kaluu
überschätzen (vt)	ашыра баалоо	aʃıra baaloo

übersetzen (Buch usw.)	которуу	kotoruu
überwiegen (vi)	үстөмдүк кылуу	ystømdyk kıluu
überzeugen (vt)	ишендирүү	iʃendiryy
umarmen (vt)	кучакташуу	kutʃaktaʃuu
umdrehen (vt)	оодаруу	oodaruu

unternehmen (vt)	чара көрүү	tʃara køryy
unterschätzen (vt)	баалабоо	baalaboo
unterschreiben (vt)	кол коюу	kol kojнu
unterstreichen (vt)	баса белгилөө	basa belgiløø
unterstützen (vt)	колдоо	koldoo

256. Verben V-Z

verachten (vt)	киши катарына албоо	kiʃi katarına alboo
veranstalten (vt)	уюштуруу	ujнʃturuu
verbieten (vt)	тыюу салуу	tijнu saluu
verblüfft sein	башы маң болуу	baʃı maŋ boluu

| verbreiten (Broschüren usw.) | таратуу | taratuu |
| verbreiten (Geruch) | таратуу | taratuu |

| verbrennen (vt) | күйгүзүү | kyjgyzyy |
| verdächtigen (vt) | күмөн саноо | kymøn sanoo |

verdienen (Lob ~)	акылуу болуу	akıluu boluu
verdoppeln (vt)	эки эселөө	eki eseløø
vereinfachen (vt)	жөнөкөйлөтүү	dʒønøkøjløtyy
vereinigen (vt)	бириктирүү	biriktiryy

vergessen (vt)	унутуу	unutuu
vergießen (vt)	төгүп алуу	tøgyp aluu
vergleichen (vt)	салыштыруу	salıʃtıruu
vergrößern (vt)	чоңойтуу	tʃoŋojtuu
verhandeln (vi)	сүйлөшүүлөр жүргүзүү	syjløʃyylør dʒyrgyzyy

verjagen (vt)	кубалап салуу	kubalap saluu
verkaufen (vt)	сатуу	satuu
verlangen (vt)	талап кылуу	talap kıluu
verlassen (vt)	калтыруу	kaltıruu

verlassen (vt)	таштап кетүү	taʃtap ketyy
verlieren (Regenschirm usw.)	жоготуу	dʒogotuu
vermeiden (vt)	качуу	katʃuu
vermuten (vt)	божомолдоо	bodʒomoldoo
verneinen (vi)	тануу, төгүндөө	tanuu, tøgyndøø

vernichten (Dokumente usw.)	жок кылуу	dʒok kıluu
verringern (vt)	кичирейтүү	kitʃirejtyy
versäumen (vt)	калтыруу	kaltıruu
verschieben (Möbel usw.)	ордунан жылдыруу	ordunan dʒıldıruu

verschütten (vt)	чачылуу	tʃatʃıluu
verschwinden (vi)	жоголуп кетүү	dʒogolup ketyy
versprechen (vt)	убада берүү	ubada beryy
verstecken (vt)	жашыруу	dʒaʃıruu

verstehen (vt)	түшүнүү	tyʃynyy
verstummen (vi)	унчукпоо	untʃukpoo
versuchen (vt)	аракет кылуу	araket kıluu

verteidigen (vt)	коргоо	korgoo
vertrauen (vt)	ишенүү	iʃenyy
verursachen (vt)	... себеп болуу	... sebep boluu
verurteilen (vt)	өкүм чыгаруу	økym tʃıgaruu
vervielfältigen (vt)	көбөйтүү	købøjtyy

verwechseln (vt)	адаштыруу	adaʃtıruu
verwirklichen (vt)	ишке ашыруу	iʃke aʃıruu
verzeihen (vt)	кечирүү	ketʃiryy
vorankommen	илгерилөө	ilgeriløø

voraussehen (vt)	алдын ала билүү	aldın ala bilyy
vorbeifahren (vi)	өтүп кетүү	øtup ketyy
vorbereiten (vt)	даярдоо	dajardoo
vorschlagen (vt)	сунуштоо	sunuʃtoo
vorstellen (vt)	тааныштыруу	taanıʃtıruu
vorwerfen (vt)	жемелөө	dʒemeløø

| vorziehen (vt) | артык көрүү | artık køryy |
| wagen (vt) | батынып баруу | batınıp baruu |

wählen (vt)	тандоо	tandoo
wärmen (vt)	ысытуу	ısıtuu
warnen (vt)	эскертүү	eskertyy
warten (vi)	күтүү	kytyy

waschen (das Auto ~)	жуу	dʒuu
waschen (Wäsche ~)	кир жуу	kir dʒuu
wechseln (vt)	алмашуу	almaʃuu
wecken (vt)	ойготуу	ojgotuu

wegfahren (vi)	кетүү	ketyy
weglassen (Wörter usw.)	калтырып кетүү	kaltırıp ketyy
weglegen (vt)	катып коюу	katıp kojuu
wehen (vi)	үйлөө	yjløø

weinen (vi)	ыйлоо	ıjloo
werben (Reklame machen)	жарнамалоо	dʒarnamaloo
werden (vi)	болуу	boluu
werfen (vt)	ыргытуу	ırgıtuu

widmen (vt)	арноо	arnoo
wiegen (vi)	… салмакта болуу	… salmakta boluu
winken (mit der Hand)	жаңсоо	dʒaŋsoo
wissen (vt)	билүү	bilyy

Witz machen	тамашалоо	tamaʃaloo
wohnen (vi)	жашоо	dʒaʃoo
wollen (vt)	каалоо	kaaloo
wünschen (vt)	каалоо	kaaloo

zahlen (vt)	төлөө	tøløø
zeigen (den Weg ~)	көрсөтүү	kørsøtyy
zeigen (jemandem etwas ~)	көрсөтүү	kørsøtyy
zerreißen (vi)	үзүлүү	yzylyy

zertreten (vt)	тебелөө	tebeløø
ziehen (Seil usw.)	тартуу	tartuu
zielen auf …	мээлөө	meeløø
zitieren (vt)	сөзүн келтирүү	søzyn keltiryy

zittern (vi)	калтыроо	kaltıroo
zu Abend essen	кечки тамакты ичүү	ketʃki tamaktı itʃyy
zu Mittag essen	түштөнүү	tyʃtønyy
zubereiten (vt)	даярдоо	dajardoo

züchten (Pflanzen)	өстүрүү	østyryy
zugeben (eingestehen)	моюнга алуу	mojunga aluu
zur Eile antreiben	шаштыруу	ʃaʃtıruu
zurückdenken (vi)	эстөө	estøø
zurückhalten (vt)	кармап туруу	karmap turuu

| zurückkehren (vi) | кайтып келүү | kajtıp kelyy |
| zurückschicken (vt) | артка жөнөтүү | artka dʒønøtyy |

| zurückziehen (vt) | жокко чыгаруу | ʤokko ʧigaruu |
| zusammenarbeiten (vi) | кызматташуу | kızmattaʃuu |

zusammenzucken (vi)	селт этүү	selt etyy
zustimmen (vi)	макул болуу	makul boluu
zweifeln (vi)	күмөн саноо	kymøn sanoo
zwingen (vt)	мажбурлоо	maʤburloo

www.ingramcontent.com/pod-product-compliance
Lightning Source LLC
Chambersburg PA
CBHW071329090426

42738CB00012B/2833